일본 이정도면 아는 척 가능해

일본 이정도면 아는척 가능해

열두 개의 키워드로 읽는 일본 문화

강기철

지앤유

저자의 말

••• '있는 그대로,' '만화 보듯이' 그리고 '아는 척'

이는 저자가 일본 관련 서적을 집필하는 이유를 세 가지 키워드로 요약한 것이다. 왜 이런 생각을 하게 되었는지, 언제부터 이런 책을 써야겠다고 다짐했는지 정확한 기억은 없다. 다만 일본 연구자로서, 또 대학에서 학생들을 가르치는 선생으로서 자연스럽게 품게 된 소명 의식이 아니었을까 짐작할 뿐이다.

'있는 그대로,' '만화 보듯이'라는 생각으로 나름 열심히 집필했던 책이 『재미있는 일본 이야기』(2013, 경상국립대출판부)이다. 대학 교양 교재나 교양 도서로 많은 사랑을 받았다. 하지만 시간이 흐르면 내용도 보완하고, 새로운 책도 써야 하는 법인데, 이게 마음처럼 쉽지 않았다.

출판부로부터 여러 차례 신작 집필을 부탁받았고, 한번은 개정판(2017)으로 한숨을 돌렸다. 그러나 얼마 지나지 않아 출판부의 무언의 압력이 다시 시작되었다. "이번에는 꼭 원고를 넘겨 드리겠습니다"라고 번번이 약속했지만, 지키지 못한 채 2~3년의 시간이 흘렀다.

그러던 어느 날, 웬지 모르세 '반드시 책을 써야겠다'는 강한 동기가 생겼다. 마음만 먹으면 3개월 안에 초고를 완성할 수 있겠다는 자신감마저 들었다. '자, 이제부터 시작이다!'라며 원고를 쓰기 시작했는데, 이게 웬일인지 진도가 이렇게 안 나갈 수가 없었다. 일주일에 한 장을 채우기도 힘들었다. 출판부에는 장담을 해 놓았는데 진도는 나가지 않으니 참으로 난감한 상황이었다. 이런 경우에는 달리 방법이 없다. 엉덩이를 의자에 붙이고 묵묵히 쓸 수밖에. 그렇게 거의 1년이 걸렸다.

이번 원고를 준비하면서 한 가지 욕심이 생겼다. 일본에 대해 조금 '아는 척'을 해보자는 것이었다. 이전 책에서는 일본을 '있는 그대로,' '만화 보듯이' 재미있게 읽어 주기를 바랐다면, 이번에는 독자들이 이 책을 통해 일본에 대해 조금은 '아는 척'할 수 있기를 바랐다. 이 책은 '있는 그대로'와 '만화 보듯이'라는 기본 원칙 위에 '아는 척'이라는 목표를 더해 새롭게 쓴 것이다. '아는 척'이 이 책의 숨은 의도인 만큼 책의 내용을 간략히 소개하고자 한다. 이 책은 크게 4부로 구성되어 있다.

제1부는 일본의 문화와 일상이 주제이다. 일본의 온천, 마쓰리, 장인정신을 다루었다. 교양 수업에서 학생들이 가장 많이 다루어 주었으면 했던 키워드이기도 하고, 책의 도입부인만큼 비교적 접근하기 쉬운 주제로 선정했다. 그렇다고 마냥 가볍지만은 않다.

일본 온천을 두고 "삽만 들고 파면 온천이 나온다"라는 말이 있을 만큼 온천이 사방에 널려 있다. 일본은 화산과 지진이 잦은 곳이지만, 자연이 베푸는 온천이라는 선물이 일본인의 마음을 달래주는 듯하다. 오죽하면 원숭이도 온천을 즐기는 나라겠는가. 온천 하면 떠오르는 가이세키 요리와 일본인 특유의 환대 문화인 '오모테나시'에 대해서도 이야기해 보고자 한다.

마쓰리 역시 빼놓을 수 없다. 저자는 일본 문화의 쌍벽이 '온천'과 '마쓰리'라고 생각한다. 마쓰리의 매력에 한번 발을 들이면 헤어나올 수 없다고 장담한다. 저자 또한 같은 경험을 했기 때문이다. 이 장에서는 일본 마쓰리가 무엇인지, 대표적인 마쓰리들, 전통 마쓰리와 시민 마쓰리의 차이점 등을 재미있게 소개해보겠다. 이를 통해 지역공동체의 결속을 다지고 전통을 계승하는 일본 특유의 문화를 이해하는 시간이 되기를 바란다.

제2부는 일본의 역사와 정체성에 관한 주제이다. 임진왜란, 이와쿠라 사절단과 보빙사, 일본 천황, 야스쿠니 신사 이야기를 다룬다. 조금 무거운 주제일 수 있지만, 한일 관계 속에서 일본을 이해하고 우리를 돌이보는 중요한 시간이 될 것이라 자부한다.

임진왜란은 조선과 일본, 그리고 명나라가 한반도에서 벌인 동아시아 국제전이었다. 하지만 여기서 멈추면 '아는 척' 하기 어렵다. 임진왜란 이후 조선은 모든 분야에서 전기와는 다른 사회로 변화했고, 명나라는 여진족이 세운 청나라에 멸망했다. 일본 또한 세키가하라 전투라는 내전을 거쳐 도쿠가와 막부가 세워졌다. 임진왜란은 한중일 삼국의 운명을 바꾼 전쟁이었다.

19세기, 한중일 삼국은 서세동점(西勢東漸)의 위기를 맞았다. 그런데 왜 일본만이 근대화에 성공하고 조선과 청나라는 그렇지 못했을까? 그 해답의 실마리를 일본의 이와쿠라 사절단과 조선의 보빙사

이야기에서 찾아보고자 한다. 일본 사절단은 무엇을 보고, 무엇을 생각하고, 무엇을 하려 했는가? 조선 사절단은 같은 것을 보고도 왜 다른 생각을 하지 못했는가? 왜 다른 실천으로 나아가지 못했는가? 역사는 반복될 수 있지만, 같은 실수는 반복하지 말아야 한다는 생각으로 이 글을 썼다.

일본 천황과 야스쿠니 신사는 일본의 정체성을 보여주는 핵심 키워드이다. 일본 국민은 천황을 어떻게 생각할까? 일본 천황은 진정 일본 통합의 상징으로서 그 역할을 충실히 하고 있을까? 일본 제국주의의 상징인 천황은 왜 우리에게 진솔한 사과와 반성을 표하지 않을까? 과거 전쟁에 대한 책임은 없는 걸까? 왜 일본 국민은 천황에게 그 책임을 묻지 않을까? 이런 질문들을 던져보고 싶다.

야스쿠니 신사는 태평양 전쟁 A급 전범 14명과 천황을 위해 싸우다 전사한 군인들을 합사한 곳이다. 우리가 기억해야 할 것은 강제징병으로 전쟁터에서 희생된 조선인들도 야스쿠니 신사에 합사되어 있다는 사실이다. 일본의 보수 정치인들이 한국과 중국의 거센 반발에도 불구하고 참배를 강행하는 이유는 무엇일까? 야스쿠니 신사가 일본 보수 세력에게 갖는 의미와 역할, 그리고 야스쿠니를 둘러싼 한일 관계를 살펴보고자 한다.

제3부는 일본을 움직이는 정치와 경제에 관한 주제를 다룬다. 일본 정치를 이야기할 때 빼놓을 수 없는 것이 자민당의 '파벌 정치'와 보수의 아이콘 '아베 신조(安倍晋三)'이다. 자민당의 파벌 정치와 아베 신조라는 인물을 통해 일본 정치를 이해하는 틀을 제시하고자 한다. 두 번째 경제 이야기는 전작과 가장 차별화되는 부분이며, '아는

척' 해보자는 취지에 가장 잘 맞는 주제라고 생각한다. 이 부분만 잘 이해해도 일본 경제에 대해 자신 있게 이야기할 수 있을 것이다.

1990년대 이후 일본 경제는 '잃어버린 30년'이라는 말로 요약된다. '잃어버린 10년'이 어느덧 '30년'이 되어 버렸다. 이 장에서는 일본 경제가 왜 그토록 오랜 침체를 겪게 되었는지 살펴본다. 아베 신조는 '잃어버린 30년'을 극복하기 위해 '세 개의 화살'로 불리는 '아베노믹스'를 추진했다. 핵심은 양적 완화 정책이었다. 아베는 "일본은행의 윤전기를 밤새도록 돌려서라도 엔화를 풀겠다"고 공언했고, 실제로 일본은행은 막대한 규모의 돈을 시장에 공급했다. 그 결과 엔화 가치가 하락하고 주가는 급등했으며, 수출 기업들은 막대한 이익을 얻었다. 투자의 대가 워런 버핏 같은 인물도 일본 기업에 투자해 큰 수익을 거두었다. 하지만 누군가 막대한 돈을 버는 동안, 그 대가를 치러야 하는 이들도 있었다. 바로 일본 국민이다. 물가는 오르는데 소득은 그대로이니 살림살이는 더욱 팍팍해졌다. 일부 경제학자들은 일본이 '싸구려 나라'로 전락했다고 혹평하기도 한다. 이러한 일본 경제의 배경을 최대한 쉽게 풀어 쓰고자 노력했다.

제4부의 마지막 주제는 재일동포 이야기이다. 우리는 일본을 생각할 때 일본 국민과 일본 사회·문화만을 떠올리기 쉽다. 하지만 일본이라는 섬나라 안에 '재일동포'라는 또 다른 섬이 있다는 사실을 아는가.

오늘날 우리 주위에는 수많은 해외 노동자들이 있다. 피부색도, 언어도, 음식도 다르다. 왜 그들이 고향을 떠나 한국에서 고된 삶을 살아가는지 생각해 보았는가? 바로 돈을 벌기 위해서이다. 한국에서 몇 달 고생하면 자기 나라의 1년 치 연봉을 벌 수 있기에, 힘든 일을 마다하지 않는 것이다. 이른바 '코리안 드림'이다.

약 100년 전, 이와 비슷한 일이 있었다. 이번에는 조선 사람들이 돈을 벌기 위해 대한해협을 건너 일본으로 향했다. 우리는 일제강점기 하면 강제징용과 강제징병만을 떠올리지만, 자발적으로 일본으로 건너간 이들도 많았다. 바늘 하나 꽂을 땅도 없는 사람, 당장 먹고살 길이 막막한 사람, 아들이 많아 상속받을 재산이 없는 사람 등 수많은 가난한 이들이 더 높은 일당과 일자리를 찾아 일본으로 향했다. 이들이 바로 재일동포의 시작이었다.

재일동포는 어떤 존재일까. 일본에서 어떤 삶을 살았고, 왜 광복 이후에도 고향으로 돌아오지 못했을까. 그리고 그 후손들은 일본 사회에서 어떻게 정체성을 지키며 살아가고 있을까. 이런 이야기들을 통해 일본에는 일본 사람만 있는 것이 아니라, 우리 한반도 출신의 동포들도 함께 살아가고 있다는 사실을 알리고 싶었다.

••• 다시, '있는 그대로', '만화 보듯이' 그리고 '아는 척'

저자의 책이 출판되는 해는 2025년이다. 전작 재미있는 일본 이야기 (2013)가 나온 지 12년 만이다. 12년 전보다 한일 관계가 더 나아졌다고 할 수 있을지 자문해본다. 꼭 그렇다고는 할 수 없다. 공교롭게도 올해는 한일 국교 정상화 60주년이 되는 해이지만, 60주년이라는 이름이 무색할 만큼 관계 개선의 온기는 크게 느껴지지 않는다.

기억을 더듬어 본다. 참여정부 시기인 2005년은 한일 국교 정상화 40주년을 기념하는 '한일 우정의 해'였다. 하지만 그 이름과 달리, 시마네현의 '다케시마의 날' 제정, 일본 역사 교과서 왜곡 문제, 고이즈미 총리의 야스쿠니 신사 참배 등 이른바 '일본 과거사 3종 세트'가 모두 그해에 터져 나왔다. '한일 우정의 해'는 사실상 한일 관계 악화의 분기점이 된 해였다.

그 이후에도 상황은 크게 달라지지 않았다. 이명박 대통령의 독도 방문(2012), 한일 위안부 합의 체결(2015), 한국 대법원의 강제징용 배상 판결(2018)과 같은 굵직한 사건들이 이어졌다. 일본 정부는 대법원 판결에 대한 보복 조치로 반도체 소재 수출 규제(2019)를 단행했고, 우리 정부는 지소미아(GSOMIA, 한일 군사비밀정보보호협정) 종료 통보(2019)로 맞대응했다. 윤석열 정부 출범 이후 한일 관계 개선을 위한 적극적인 노력이 있었다. 일본에서는 긍정적인 평가를 받았으나 국내에서는 여러 비판에 직면하며, 그 향방을 쉽게 예측하기 어려운 상황이다.

누군가 저자에게 "한일 관계 개선, 당신이라면 어떻게 해결하겠습니까?"라고 묻는다면 무슨 답을 해야 할까. "정부도 못 하는 일을 내가 어떻게 하겠느냐"라고 답할 수도 있을 것이다. 하지만 일본 연구자로서, 원론적인 이야기일지라도 꼭 하고 싶은 말이 있다.

'제발 색안경을 끼고 보지 말자', '일본에 대한 편견을 버리자', '일본을 있는 그대로 보자'고 말하고 싶다. 이런 말이 나온다는 것 자체가 많은 한국인이 일본을 편견으로 본다는 의미일 수도 있다. 물론 그러한 경향이 줄어들고는 있지만, 각종 통계는 여전히 이런 현상이 존재함을 보여준다.

그럼, 우리는 무엇을 해야 하는가? 먼저 일본을 '있는 그대로' 보아야 한다. 일본이 실제로는 빨간색인데 색안경을 끼고 보면 파란색으로 보인다. 우리는 일본을 파란색이라고 단정하고 대응했기에 많은 부분에서 손해를 봤다. 이는 개인뿐만 아니라 기업, 국가 차원에서도 마찬가지다. 일본 연구자는 일본을 '있는 그대로' 전달하고 비평하는 것이 자신의 역할이라고 믿는다.

'있는 그대로' 전달하는 것은 말처럼 쉽지 않다. 어설프게 '아는 척'했다가 예상치 못한 비판에 직면할 수도 있다. 우리 국민 모두가 일본 전문가라고 할 만큼 관심이 높기 때문이다. 그렇다고 어려운 이론과 용어를 남발하는 것도 바람직한 집필 태도가 아니다. 그래서 '만화 보듯이' 쉽게 쓰고자 노력했다. 다만 일반 독자의 관심사와 연구자의 시각은 다를 수 있기에, 거기서 한 발 더 나아가 일본을 깊이 이해해 보자는 취지로 '아는 척'이라는 목표를 더했다.

이제 독자들의 냉정한 평가만 남았다. '있는 그대로', '만화 보듯이', '아는 척'이라는 세 가지 목표를 향해 달려온 지난 1년의 노력이 부디 헛되지 않기를 바란다. 이 책을 통해 독자들이 일본에 대한 더 깊은 관심과 이해를 갖게 되고, 나아가 한일 관계를 따뜻한 시선으로 바라보는 계기가 되기를 진심으로 소망한다.

마지막으로, 이 책이 나오기까지 많은 도움을 주신 경상국립대학교 출판부 관계자 여러분께 진심으로 감사의 뜻을 전한다. 오랫동안 저자의 졸고를 기다려 주셨고, 편집과 교정의 섬세한 과정을 통해 책의 완성도를 높여 주었다. 그 깊은 배려와 성실한 협조에 다시 한번 감사드린다.

2025년 7월
저자 드림

목차

일본을 만나는 방법
문화와 일상

Part 1.

"국경의 긴 터널을 빠져나오자, 설국이었다"

일본 문학사에서 이토록 간결하면서도 선명한 이미지를 전달하는 문장은 드물다. 가와바타 야스나리川端康成의 『설국』은 눈 덮인 산골 마을, 그리고 그 안의 온천과 료칸을 배경으로 인간 존재의 허무를 풀어낸 작품이다. 그러나 이 작품이 특별한 이유는 단순히 그 문체에 있지 않다. 일본이라는 나라가 어떻게 '온천'이라는 문화를 통해 고통을 달래고 삶을 위로했는지를 가장 섬세하게 보여주는 이야기이기 때문이다. 이 장에서는 일본인의 감성과 정체성을 담아낸 온천 문화를 문학, 여행, 접객 문화 속에서 들여다본다.

설국,
첫 문장에 빠져들다

온천과 오모테나시: 일본을 담은 따뜻한 그릇

오늘 엄마가 죽었다. 아니 어쩌면 어제인지도.
양로원으로부터 한 통의 전보를 받았다.
'모친 사망, 내일 장례식. 삼가 애도함.'
그것만으로는 알 수 없었다. 아마 어제였는지도 모르겠다.

알베르 카뮈 『이방인』

행복한 가정은 서로 닮았지만,
불행한 가정은 모두 저마다의 이유로 불행하다.

레프 톨스토이 『안나 카레니나』

국경의 긴 터널을 빠져나오자, 설국이었다.

밤의 밑바닥이 하얘졌다. 신호소에 기차가 멈춰섰다.

가와바타 야스나리 『설국』

첫 문장이 강렬한 근현대 문학 작품으로는 카뮈의 『이방인』과 톨스토이의 『안나 카레니나』를 들 수 있다. 일본 문학에서는 노벨문학상을 수상한 가와바타 야스나리의 『설국』이 대표적이다. 『이방인』의 첫 문장은 어머니가 왜 죽었는지 궁금하게 만들어 끝까지 읽어야겠다는 생각이 들었고, 『안나 카레니나』는 철학적 배움을 줄 것 같아 읽으면 멋있어 보일 것 같았다. 『설국』의 경우 책 내용을 잘 모른 채 첫 문장을 읽었을 때, 저자의 문체보다는 '아, 이런 곳에 온천이 있으면 딱 좋겠다', '하얀 눈이 내리는 온천탕에 앉아 나무가 울창한 숲을 바라보면 얼마나 좋을까'라고 상상했다. 책 내용을 읽으며 주인공 시마무라가 온천장을 찾아가는 장면을 보고, '나도 예지력이 있구나' 하고 혼자 우쭐했던 기억이 난다.

소설 『설국』에 대해 조금 아는 체를 해 보겠다. 가와바타 야스나리는 1899년 오사카에서 태어났다. 2살과 4살에 아버지와 어머니를 잃었고, 할아버지 집에 맡겨졌지만 7살 때 할머니가 세상을 떠났다. 10살 때는 다른 친척 집에 맡겨졌던 누이마저 사망했다. 15살 때 마지막 남은 할아버지마저 죽게 되어 그는 홀로 남게 되었다. 15살에 천애고아(天涯孤兒)가 된 것이다. 그러나 부유한 의사 집안 출신으로, 머리도 영특해 도쿄제국대학 영문학과에 입학해 본격적으로 문학 활동을 시작했다.

가와바타 야스나리 • • 어린 시절의 상실감, 가족을 떠나 보낸 인간의 근원적 고독과 그리움을 평생에 걸쳐 집요하게 탐구한 소설가이다. 1972년 4월 16일 유서 없이 사망한 그의 죽음은 미스터리로 남아 있다.

이 책을 읽는 독자들도 생각해 보시기 바란다. 4살 때 부모가 모두 세상을 떠나고, 하나밖에 없는 누이도 10살에 잃었다면 어떤 기분일까. 돌봐주던 할머니마저 7살 때 돌아가셨고, 학교에서 집에 돌아오면 아픈 할아버지만 누워 있는 상황이었다. 어린 야스나리는 어떤 생각을 하며 유년 시절을 보냈을까. 가장 가까운 사람들은 모두 떠났고, 자신을 아는 누군가도 언젠가는 떠날 것이며, 자신도 이 세상을 영원히 살 수 없다는 생각을 하지 않았겠는가. 허무주의는 가와바타 야스나리 작품을 관통하는 테마이다. 그가 자라온 환경과 경험을 반영한 결과라 할 수 있다. 『설국』은 남녀 간의 허무한 사랑을 이야기하고, 인간은 허무하게 사라질 운명이라는 주제를 작품 전반에 담아냈다. 이 작품으로 그는 1968년 노벨문학상을 수상했다. 그러나 1972년, 어떤 이유에서인지 스스로 생을 마감했다.

그의 노벨문학상 수상에도 불구하고, 『설국』에 대한 비판적 의견도 존재한다. 『설국』은 1937년에 처음 출간되어 12년간 수정 작업을 거쳐 1948년에 완성됐다. 이 12년 동안 일본은 만주사변(1931), 중일전쟁(1937), 태평양전쟁(1941) 등 군국주의 길을 걷고 있었다. 전쟁이 끝난 것은 히로시마와 나가사키의 원폭 투하와 일본의 항복 선언 이후였다. 이 시기 동안 일본인뿐 아니라 수많은 나라의 사람들이 희생당했다. 야스나리는 이 시기에 무엇을 했는가에 대한 비판이 있다. 그는 니가타에 있는 다카한 료칸(高半旅館)에 틀어박혀 소설이나 쓰고 있었다는 것이다. 쉽게 말하면 '한 남자의 한량 이야기'에 불과하다는 비판이다. 사회와 현실은 무관심한 태도를 취했다는 것이다.

그러나 여기서는 가와바타 야스나리의 외적인 문학 활동이 아니라, 소설 속에 등장하는 온천 이야기에 초점을 맞추고자 한다. 『설국』을 집필한 곳은 니가타에 있는 에치고유자와 온천(越後湯沢温泉) 내 다카한 료칸이다. 소설에 등장하는 여자 주인공 고마코는 이 다카한 료칸에 머물던 게이샤 마쓰에이(松栄)를 모델로 했다고 전해진다. 다카한 료칸은 1075년에 개업하여 현재까지 약 950년의 역사를 이어오고 있다. 료칸 내에는 가와바타의 작업 공간과 문학자료실이 함께 마련되어 있다. 온천과 료칸에 대한 이야기는 이어서 다루기로 하겠다.

삽을 들고 땅을 파면 나오는 온천, 일본의 풍경

일본은 어디를 가나 온천이 난다. 조금 우스갯소리로 '삽을 들고 땅을 파면 온천이 나온다'라고 할 정도다. 한국 사람이 잘 가는 온천 중에 오이타현(大分県)의 벳푸 온천(別府温泉)이 있다. 벳푸 온천의 진면목은 고온 고압의 온천 수증기가 굴뚝을 통해 공중으로 배출되는 장면이다. 일본 사람들은 이 풍경을 '100년 이내 사라지지 말아야 할 풍경'으로 선정할 정도로 아낀다. 그뿐만 아니라 벳푸에는 지옥 온천이라는 관광지도 있다. 땅이 부글부글 끓고 있어 마치 지옥처럼 보인다고 해서 붙여진 이름이다.

오래전 일본 NHK 방송을 보다가 부러운 장면이 나왔다. 정확한 지명은 기억나지 않지만, "개인 가정집에 온천이 솟아난다"라는 리포트였다. 여러분 상상해 보시라. 1년 365일, 24시간 내내 뜨거운 물이 자기 집 어딘가에서 솟아난다면 어떨까? 나는 매일 온천을 할 것이고, 머리만 잘 쓰면 그 물로 난방까지 할 수 있겠다는 생각이 들었다. 당시 그 집 주인도 온천을 매일 즐길 수 있어 정말 좋다고 했다. 부러울 따름이다.

일본에서는 온천이 지천으로 널려 있어 원숭이까지 온천을 즐긴다는 뉴스도 있었다. "이거 거짓말 아니에요"라고 할지 모르겠지만, 진짜다. 이런 거짓말 같은 이야기가 있으니까, 관광객들이 아무리 멀어도 걸어서 원숭이 온천을 구경하러 간다. 원숭이들이 김이 모락모락 나는 돌 위에 누워 있거나, 온천물에 들어가 온천욕을 즐기는 모습을 보면 '역시 일본이구나'라는 생각이 절로 든다. 일본의 고서나 신화를 보면 온천과 관련된 일화도 많다. 온천은 부상 치유 효과

벳푸 온천 • • 도시 전체가 희뿌연 증기로 살아 숨 쉬는 듯한 풍경 속에서, 대지의 원초적인 힘과 다채로운 색을 눈과 피부로 직접 느끼게 하는 '온천의 박물관'이다. 우미 지옥(海地獄, 바다 지옥), 가마도 지옥 (かまど地獄, 가마솥 지옥) 등의 회귀한 온천도 경험할 수 있다.

원숭이 온천 • • 김이 모락모락 피어 나는 따뜻한 온천 속에서 온천을 제대로 했는지 얼굴이 벌겋다. 눈을 지그시 감고 있는 제일 왼쪽 원숭이는 한국 아저씨처럼 온천욕을 즐기는 것 같아 웃음을 자아낸다.

가 뛰어나 사슴, 학, 원숭이 같은 동물들이 다쳤을 때 온천욕을 했다고 전해진다.

한국인이 많이 가는 규슈의 구로카와 온천(黒川温泉)에는 온천 순례자를 위한 프로그램도 있다. 뉴토테카타(入湯手形)라는 나무 명패를 사면 구로카와 온천 중 3곳을 골라 마음껏 이용할 수 있다. 구로카와의 이색 온천탕인 미인탕, 동굴탕, 혼욕탕 등을 즐길 수 있다. 혼욕탕은 남녀가 함께 온천을 즐기는 곳이다. 하지만 다른 출입구를 이용하고 신체를 가리고 온천탕에 들어가기 때문에 남녀 신체를 볼 수 없다. 물속에 있을 때는 온천의 수증기가 올라오기 때문에 보기조차 힘들다. 그렇다고 하더라도 한국인이 적응하기 힘든 목욕 문화 중 하나이다. 이색 체험이니까 용기 있는 독자는 한번 도전해 보시기 바란다.

온천을 기록한 옛사람들

온천은 일본 문학과도 많은 관련이 있다. 앞서 이야기했던 가와바타 야스나리도 니가타의 온천을 무대로 하고 있고, 실제 작가는 온천에서 머무는 동안 집필했다. 에도시대에는 온천 기행록이 많이 남아 있는데, 대표적으로 모토오리 오히라(本居大平)와 야스미 로안(八隅蘆菴)이 아리마 온천(有馬温泉)에서 지낸 매일의 생활을 세심하게 기록해 그 시대의 온천 문화를 알 수 있다.

온천수의 용출은 한 곳이지만 상부 중간을 이쪽저쪽으로 나누어 두

곳으로 갈라진다. 남향을 이치노유一の湯(첫 번째 탕)라 하고, 북쪽을 니노유二の湯(두 번째 탕)라 한다. 욕조는 산속의 옹달샘과 같아서 돌담을 친 듯하고, 유츠보湯壺(뜨거운 물이 담긴 큰 그릇)라 한다. 가로, 세로 직경이 3미터 정도이고, 깊이는 1미터 남짓이다. 바닥은 자갈뿐이라 매우 투명해서 조금도 탁하지 않다.

모토오리 오히라 『아리마일기』(有馬日記, 1782)

아리마 온천의 욕실은 한 지붕으로 되어 있으며, 욕조의 깊이는 약 1미터 30센티, 가로 약 7미터, 세로 약 4미터이고, 바닥에는 돌이 깔려 있다. 그 돌 사이에 대나무 통을 끼워 그 안에서 온천수가 나온다. 맛은 짜다. 중간에 나무판으로 벽을 갈라 남쪽을 제1탕, 북쪽을 제2탕이라 한다.

탕치湯治(온천에 장기 체류하면서 몸과 마음을 치료하는 행위)의 방법으로 처음 하루 이틀 동안은 하루 3~4번으로 한정해야 한다. 무리가 없으면 5~7번까지도 무방하다. 노인 또는 허약한 사람은 오랜 시간 입욕을 삼가야 한다. 또한 오랜 지병이 있는 사람은 1~2회 입욕으로 치유되지 않는다. 따라서 3~4회 또는 1~2개월의 탕치가 필요하다.

탕치 중 병자는 물론 병이 없는 사람이라도 삼가야 할 것은 포식, 지나친 음주, 남녀 관계, 찬 음식 섭취 등이다. 또 탕에서 나오면 온몸의 모공이 열려 외부로부터 병을 얻기 쉬우므로, 심산의 찬 바람을 쐬거나 깨끗한 물에 발을 담그거나, 바람이 부는 날 잠을 자는 것은 피해야 한다.

야스미 로안 『여행용심집』(旅行用心集, 1810)

모토오리 오히라는 아리마 온천의 온천탕 모습을 구체적으로 기록으로 남겼다. 야스미 로안은 『여행용심집』에서 온천을 통한 탕치 방법을 구체적으로 서술하고 있다는 점이 특이하다. 단순히 온천에 몸을 담그는 것이 아니라, 치료를 위해 온천을 방문한다는 사실을 기록하고 있다. 일본에서는 전쟁터에서 상처를 입은 무사들이 치료를 위해 온천욕을 했다는 기록도 있으며, 다리가 부러진 학이 온천에 발을 담그고 치료해 하늘로 날아갔다는 설화도 전해진다.

> 숙소는 20채가 남북으로 나누어져 있고, 그 외의 집들은 여행자가 묵는 숙소라 한다. 20채의 집마다 두 명의 여인이 있다. 한 사람은 오유나(大湯女)라 하고, 통칭 가카(嫁家)라 부른다. 다른 한 사람은 고유나(小湯女)라 하며, 이는 젊은 여인이다. 집안 대대로 이 통칭을 이어왔다. 이 두 명의 유나는 탕치하는 손님에게 탕치 주기를 알려주기도 하고, 가는 손님을 배웅하고 오는 손님을 맞이하기도 한다. 여러 지역의 탕치 손님이 많고 혼잡하지만 탕치 주기는 변함이 없다.

야스미 로안 『여행용심집』

아리마 온천은 휴식과 탕치의 공간이기도 했지만, 유흥의 공간이기도 했다. 야스미 로안의 기록에 따르면 온천에는 오유나(온천 이용 도우미)와 고유나(오유나를 보좌하는 도우미)라는 유나의 존재가 있었다. 대개 유나는 손님의 온천 입욕 시간 관리와 잔심부름, 옷 받아주기가 본업이었지만, 유흥의 장소에서는 노래를 부르고 춤을 추는 역할도 하며 매춘과 가까운 역할을 하기도 했다. 실제로 매춘을 하는 여성도 있었다.

여기서 다시 『설국』의 주인공 시마무라를 불러보자. 시마무라는 부모가 남겨준 재산으로 무위도식하던 시대의 한량이었다. 게다가 도쿄에서 결혼까지 한 유부남이었다. 그러나 시마무라는 온천에 있는 게이샤와의 만남을 위해 세 번이나 눈 덮인 산골짜기 마을로 혼자 온천 여행을 떠난다. 시마무라는 탕치를 위한 온천욕이 아니라, 게이샤와의 추억을 잊지 못해 온천 여행을 떠났던 것이다. 오래전 온천 여행은 온천욕과 병의 치료를 목적으로 가는 경우도 있었지만, 온천은 유흥을 위한 남자만의 공간이기도 했다. 일본 온천은 유무형의 것을 얻는 장소였다. 질병 치료를 위한 장소, 마음의 상처를 위로하는 장소, 남성 유흥의 장소 등 다양한 의미를 지녔다.

교통의 발달이 바꾼 일본의 온천 문화

일본 온천이 일본 대중문화 속에서 잘 녹아든 작품이 있다. 바로 미야자키 하야오의 『센과 치히로의 행방불명』이다. 애니메이션에 등장하는 온천 건물은 미야자키 하야오가 에히메현(愛媛県) 도고 온천(道後温泉) 본관과 에도도쿄건축박물관의 이미지를 참고했다고 한다. 그중에서도 특히 유명한 곳이 바로 도고 온천이다. 도고 온천이 있는 마쓰야마시(松山市)는 현청 소재지지만, 다른 대도시에 비해 상대적으로 낙후된 곳이다. 그러나 도고 온천이 『센과 치히로의 행방불명』의 배경이 된 덕분에 일본 내국인은 물론, 전 세계 애니메이션 팬들이 방문하는 온천이 되었다.

한국 사람들이 가장 좋아하는 온천은 규슈 지역의 벳푸 온천(別府温泉), 유후인 온천(由布院温泉), 구로가와 온천(黒川温泉)이 아닐까 한다. 저자도 일본 온천을 정말 좋아한다. 2010년에는 처가 식구 17명과 함께 일본으로 온천 여행을 간 적이 있다. 막냇사위가 일본 연구자인데도 일본 여행을 한 번도 가본 적이 없다는 말에, 장인 · 장모님 일흔 기념으로 온천 여행을 떠났다. 지금도 그렇지만 일본 온천 여행은 최고의 효도 상품 중 하나이다. 당시 가족 대부분이 일본 여행이 처음인지라, 온천욕을 즐긴 뒤 가이세키 요리(懐石料理)를 먹으며 추억을 쌓았다.

한국인에게는 벳푸, 유후인, 구로카와 온천이 인기가 많지만, 일본 내에서 최고의 3대 명천이라 하면 효고현(兵庫県) 아리마 온천(有馬温泉), 군마현(群馬県) 쿠사쓰 온천(草津温泉), 기후현(岐阜県) 게로 온천(下呂温泉)을 꼽는다. 개인적으로 오이타현 벳푸 온천이 최고라고 생각한다. 벳푸 온천에는 약 3천 개의 온천 수원이 있고, 일본 전체 온천 수원의 약 10%를 차지한다. 도시 배수구에서도 온천 수증기가 나오는 곳이 바로 벳푸 온천이다.

그러면 왜 한일 간에 온천 선호도 차이가 발생할까? 가장 큰 이유는 교통 발달 때문이다. 생각해 보자. 신칸센을 이용해 도쿄역에서 벳푸 온천까지 간다고 해도 적어도 6시간 30분 정도 걸리고, 비용도 약 2만 5천 엔이 든다. 도쿄 사람들은 아무리 벳푸 온천이 좋다 해도 시간도 오래 걸리고 비용도 많이 들기 때문에 포기하지 않을까 싶다. 도쿠가와 막부 시절은 어땠을까? 도쿄에서 가까운 하코네 온천(箱根温泉)으로 가지, 굳이 고생하며 규슈까지 갈 이유가 없다.

일본의 유명 온천은 깊은 산골짜기에 많아서, 생업을 포기하고 여행을 떠날 수 있는 농민은 많지 않았다. 『센과 치히로의 행방불명』에 등장하는 도고 온천이 아무리 유명해도, 도쿄에서 약 670킬로미터나 떨어진 곳까지 갈 이유가 없었다. 도고 온천은 시코쿠에 있어, 배를 타고 들어가야 하는 불편함도 있었다. 거리 문제도 있었지만, 온천 여행을 자유롭게 갈 수 있었던 사람들은 귀족이나 상급 무사 정도였다고 봐야 한다.

일본 시민들이 대중적으로 온천을 즐기기 시작한 시기는 메이지 유신(明治維新) 이후, 대중교통이 발달하고 난 뒤다. 교통이 편리해지면서 시간이 절약되고, 여행 비용도 저렴해져서 멀리 있는 온천까지 갈 수 있게 되었다. 한국인의 경우, 가장 가까운 유명 온천이 규슈 오이타현에 있어서 벳푸나 유후인을 선호하는 것이다. 일본인에게도 벳푸 온천이 유명해진 것은 메이지 유신 이후 교통 발달 덕분이다.

일본 온천이 아무리 좋아도 료칸이 없다면 어떨까? 마치 팥 없는 붕어빵 같지 않을까? 실제 일본 온천 여행이라면 어떤 료칸에 묵을지, 가이세키 요리에는 무엇이 나올지, 노천온천은 얼마나 낭만적일지, 우리 가족만 이용할 수 있는 프라이빗 가족탕이 있을지 등등이 궁금할 것이다. 일본 온천 여행의 진수인 온천 료칸에 대해 이야기해 보자.

인생도 료칸도 여러 가지

온천 여행의 진수는 일본 료칸(旅館)에 투숙하는 일이다. 온천 호텔도 있지만, 우리의 온천 여행은 료칸에서 시작해 보자. 먼저 료칸 입구에 들어서면 직원들과 인사를 나누게 된다. 직원이 이랏샤이마세(いらっしゃいませ)(어서 오세요)라고 하면, 일본어로 곤니찌와(こんにちは)(안녕하세요)라고 인사하면 좋겠다. 보통 체크인은 로비에서 진행한다. 손님이 가장 안락하고 경치가 좋은 자리에 앉아서 진행하는 경우가 많다. 만개한 벚꽃을 바라보고 있노라면, '아, 잘 찾아왔구나' 하는 생각이 들 것이다. 직원은 내 시선보다 낮은 자세로, 때로는 무릎을 꿇고 체크인을 도와준다. 체크인 서류를 작성하는 동안 따뜻한 녹차가 제공되고, 녹차를 다 마시면 객실로 안내받는다. 다음은 내가 일본어로 지어낸 말이니 잘 기억해 두시기 바란다.

人生はいろいろ、
旅館もいろいろ。

인생은 여러 가지
료칸도 여러 가지

인생을 살다 보면 하고 싶어도 못 하는 일이 있고, 하고 싶지 않은데 해야 하는 일도 있다. 나만 그런 게 아니다. 내 친구도, 모두 다 그렇다. 그래서 인생은 여러 가지라고 말한다. 일본 료칸도 마찬가지다.

노천온천 • • 비가 오면 비를 맞고, 눈이 오면 눈을 맞으면 된다. 뜨거운 물에 몸을 담그고 있으면 여기가 극락이다. 주변의 돌과 나무, 계절에 따라 바뀌는 산의 모습은 자연을 담아내는 '살아 있는 풍경화'이다.

일본 여행 사이트 자란(일본호텔, 여관 검색 사이트)을 검색해 보시라. 1만 엔대 료칸부터 10만~20만 엔이 넘는 료칸까지 수두룩하다. 웬만한 5성급 호텔보다 비싼 곳도 많다. 온천 여행을 하려거든 너무 싼 곳 말고, 내가 감당할 수 있는 가장 좋은 료칸을 예약하기를 권한다. 우리가 매번 료칸에 묵는 것은 아니니까, 이번이 마지막이라고 생각하고 기꺼이 지갑을 열어 보자. 그 추억이 언젠가 여러분을 더 기쁘게 해 줄 것이다.

비상금까지 털어 예약한 객실로 가는 동안 직원이 노천온천, 정원, 료칸의 내력 등을 친절히 안내한다. 료칸 객실에 도착하면 화장실 사용법, 전원 스위치, 냉장고, 금고, 실내 온천, 노천온천 사용 시

가이세키 요리 • • 온천을 찾는 즐거움은 바로 이 '맛'에 있다. 최고의 셰프가 그 지역의 특산물과 제철 식재료로 정성껏 차려낸 요리. 이는 단순한 식사를 넘어, 그 고장의 식문화와 진심 어린 '오모테나시'를 온전히 경험하는 시간이다.

간 등도 자세히 설명해 준다. 그리고 저녁 식사 시간은 "17시인데 괜찮습니까?"라고 물어볼 것이다. 괜찮으면 그대로, 아니면 시간 변경을 요청하면 된다.

짐을 풀고 나면 본격적으로 온천을 즐겨보자. 료칸 객실에는 보통 실내 온천과 노천온천 두 개가 있다. 눈이 오면 눈을 맞고, 비가 오면 비를 맞으며 노천온천을 즐기자. 따뜻한 온천만 좋아하는 경우에는 실내 온천을 이용해도 좋다. 두 개 모두 있는 료칸은 상대적으로 가격이 비싼 편이다. 눈 덮인 계곡을 보며 눈을 맞으며 노천온천을 즐긴 뒤, 오늘의 하이라이트인 가이세키 요리(会席料理)를 만나러 가자.

여기서 짚고 넘어가야 할 것이 있다. 료칸 숙박비가 비싼 이유는 바로 가이세키 요리 때문이다. 그 지역 최고의 식자재를 이용해 소재 본연의 맛을 살린다고 한다. 대게가 유명하면 대게 요리, 와규가 유명하면 와규 요리가 주메뉴가 된다. 몇십 년 경력의 셰프가 사계절에 맞는 요리를 준비한다. 일본 음식은 '눈으로 즐기고 눈으로 먹는다'라는 말이 있다. 플레이팅만 전문으로 하는 직원이 따로 있을 정도이니 얼마나 정성스레 차리는지 알 수 있다. 우리는 정성 들여 차린 코스 요리를 생맥주와 함께 즐기면 된다.

식전주와 에피타이저가 나오면, 종업원이 음식을 하나하나 설명해 준다. 일본어를 모르는 투숙객에게도 열심히 일본어로 설명해 준다. 이해가 되지 않으면 '아리가또(ありがとう)(감사합니다)'라고 답하면 된다. 주메뉴가 등장하면 이제 젓가락과 입이 바빠진다. 서두를 필요는 없다. 일본 음식은 개인별로 제공되기 때문에 남의 음식을 탐낼 일도 없다. 이제 맛있는 가이세키 요리도 먹었으니, 자기 전 마지막 온천을 즐기러 가자. 마지막이니 실내 온천이 아니라 더 넓은 노천온천을 추천한다. 직원이 미리 이용 시간 예약을 해두었을 가능성이 크다.

이 시간이 정말 좋다. 조용한 가운데, 특히 눈이 오면 더욱 좋다. 눈 내리는 노천온천에서 겨울 정취를 만끽하면, 마치 신선놀음을 하는 듯한 기분이 든다. 위에서는 눈이 내려 쌀쌀하고, 아래에서는 따뜻한 온천물이 몸을 감싸니 이보다 좋을 수 없다.

노천온천을 즐기고 료칸 방으로 돌아오면, 따뜻한 담요가 펼쳐져 있다. 료칸 방문을 열면 어느새 직원이 이불과 담요를 펴놓고 간 것이다. 이런 호사가 어디 있겠는가. 감동이다. 나는 그렇게 꿈나라로 간다.

오모테나시는 말보다 앞서는 배려다

2010년 일본 국사관대학 아시아 · 일본연구센터에서 객원 연구원으로 재직한 적이 있다. 이때 센터의 연구 주제 중 하나가 '오모테나시(おもてなし)'에 대한 연구였다. 일본어에서 오모테나시는 우리말로 접대, 접객, 환대, 대접 등으로 해석될 수 있는데, 일본어 뉘앙스를 살려서 번역하기는 곤란하기 짝이 없다. 당시 왜 일본인들이 이런 연구를 하는지 궁금했었다. 그리고 한참이 지난 뒤 TV를 통해 다시 '오모테나시'라는 말을 듣고 깜짝 놀랐다.

일본인 아나운서 타키가와 크리스텔은 프랑스인과 일본인의 혼혈로, 프랑스어에 능통한 것으로 알려져 있다. 크리스텔 아나운서는 TV에 나와 손동작을 곁들여 한 음절씩 '오 · 모 · 테 · 나 · 시'라는 일본어를 소개해 강한 인상을 남겼다. "저희는 여러분을 특별하게 맞이하려고 합니다. 일본어로 이를 '오 · 모 · 테 · 나 · 시'라는 한마디로 표현합니다."

이때가 바로 2013년 국제올림픽위원회 제125차 총회 시기였다. 2020년 올림픽 유치 최종 프레젠테이션에서 '오모테나시'라는 용어를 소개하면서 대중적으로 널리 알려지는 계기가 되었다. 일본은 도쿄 올림픽을 개최하면 "우리는 일본 특유의 오모테나시 정신으로 여러분을 맞이하겠습니다"라는 의도를 전달하고자 했다. 그렇다면 오모테나시는 과연 무엇일까?

2010년 국사관대학 연구원으로 재직할 당시의 일이다. 도쿄 시부야가 학교와 가까워 가끔 시부야에서 시간을 보내곤 했다. 그때

오모테나시 • • 일본 아나운서인 타키가와 크리스텔이 2020 도쿄올림픽 유치 프레젠테이션에서 영어와 프랑스어로 일본어의 오모테나시를 인상적으로 어필했다는 호평을 받았다. 그녀의 남편이 펀·쿨·섹좌로 유명한 고이즈미 신지로(小泉進次郎)이다.

자주 가던 식당이 오오토야(大戸屋)였다. 일본 가정식 메뉴를 제공하는 곳이라 한국인 입맛에 잘 맞았다. 공깃밥 무료 리필, 저렴한 가격, 다양한 메뉴가 매력이었다. 특히 '치킨 숯불 정식'이 내가 가장 선호하는 메뉴였고, 그다음은 '생선구이 정식'이었다. 일본은 생선 요리가 수준급이라는 생각이 들었다.

연구원 생활을 마치고 3년 뒤, 가족과 함께 다시 그 식당을 찾았다. 놀랍게도 그때 그 직원이 그대로 근무하고 있었고, 나를 기억해 주었다. 3년 전 자주 방문했던 한국인 손님이라면서 아이들에게 조그만 장난감을 선물해 주었다. 그때 정말 감동했다. '3년 전 혼자 와서 밥 먹던 한국인 아저씨를 어떻게 기억할까?'라는 생각이 들며 감사함이 밀려왔다. 지금도 도쿄에 가면 오오토야가 생각난다.

일본인을 대상으로 한 웹 설문 조사에서 "자신이 겪은 오모테나시 중 가장 인상 깊었던 것은 무엇입니까?”라는 질문에 가장 많은 답변이 ‘자신을 기억해 주었다’였다. 나도 마찬가지였다. 3년이 지난 뒤 다시 방문했는데 나를 기억해 준 것이다.

<킹더랜드>라는 드라마를 본 적이 있다. 스위트룸 고객이 로비까지 내려와 호텔 여직원을 찾자 직원들은 긴장했지만, 고객은 잊지 못할 추억에 대한 감사 인사를 전했다. 이 고객은 오페라 가수였는데, 전 세계 수많은 호텔을 다녔지만 자신의 노래로 모닝콜을 해준 호텔은 처음이라 감동했다는 이야기였다. 이 장면을 보며 나는 시부야 오오토야에서의 기억이 떠올랐다.

일본의 오모테나시를 우리말로 번역하면 무엇이 될까? 접대, 접객, 환대라는 단어가 있지만 나는 ‘환대’라는 단어가 떠오른다. 접대는 다소 형식적이고 비즈니스 뉘앙스가 강한 반면, 환대는 마음에서 우러나오는 손님맞이 느낌이 있다. ‘오늘 접대를 받았다’와 ‘오늘 환대를 받았다’를 비교해 보면 뭔가 차이가 느껴질 것이다. 오모테나시는 ‘환대’라는 말과 가장 유사하다고 생각한다.

오모테나시의 정수는 일본 다도에 있다. 다도에서는 ‘이치고이치에一期一会’라는 용어가 있다. 일생에 단 한 번뿐인 인연이라 생각하고 손님을 맞이하라는 뜻이다. 두 번은 없으니 한 번의 기회에 지극정성을 다해야 한다. 다회 초대장 발송, 다실에서 차 대접, 대화, 작별 인사, 이후 감사 인사까지 모든 과정에 오모테나시가 녹아 있다.

우리가 일본에서 다회에 초대받을 기회는 많지 않을 것이다. 그렇다면 어디서 오모테나시를 경험할 수 있을까? 아마도 일본 료칸이 아닐까. 한국인은 일본 료칸 문화를 처음 접할 때 어색함을 느끼기도 한다. 료칸에 입실할 때 오카미상(전통 료칸 안주인)이 무릎을 꿇고 인사하는 모습을 보고 '나도 무릎을 꿇어야 하나?' 하는 생각이 든 적도 있다. 하지만 무릎 꿇기가 오모테나시는 아니다. 일본인이 생각하는 오모테나시란 무엇일까?

일본어에는 '사마(様)'라는 존칭이 있다. 예를 들어 드라마 '겨울연가'가 유행했을 때, 일본 팬들은 배용준 씨를 '욘사마(ヨン様)'라고 불렀다. 천황가 사람들을 지칭할 때도 '사마'를 붙인다. 신사에서는 신을 '가미사마(神様)'라고 부른다. 일본 여행 중 가장 많이 듣게 되는 말이 '오갸사마(お客様)(손님)'이다. 일본 총리였던 아베 신조도 기자들에게 '아베상' 정도로 불렸지만, 신과 천황, 손님에게만 '사마'가 붙는다.

우스갯소리로 "하느님과 손님은 동격이다"라는 말이 있다. 일본어만 놓고 보면 맞는 말이다. "손님을 신처럼 모셔라"라는 의미가 된다. 손님의 존재 여부와 관계없이, 어떻게 하면 손님을 기쁘게 하고 감동시킬 수 있을지를 생각해야 한다. 성심성의껏, 대가를 바라지 않고 손님을 대하는 것이 오모테나시다.

한국의 한 택시 회사가 기사에 대한 팁(Tip) 기능을 추가해 논란이 된 적이 있다. "물가도 올랐는데 택시비에 팁까지 줘야 하나?"라는 불만이 터져 나왔다. 논란이 되자 회사는 기사와 손님의 상생 방안을 마련하겠다고 밝혔다. 한국인은 팁 문화에 익숙하지 않다. 미국 레스토랑에서는 20만 원어치 스테이크를 먹으면 약 20%인 4만 원 팁이 포함된다. 부담을 느낀 미국인들 사이에서는 '팁플레이션'이나 '죄책감 팁'이라는 현상도 나타난다.

하지만 일본 료칸에서는 팁을 주지 않는다. 직원들도 받지 않는다. 대가를 바라지 않고 성심성의껏 손님을 모시는 것, 그것이 오모테나시다. 크리스텔 아나운서가 IOC 총회에서 '오 · 모 · 테 · 나 · 시'를 강조했던 것도 '우리는 정말 성심성의껏 모시고 팁은 받지 않겠습니다'라는 메시지가 담겨 있었다고 이해하면 된다.

오모테나시의 또 다른 매력은 예상 밖의 배려다. 한국인이 일본 료칸에 숙박하면서 가장 만족하는 부분 중 하나가 가이세키 요리를 먹고, 온천욕을 즐긴 뒤 방에 돌아왔을 때 직원이 미리 이불과 담요를 준비해 놓았다는 점이다. 배부르면 아무것도 하고 싶지 않은 게 인지상정 아닌가. 료칸에서는 이런 세심한 배려를 경험할 수 있다. 이것도 오모테나시다.

비 오는 날 종이 쇼핑백이 젖지 않도록 비닐을 덧씌워 주는 작은 배려에도 '여기는 손님을 대하는 태도가 다르구나'라는 생각이 절로 든다. 료칸 온천수 수증기를 보며 삶은 달걀이 먹고 싶어지는데, 어느새 삶은 달걀이 옆에 놓여 있기도 하다. 퇴실할 때는 담당 직원이 조그만 선물과 편지를 전해 준다. 이런 배려에 '다음에도 이 료칸에 묵고 싶다'라는 마음이 들게 한다.

오모테나시는 별것이 아니다. 료칸에 들어설 때 "어서 오세요" 인사는 매뉴얼에 따라 하는 서비스일 뿐이다. 하지만 "더운데 힘드셨죠. 여기 잠시 쉬세요"라고 차가운 차와 수건을 가져다줄 때 비로소 오모테나시가 된다. 다도, 호텔, 료칸뿐만 아니라 항공, 여행사, 철도 등 서비스업 전반에 오모테나시 정신이 녹아 있다. 넓게 보면 사람과 사람이 살아가는 관계 속에 오모테나시가 필요한 것이다.

생각해 보면 우리도 '정'이라는 이름으로 오모테나시를 실천하고 있다. 나도 국밥을 정말 좋아한다. 혼자 먹어도 좋고 친구와 함께 먹으면 더 좋다. 단백질, 탄수화물, 채소가 균형 잡힌 완벽한 식사라고 생각한다. 더운 날 국밥집에서 땀을 뻘뻘 흘리고 있으면 사장님이 선풍기를 옆에 가져다주기도 한다. 단골 식당에서는 반찬이 떨어지기 전에 더 내어 주기도 한다. 일본과 다를 수는 있지만, 우리에게도 오모테나시가 있다.

최근 도쿄에 갈 일이 생겼다. 당연히 시부야의 단골 맛집 오오토야가 생각났다. 검색해 보니 폐업했다는 소식이 적혀 있었다. 왠지 모를 아쉬움이 밀려왔다. 혼자 밥을 먹으러 자주 가던 곳, 나를 기억해 주던 곳, 가족과 함께했던 추억이 깃든 곳이기 때문이다. 그 아쉬움은 아마도 오모테나시에 대한 그리움일 것이다.

"일본인은 왜 마쓰리에 이렇게 진심일까?"

도쿄 아사쿠사 산자마쓰리에서 처음 그런 생각을 했다. 수많은 인파, 미코시를 메고 외치는 사람들, 그들을 향해 손을 모아 기도하는 이들. 마쓰리는 단순한 이벤트가 아니었다. 마을의 신을 맞이하고, 공동체가 하나가 되는, 일본인의 삶과 신앙이 만나는 순간이었다.

이 장에서는 산자마쓰리를 중심으로, 간다(神田)·기온(祇園)·텐진(天神) 등 일본의 대표 마쓰리와 시민 마쓰리까지 살펴본다. 마쓰리를 통해 일본인들이 신을 어떻게 모시고, 공동체를 어떻게 이어가는지를 들여다보려 한다. 야타이의 감성부터 신불분리(神佛分離)의 역사, 그리고 한국과의 축제 문화 비교까지. 마쓰리는 일본을 이해하는 가장 생생한 무대다.

일본 마쓰리, 알고 보면 더 재밌다

“선생님, 산자마쓰리 안 가세요?”

“강 선생님! 산자마쓰리(三社祭) 안 가세요? 도쿄에 왔으면 산자마쓰리 구경 가야죠” 연구소 행정 직원이 나에게 건넨 말이다. 한창 연구 과제에 몰두하고 있던 때라서 “가서 좀 쉬고 오세요”라는 뜻으로 알았다. 성격상 많은 사람이 모이는 곳은 별로 좋아하지도 않고, 스트레스는 혼자 산책하며 푸는 타입이라 별로 내키지 않았다. 그날 저녁, 게스트하우스에서 커피를 마시고 있는데 관리인 요시다 씨가 같은 말을 했다. “한국에 돌아가면 다시 도쿄 오기 힘드니까 꼭 한번 보고 가라”는 뉘앙스였다.

아사쿠사역(浅草駅)에서 내렸다. 사람들이 많았다. 잘못 왔다는 느낌이 들었다. 그냥 돌아갈까 생각도 했지만, 이왕 왔으니 조금이라도 보

센소지 카미나리몬 • • 도쿄에서 가장 오래된 사찰 '센소지(浅草寺)'의 정문이다. 거대한 붉은 제등(등불)이 상징이며, '천둥의 문'이라는 이름처럼 풍신(風神, 바람의 신)과 뇌신(雷神, 천둥의 신) 상이 문을 지키고 있다. 도쿄의 유명한 산자 마쓰리의 주요 무대이기도 하다.

고 가자고 생각했다. 사람들이 가는 방향으로 따라만 갔다. 사람들이 점점 더 많아졌다. 아사쿠사를 상징하는 카미나리몬(雷門) 앞에는 사람들이 산과 바다를 이루었다는 표현이 어울릴 정도로 인산인해였다. 산자마쓰리를 처음 보는 관광객 입장에서 '왜 이렇게 사람들이 많지', '이 사람들 뭐 하러 여기까지 왔을까?'라고 생각했다.

산자마쓰리는 이미 시작되었고, 미코시(御輿)(신을 태운 가마)를 멘 사람들의 기합 소리에 아사쿠사 거리가 들썩였다. 그런데 이상했다. 미코시를 멘 사람들에게서 엄청난 에너지가 발산되는 느낌이 들었다. 뭔지 잘 모르겠지만, 이 사람들을 따라가면 뭔가 에너지를 얻을 수 있겠다는 생각이 들어 한 미코시 팀을 따라가게 되었다. 한참 따라가던 중, 미코시 팀원과 눈이 딱 마주쳤다. 그분이 나를 보며 함께 하

자고 했다. '아! 이건 아닌데'라는 생각이 스쳐 지나갔다. 누군가 앞에 나서서 뭔가 하는 걸 좋아하지 않을뿐더러 용기도 부족한 사람이다. 그때 나는 "미안합니다(すみません)"라는 말로 거절했다. 지금 와서 생각해 보면, 일생일대의 기회를 놓친 것 같아 후회하고 있다.

일반적으로 마쓰리라고 하면 신사(神社)에 모신 신(神)을 마을 사람들이 미코시에 태워 마을을 한 바퀴 도는 행위라고 보면 된다. 일종의 종교 행위이다. 미코시에는 신이 타고 있다고 믿기 때문에 마을 사람들은 모두 미코시를 메고 싶어한다. 문제는 이 미코시가 생각보다 무겁다는 것이다. 그래서 1기의 미코시에는 마을의 많은 사람이 동원되어야 하고, 교대로 메어 줄 대기 인원도 필요하다. 그래서 일본 마쓰리는 마을 사람들의 단결을 필요로 한다.

한때 산자마쓰리도 미코시를 메어 줄 사람이 부족해 미코시를 트럭 위에 싣고 행사를 진행한 시기도 있었다고 한다. 하지만 최근에는 산자마쓰리가 아사쿠사 인근 마을 주민뿐만 아니라 전국 단위로 미코시를 메어 줄 사람을 모집하다 보니 넉넉하게 참가자를 받을 수 있게 되었다. 이제는 일본인뿐만 아니라, 외국인도 쉽게 참여할 수 있다. 앞에서도 언급했다시피 우주 끝까지 후회하는 일은 기회가 왔을 때 미코시를 메어 보지 못한 일이다.

미코시를 조금 더 자세히 보면 모두 다 다른 모양을 하고 있다는 걸 알 수 있다. 보통 맨 윗부분은 봉황이고, 본체는 신사의 모양을 하고 있다. 산자마쓰리에는 약 100기의 미코시가 등장하는데 모두 다 다른 모양을 하고 있다. 미코시의 색깔, 팀원들의 복장까지 모두 차별화되어 있다. 일본인은 미코시를 메지 않더라도 행렬을 바라보

미코시의 다른 모양 • • 산자마쓰리의 약 100기의 미코시가 있는데 모두 다른 모양을 하고 있다. 지붕의 모양, 몸체, 봉황의 색깔과 크기, 장식물의 틀과 구조가 모두 다르다. 아는 만큼 보인다. 어떻게 다른지 유심히 지켜보는 재미도 있다.

며 신이 지나간 자취로 믿고, 가족의 행복과 불운을 몰아내 주기를 기원한다.

산자마쓰리는 약 100기의 미코시가 참여한다. 마쓰리의 시작은 모두 센소지(浅草寺) 본당 앞에서 출발한다. 약 100기 정도가 참여하기 때문에 모두 출발하는 데만도 3~4시간이 걸린다. 본당에서 출발한 미코시는 아사쿠사 도로 곳곳을 누비며 축제를 벌인다. 단순 계산해서 미코시 1기당 100명이 참가한다고 하면, 100기니까 미코시 참여자만 만 명이 넘는다. 참가자만 만 명이 넘는다고 하니 구경 오는 관광객은 얼마나 많을까. 보통 산자마쓰리는 매년 5월에 약 3일 동안 개최되며, 약 150만 명 이상의 관광객이 몰려온다고 한다. 도쿄의 초여름 날씨에 도쿄 사람들의 비일상적인 삶을 체험하고 싶다면, 산자마쓰리를 구경하는 것은 좋은 선택이다. 도쿄에는 이 외에도 수많은 마쓰리가 있다.

그냥 포장마차가 아니야, 감성은 야타이야

도쿄 불꽃 축제를 보러 간 적이 있다. 아사쿠사역(浅草駅)에서 내려 스미다가와(隅田川)와 행사장까지 가는데, 태어나서 그렇게 많은 사람을 본 적이 없었다. 아무리 구경해도 사람 구경만 한 것이 없다는 사실을 그때 처음 깨달았다. 산자마쓰리가 열리는 곳도 바로 아사쿠사역 주변이다. 많은 사람이 모이니 볼거리뿐만 아니라 먹거리도 넘쳐난다. 그렇다면 산자마쓰리에는 어떤 볼거리와 먹거리가 있는지 잠시 구경해 보자.

센소지(浅草寺)의 입구인 카미나리몬(雷門)에서 본당 사이 가운뎃길(仲見世通り)에는 도쿄에서 가장 오래된 상점가가 있다. 이곳에는 일본 전통 과자뿐만 아니라, 모찌, 당고, 야키우동, 가라아게, 야키토리 등 일본 군것질거리와 전통 인형, 신발, 부채 등을 만들어 파는 곳이 수없이 많다. 언제 가도 일본인뿐만 아니라 외국인들로 넘쳐나는 곳이 아사쿠사다. 상점가를 조금만 벗어나도 맛있는 음식점이 즐비하니, 줄이 긴 곳을 맛집이라 생각하고 인내심을 갖고 기다려 보길 추천한다.

일본도 특별한 이벤트가 있는 날이면 어김없이 야타이(屋台)(포장마차)가 등장한다. 그냥 포장마차라고 하면 될 텐데, 왜 굳이 야타이라고 하느냐고 묻는다면 답하기 곤란하다. 포장마차와 야타이는 감성이 다른 단어다. 야타이라고 해서 우리와 아주 다르냐 하면 그렇지도 않다. 그래도 감성이라는 측면에서는 확실히 다른 느낌이 든다. 후쿠오카 나카스에 가면 야타이가 즐비한데, 이곳을 포장마차라고 하면 뭔가 어색하다. 야타이라고 해야 심야식당 주방장이 나와 술과 안

산자마쓰리 야타이 • • 마쓰리가 주연이면, 야타이는 조연이다. 야타이가 없는 축제는 가수 없는 콘서트다. 마쓰리의 역동적인 분위기와 야타이가 어떻게 어우러지는지, 후각과 청각 등 오감을 총동원해서 즐기길 바란다.

주를 파는 풍경이 떠오른다. 이 책에서는 일본의 포장마차를 '야타이'라고 부르기로 한다.

산자마쓰리는 참여자만도 만 명이 넘고, 관광객도 150만 명 이상이 방문한다. 많은 사람이 몰려드니 인근 식당만으로는 먹거리 수요를 감당하기 어렵다. 그리고 마쓰리에는 다양한 먹거리가 있어야 축제 분위기도 살고, 지역 상권의 매출도 늘어나니 경제적 측면에서도 이익이다. 이런 이유로 산자마쓰리 기간에는 어김없이 야타이가 등장한다. 혹시 야타이가 불법이 아닌지 의심의 눈초리로 묻는 사람이 있을지도 모르겠지만, 합법적으로 운영된다.

야타이에서 파는 음식은 야키우동, 생선과 고기, 꼬치, 타코야키,

금붕어 잡이 • • 힘을 주면 찢어지고 서두르면 놓친다. 욕심을 버리고 설레는 마음만 있으면 금붕어는 내 것이다. 여름날의 추억을 쌓아보자. 마치 우리의 인생처럼.

가라아게 등 간단하게 먹을 수 있는 것들이다. 요즘은 떡볶이나 전 같은 한국 음식도 야타이에서 볼 수 있어 일본인들이 한국 음식을 좋아한다는 것도 알 수 있다.

야타이 거리를 걷다 보면 한국에서는 보기 힘든 금붕어잡이 노점도 볼 수 있다. 일정 금액을 내면 뜰채 같은 도구를 받아 금붕어를 잡으면 된다. 문제는 뜰채에 물이 닿는 부분이 약해 일정 시간이 지나면 구멍이 나 버린다는 것이다. 구멍이 나기 전에 뜰채를 이용해 한 마리라도 더 잡아야 하는데, 보기보다 쉽지 않다. 남들은 쉽게 하는 일이 나에게는 세상에서 가장 어려운 일이라고 생각하면 된다. 하지만 일본에서 추억을 쌓고 싶다면 한 번쯤 도전해 보길 권한다.

신사와 절은 뭐가 다른가요? - 센소지와 아사쿠사 신사 이야기

일본에 관심이 있는 독자라면 한두 가지 의문이 들 것이다. 마쓰리는 일본 신사 행사인데, "왜 주요 무대는 도쿄에서 가장 오래된 절인 센소지일까?", "불교와 마쓰리는 무슨 관계일까?"라는 의문을 가질 수 있다. 두 번째 질문은 나 역시 처음에 가졌던 물음이다. "왜 일본 사람들은 마쓰리에 이토록 열광적일까?" 여기에 대해 조금 설명하고자 한다.

첫 번째 물음에 답하려면 센소지(浅草寺)의 역사부터 알아야 한다. 7세기 초, 스미다가와(隅田川)에서 고기를 잡던 형제 어부가 불상을 건졌다. 처음에는 어떤 불상인지 몰랐지만, 관세음보살임을 알아챈 남자가 있었

다. 세 사람의 도움으로 건물을 지어 관세음보살을 모신 것이 바로 센소지의 시작이다. 우리가 잘 아는 카미나리몬(雷門)과 가운뎃길(仲見世通り) 상점가를 지나면 나오는 본당이 바로 그 센소지다. 당연히 본당의 부처는 관세음보살이다.

센소지 바로 옆에는 또 다른 건물이 있다. 이곳이 바로 아사쿠사신사(浅草神社)다. 두 형제가 불상을 발견하고, 그 불상이 관세음보살임을 알아챈 남자를 포함한 세 인물을 모신 신사다. 아사쿠사신사에서는 매년 한 번, 이 세 사람을 미코시(神輿)에 태워 마을을 한 바퀴 도는 산자마쓰리(三社祭)를 개최한다. 산자(三社)라는 이름은 세 사람의 위인을 모신다는 의미다. 마쓰리도 알고 즐기면 훨씬 재미있다.

다시 돌아와서, 왜 센소지가 마쓰리의 주요 무대가 되었을까? 아주 오래전부터 센소지와 아사쿠사신사는 일체가 되어 산자마쓰리를 진행해 왔다. 1945년 일본의 패전 후 연합국사령부(GHQ)의 신불분리(神佛分離) 지시로 절과 신사가 분리되었지만, 전통에 따라 산자마쓰리는 여전히 센소지를 주요 무대로 삼는다. 현재 산자마쓰리의 정식 명칭은 아사쿠사 예대제(浅草例大祭)다.

학생 중에는 "일본의 절과 신사는 뭐가 다른가요?"라고 묻는 경우가 있다. 비슷해 보이지만 확실히 다르다. 절은 부처님을 모시는 곳이고, 신사는 일본에서 특별하고 존경받는 인물이 죽은 후 신으로 모셔지는 곳이라 이해하면 된다. 예를 들어 도쿄에서 가장 큰 신사는 메이지신궁(明治神宮)으로 메이지 천황 부부를 모시고 있다. 오사카성 앞에는 도요토미 히데요시를 모시는 신사가 있고, 한국인들에게도 잘 알려진 규슈의 다자이후(大宰府)는 학문의 신인 스가와라 미치자네(菅原道眞)를 모신 곳이다.

두 번째 질문, “일본인은 왜 마쓰리에 열광하는가?”에 대해 살펴보자. 여러 설이 있지만, 간단히 설명하면 일본인이 가장 많이 믿는 종교는 신도(神道)다. 신도의 신앙 행위가 이루어지는 곳이 신사(神社)다. 그렇다면 불교, 기독교, 천주교는 어떤가? 일본에서는 기타 종교로 분류된다. 일본 내 기독교와 가톨릭 신자는 1% 미만이고, 불교 사원은 많지만 신자 수는 예상외로 적다. 일본에서 신자 수 1위는 신도, 그 다음이 행복의 과학, 창가학회 같은 신흥 종교다. 우리와는 사뭇 다르다.

그렇다면 신사는 무엇을 하는 장소인가. 일본인의 일상과 가장 밀접한 곳이라 할 수 있다. 아이가 태어나면 신사에 가서 신에게 축복을 받는다. 일본에는 시치고산(七五三)이라는 연중 행사가 있다. 아이가 3, 5, 7살이 되면 신사에 가서 신에게 감사 인사를 드린다. 일반 가정에서도 흔히 하는 행사다. 또 일본인은 설날이 되면 하츠모데(初詣)라고 해서 집 근처 신사를 방문한다. 이뿐만 아니라, 개, 고양이, 여우를 모시는 신사, 학문의 신사, 부자의 신사, 가난의 신사, 결혼의 신사 등 상상할 수 있는 거의 모든 종류의 신사가 존재한다. 일본인은 이런 곳에 가서 소망과 행복을 기원한다.

신사는 일본인의 일상생활 그 자체라 해도 과언이 아니다. 다시 마쓰리로 돌아와 보자. 오랜 세월 동안 마을에는 아사쿠사신사가 있었다. 설날에도 가고, 아기가 태어나도 가고, 내가 3, 5, 7살 때도 온 가족이 가서 행복을 기도했다. 학교생활이 힘들 때마다 기도하러 갔던 곳도 아사쿠사신사였다. 그런데 일 년에 한 번, 아사쿠사신사에서 모시는 가미사마(神様)가 마을로 마실을 나온다고 한다. 온 마을 사람들이 즐거운 마음으로 마을의 신을 반갑게 맞이해야 한다고 한다. 마을 사람 모두가 참여해야 한다. 빠질 수 없다. 빠지려고 하면, "할아버지 때도 했고, 아버지도 했고, 너도 해야 하고, 네 아들과 손주도 해야 한다"고 한다. 이러한 마을 전통 마쓰리가 언제부터인지 모를 정도로 오랫동안 이어져 온 것이다. 이것이 마쓰리다. 종교적 행위에 일본의 전통이 결합된 지역 축제가 바로 마쓰리인 것이다.

간다 마쓰리 – 도쿄 한복판에서 무사가 말을 타고 등장

일본은 신(神)의 나라, 마쓰리의 나라라고 한다. 누가 세어봤는지 모르겠지만, 일본에는 연중 약 30만 개에 달하는 마쓰리가 끊이지 않고 열린다고 한다. 웬만한 마을에는 적어도 하나쯤 마쓰리가 있다고 생각하면 된다.

그중에서도 최고의 마쓰리, 이른바 일본 3대 마쓰리라 불리는 행사가 있다. 도쿄의 간다마쓰리, 오사카의 텐진마쓰리, 교토의 기온마쓰리(祇園祭)가 그것이다. 간다마쓰리는 관동지방의 대표이고, 텐진마쓰리와 기온마쓰리는 관서지방의 대표다. 이들은 역사와 전통, 특색을 갖춘 마쓰리로서 국내외 관광객 유치에도 큰 역할을 한다.

2023년 5월, 도쿄 간다마쓰리가 4년 만에 재개되었다. 넓은 아스팔트 위로 무사 복장을 한 배우들이 말을 타고 행진한다. 칼을 찬 무사들을 보면 마치 타임머신을 타고 에도시대(江戸時代)(도쿠가와 막부시대)로 돌

간나마쓰리 • • 도쿄의 3대 마쓰리 중 하나로, 2년에 한 번 홀수 해 5월에 간다 신사(神田明神)를 중심으로 열린다. 에도 막부의 번영을 기원하며 쇼군의 비호 아래 치러졌던 '천하 마쓰리(天下祭)'이다.

아간 듯한 느낌이 든다. 기모노를 입은 여성들의 행진 모습은 산자마쓰리(三社祭)와는 또 다른 매력을 준다. 산자마쓰리가 전통에 충실하다면, 간다마쓰리는 종합 선물세트 같은 다채로움이 있다.

간다마쓰리가 열리는 곳은 도쿄 구도심, 간다(神田)와 니혼바시(日本橋), 아키하바라(秋葉原), 마루노우치(丸の), 도요스(豊洲) 어시장 일대다. 간다마쓰리가 이토록 유명해진 배경에는 도쿠가와 이에야스(徳川家康)의 영향이 크다. 이에야스는 세키가하라(関ケ原) 전투 출병 전에 간다신사(神田神社)에 들러 전승을 기원했다고 전해진다. 이후 전투에 승리한 그는 간다마쓰리를 후원하며 마쓰리의 격을 높였고, 에도시대 이후 이 행사는 도쿄의 대표 마쓰리로 자리 잡았다.

간다신사에는 세 명의 신을 모시는데, 각각 맡은 역할이 다르다.

- 오오나무치노미코토(大己貴命) : 인연의 신, 부부화합의 수호신
- 스쿠나히코나노미코토(少彦名命) : 장사의 신, 건강의 수호신, 일명 에비스(恵比寿)
- 타이라노마사카도노미코토(平將門命) : 액운을 막아 주는 신

도쿄에는 에비스라는 지명이 있고, 에비스 맥주도 유명하다. 아마도 간다신사에서 모시는 에비스 신과 관련이 있을 것이다. 역사적 배경이야 어떻든, 도쿠가와 이에야스가 참배한 뒤 전투에서 승리한 사실 덕분에, 이후 간다마쓰리는 성대하게 열리게 되었고, 오늘날에는 도쿄를 대표하는 마쓰리로 확고히 자리 잡았다.

오사카 텐진 마쓰리 – 강 위에서 벌어지는 여름밤 축제

오사카 텐진마쓰리는 물과 불의 제전이라고 부른다. '물'은 미코시(神輿) 행렬이 배를 타고 강을 건너기 때문이고, '불'은 마지막에 3,000발의 화려한 불꽃놀이를 의미한다. 오사카 사람들에게는 마쓰리도 보고, 마지막에 환상적인 불꽃놀이를 볼 수 있다는 게 얼마나 행복한지 모른다. 오사카 온 시민이 한여름날의 추억을 가족과 함께 불꽃놀이를 보며 쌓을 수 있어 텐진마쓰리를 구경하지 않을 이유가 없다.

텐진마쓰리의 시작은 오사카 텐만구(天満宮)에서 시작된다. 제신은 '학문

의 신'으로 모셔지는 스가와라 미치자네(菅原道眞)이다. 메인 이벤트는 7월 25일, 미코시가 텐만구를 약 3,000명의 사람들과 함께 출궁하는 것부터 시작된다. 행렬 코스가 흥미로운데, 육상 루트를 리쿠토교(陸渡御)라고 하며, 텐만구 주변 마을을 두세 시간 신나게 돈다. 그러고 나서 텐만구의 미코시를 배에 실어 강 위를 한 바퀴 도는데, 이것을 후나토교(船渡御)라고 한다. 승선한 미코시는 선상에서 의식을 거행하며, 이를 따르는 배가 100여 척에 이른다. 여름날 저녁에 100여 척의 배가 불을 켜고 강물 위를 떠다니는 광경은 그야말로 환상적이다.

최고의 하이라이트는 봉납 불꽃놀이이다. 약 3,000발의 불꽃이 한여름날의 저녁을 환하게 밝힌다. 강가에 불꽃놀이를 보러 온 오사카 시민들은 텐만구의 불꽃놀이라서 모두의 행복과 평화를 기원한다. 대부분은 소시민의 행복이 아니겠는가. 오늘 하루만이라도 걱정 없이, 가족과 연인, 친구와 함께 도시락과 시원한 맥주를 마시며 시간을 보내지 않을까 한다.

이제 드디어 마쓰리가 종착역을 향해 다가간다. 출궁했던 미코시가 다시 텐만구에 입궁해야 할 시간이다. 미코시를 멘 사람들이 다시 힘을 내어 텐만구를 향해 간다. 이제 364일은 내년 텐진마쓰리를 기대하며 일상으로 돌아간다.

교토 기온 마쓰리 – 미코시가 12톤이라 끌고 다님

마쓰리 하면 이곳을 빼놓고 이야기할 수 없는 지역이 있다. 자칭 일본의 문화수도이자 천년 수도인 교토의 기온마쓰리이다. 기온마쓰리의 특징은 미코시(神輿)의 화려함과 거대함이다. 미코시가 간다마쓰리나 텐진마쓰리와 규모 면에서 비교가 안 될 정도로 크고 화려하다. 정말 화려하다. 다양한 볼거리도 많다. 미코시가 크고 화려하다 보니 산자마쓰리처럼 사람들이 미코시를 메고 행진하는 것은 거의 불가능하고, 미코시를 끌거나 밀어 이동하는 경우가 많다. 당연히 바퀴가 달린 미코시도 많다. 또 다른 차이점은 도쿄의 간다마쓰리나 산자마쓰리가 5월 초여름에 개최된다면, 기온마쓰리는 한여름인 7월에 열린다는 점이다. 교토의 날씨가 너무 더워 실제 기온마쓰리를 보다가 일사병으로 병원에 실려 가는 사람도 있을 정도다.

마쓰리도 알고 가면 더 재밌게 볼 수 있으니, 여기서 기온마쓰리 미코시에 대해서 하나만 짚어보자. 기온마쓰리의 미코시는 거대하고 화려하다. 어떤 이는 기온마쓰리의 미코시를 '움직이는 박물관'이라고 부른다. 교토가 비단과 직물로 유명하다 보니, 미코시를 직물과 자수 등 최고급 장식으로 꾸며놓았다. 기회가 된다면 살며시 다가가 얼마나 화려한지 꼭 확인해 보길 바란다.

기온마쓰리의 미코시는 크게 두 종류가 있다. 야마(山)와 호코(鉾)이다. 둘 다 미코시인데, 규모 면에서는 호코가 훨씬 거대하다. 높이는 25미터, 무게는 12톤이나 된다. 사람이 어깨에 메고 이동할 수 없는 크기와 무게다. 호코의 지붕을 올려다보면 2~4명의 사람이 아찔한 높

호코의 행렬 • • 기온 마츠리(祇園祭)에서 가장 큰 볼거리는 단연 '움직이는 박물관'이라 불리는 거대하고 화려한 수레, 호코라는 거대한 가마의 순행이나. 그 웅장함과 정교함으로 축제의 하이라이트를 장식한다.

이에 앉아 있는 모습을 볼 수 있다. 왜 그럴까? 이유는 간단하다. 미코시 호코가 행렬을 하다 보면 전깃줄 같은 장애물에 걸릴 수 있는데, 이때 이 사람들이 장애물을 피하도록 조정하는 역할을 한다. 또 호코의 무게 중심을 잡아주는 역할도 한다고 알려져 있다.

호코의 지붕 위에는 긴 창이 매달려 있다. 여기서 기온마쓰리의 역사에 대해 잠시 살펴보자. 기온마쓰리의 시작은 교토의 야사카 신사(八坂神社)에서 비롯된다. 교토의 기요미즈데라(清水寺)에서 기온 거리로 내려오

야마의 행렬 • • 야마는 호코보다 규모에서는 밀리지만, 야마만이 가지고 있는 스토리텔링과 정 교한 장식이 마츠리의 깊이와 다채로움을 더하고 있다.

호코의 방향 전환 • • 삐걱이는 굉음을 내며 12톤에 달하는 거대한 호코가 방향을 튼다. 그 비결은 바퀴 아래 흥건히 적신 대나무와 수십 명이 함께 외치는 함성, 그리고 혼신의 힘이다. 왜 그렇게까지 하느냐고 묻는다면, 호코는 원래 직진밖에 할 수 없기 때문이다. 안간힘을 다하는 사람들은 죽을 맛이지만, 그 순간 축제는 절정을 맞이한다.

다 보면 만나게 되는 신사다. 869년, 전염병이 수도 교토를 포함한 일본 전역에 퍼지면서 심각한 피해를 초래했다. 이에 천황의 정원인 신센엔(神泉苑)에서 3개의 가마와 66개의 창을 세워 전염병 퇴치를 기원했다고 전해진다. 이때의 의식이 기원이 되어, 이후 호코에 상징적으로 창을 세우는 전통이 이어져 오고 있다. 어떻게 보면 기온마쓰리를 비롯한 한여름 마쓰리는 일본의 전염병 퇴치 기원과 무관하지 않다고 할 수 있다.

야마는 호코에 비해 높이가 낮다. 대신 소나무 장식과 인형을 태우는 것이 특징이다. 호코에 비해 규모는 작지만 나름의 스토리가 있어 관람객에게 또 다른 재미를 준다.

기온마쓰리의 또 다른 관람 포인트는 미코시의 방향 전환이다. 흥미롭게도 야마와 호코는 무게가 매우 무거워 어깨에 메고 이동하기 어렵다. 그래서 바퀴를 사용하지만, 미코시에는 방향 전환을 위한 '핸들'이 없어 회전이 쉽지 않다. 없으니 어떻게 하겠는가. 사람의 손으로 직접 방향을 전환할 수밖에 없다. 야마는 비교적 가벼워 사람들이 어깨에 메고 방향을 틀 수 있지만, 12톤에 달하는 호코는 다르다.

일단 바닥에 대나무 잎을 깔고, 그 위에 물을 뿌려 미끄럽게 만든다. 그런 다음 구호에 맞춰 방향 전환을 시도한다. 대개 3번에 걸쳐 방향을 전환한다. 성공하면 관객들의 박수갈채를 받으며 행렬을 계속한다. 하지만 어쩌다가 꼼짝도 하지 않을 때가 있다. 물론 관객에게는 그런 모습조차 흥미롭게 다가온다. 매번 완벽하게 해낼 수는 없는 법이니까. 이때 다시 구호에 맞춰 시도하고, 또 성공하면 우렁

찬 박수를 받으며 행렬을 이어간다. 이것이야말로 마쓰리의 묘미 아니겠는가. 교토 기온마쓰리의 가장 인기 있는 관람 포인트 중 하나는 바로 이 방향 전환이 벌어지는 사거리다. 구경하러 갈 분들은 참고하시라.

춤추는 마쓰리, 아와오도리는 신이 없다고요?

산자마쓰리를 보고 게스트하우스 관리인 요시다 씨에게 "일본 마쓰리 정말 재밌다", "일본인들의 열정적인 모습에 반했다"라고 했더니, 그럼 8월에 함께 고엔지(高円寺) 아와오도리(阿波踊り) 축제에 가자고 한다. '같이 안 가도 되는데'라는 생각이 들었지만, 이미 늦었다. 요시다 씨가 일정표를 출력해 와서는 이번에는 전야제부터 구경하자고 했다. 본 공연 전에 고엔지 상가를 중심으로 예행연습을 하는데, 이것도 보면 좋겠다고 덧붙였다.

전야제 행사에 갔는데, 왜 그렇게 사람들이 많은지 모르겠다. 고엔지 상가에는 관광객과 현지인이 몰려들어 늦여름을 즐기고 있었다. 상가 내 식당에 들어가 시원한 맥주와 안주를 시켰다. 나는 술을 못 하지만, 술을 즐기는 요시다 씨를 위해 나도 시원한 생맥주를 한 잔 했다. 나는 볶음밥을 시키고, 요시다 씨는 추가 안주를 시켜 생맥주 한 잔을 더 시켰다.

여기저기 웅성거리더니만 연주 음악이 들리기 시작했다. 그리고 단체 여성들의 목소리가 들리는 것 보니 본격적으로 예행연습이 시

고엔지 아와오도 고엔지 • •아와오도리는 도쿄 스기나미구 고엔지에서 매년 8월 말 개최되는 시민 참여형 전통 춤 축제로, 시코쿠 도쿠시마현의 민속무용인 아와오도리에 그 기원을 둔다. 뜨거운 여름밤, 흥겨운 음악과 함께 수천 명의 무용수가 관객의 환호 속에서 거리를 행진하며, 도시 일상 속에서 전통이 살아 숨 쉬는 축제 공간을 형성한다.

작되는 것 같다. 얼른 식사와 술을 마저하고, 어디서부터 시작인지 찾아나섰다. 저 멀리서 소리를 내며 다가오는데, 산자마쓰리와는 또 다른 매력이 있었다. 똑같은 유카타(浴衣)를 입은 여성 무용수들이 같은 동작을 하며 행진하는데, 이것 또한 매력적이다. 남자 무용수들과 연주대도 있지만, 단연코 여성 무용수들이 하이라이트다. 방금 이 팀이 지나가고 또 다른 팀이 온다. 같은 춤 같지만 다르고, 음악과 무용수도 달라 골라보는 재미가 있다.

도쿄에는 아와오도리(阿波踊り)라는 마쓰리가 있다. 도쿄 중심부는 아니지만, 일본 젊은 세대들이 많이 찾는 곳 중 하나인 고엔지(高円寺)에서 매년 개최된다. 아와오도리의 원산지는 도쿄가 아니다. 일본 시코쿠(四国) 지방

도쿠시마(德島)라는 지역의 전통 마쓰리다. 그런데 왜 도쿄에서 아와오도리를 하는 걸까? 이는 상인회를 중심으로 지역민들이 관광 활성화를 도모하기 위해 마련한 이벤트다.

> 1957년, 도쿄 고엔지에서 한 상점가의 지역 활성화 행사로 시작된 '도쿄 고엔지 아와오도리'는 시대와 함께 점차 규모를 확대해 왔습니다. 현재는 약 1만 명이 직접 참가하고, 약 100만 명의 관객을 끌어모으며 도쿄 여름을 대표하는 축제로 자리 잡았습니다. 이 행사는 매년 8월 마지막 주 토요일과 일요일에 개최됩니다.
>
> 고엔지 아와오도리 홈페이지

고엔지 아와오도리는 도쿄 시민들의 늦여름 마지막 축제이기도 하다. 참가자만 전국에서 1만 명이고, 관광객이 100만 명 이상 방문한다고 하니 얼마나 대단한가. 그런데 조금 이상하다. 마쓰리라고 한다면 신을 모시는 미코시(神輿)가 있어야 하는데, 아무리 찾아봐도 없다. 그렇다면, 원산지인 도쿠시마에는 미코시를 멘 행렬이 있는가? 없다. 그렇다면 아와오도리를 '마쓰리'라고 불러도 되는 것일까? 일본인들은 그냥 마쓰리라고 부른다. 학계에서는 종교적인 목적이 아니라, 누구나 참여할 수 있는 시민들을 위한 이벤트성 축제를 시민 마쓰리(市民祭り)라고 정의한다. 그렇다고 하면 도쿄의 아와오도리는 전통 마쓰리가 아니라 시민 마쓰리에 속한다고 할 수 있다.

'시민 마쓰리'라는 새로운 축제의 탄생

일본 마쓰리는 전통 마쓰리도 있지만, 시민 마쓰리도 많다. 일본의 3대 마쓰리가 1,000년이 넘는 역사를 자랑한다면, 시민 마쓰리는 일본이 패전한 뒤 지역 활성화를 위해 마련된 축제가 대부분이다. 1945년 패전 이후 일본이 전후 복구를 위한 과감한 정책을 시행하자, 농촌의 젊은 세대들이 도쿄를 중심으로 대도시로 몰려들면서 지역 전통 마쓰리가 축소되거나 중단되는 사례도 발생했다.

일본의 시민 마쓰리는 1970년대 경제 부흥과 지역 발전, 관광객 유치라는 명분으로 본격적으로 활성화되기 시작했다. 앞에서 살펴본 도쿄의 아와오도리(阿波踊り)와 아오모리(青森)의 네부타 마쓰리(ねぶた祭り), 아키타(秋田)의 간토 마쓰리(竿燈祭り), 센다이(仙台)의 다나바타마쓰리(七夕祭り) 등은 전후에 대중화된 대표적인 시민 마쓰리들이다. 도쿄의 아와오도리가 관광객 100만 명을 끌어모은다면, 네부타 마쓰리는 일본 전국에서 약 300만 명이 몰리는 대규모 지역 축제가 되었다.

코로나19 이후 다시 열린 일본의 마쓰리는 지나친 상업성 논란으로 사회적 이슈가 되기도 했다. 예를 들면 교토의 기온마쓰리 프리미엄 좌석 1개가 40만 엔이었지만, 84석 중 65석이 판매되었다고 보도되었다. 아오모리의 네부타 마쓰리에서도 최대 8명이 앉을 수 있는 100만 엔짜리 박스석 6석이 모두 매진되었다고 한다. 일본은 우리와 달리 불꽃놀이와 마쓰리 행사에 유료 좌석이 있다. 특별한 경우가 아니라면 무료 구역도 마련되어 있어 마쓰리를 자유롭게 관람할 수 있다.

바가지요금 없는 일본 마쓰리, 비결이 뭘까?

나는 한국의 지역 축제를 좋아하는 사람이다. 그 지역만의 특색 있는 특산품과 사람들을 만나는 것이 얼마나 나를 설레게 하는지 모른다. 행사장으로 가는 동안 음악 소리가 들리면, 마음이 두근두근 뛰면서 '어서 가야지' 하는 생각이 든다. 하지만 많은 지역 축제를 가보면 비슷비슷하다는 느낌이 든다. 지역 특산물을 판매하고, 중앙 무대에는 트로트 가수들이 노래를 부르고, 행사의 주요 길목에는 노점상이 음식을 판매하는 시스템이 거의 똑같다. 가끔은 지역 노래 자랑을 겸하기도 한다. 요즘은 왜 그렇게 품바 공연이 많은지도 모르겠다.

한국의 지역 축제에서 가끔 논란이 되는 것은 노점상의 바가지 요금이다. 공영방송 KBS의 한 프로그램에서 축제 시장을 방문해 옛날 과자를 구매했는데, 바가지요금 논란이 일며 사회적 이슈로 떠올랐다. 이전에도 이런 일이 있었지만, 이제는 관광객이 지역 축제에서 "노점상에서 바가지를 썼다"라고 사회관계망 서비스에 사진이나 글을 올리면 온갖 비난이 쇄도한다. 이제 지역 축제를 주관하는 지방자치단체는 물가 관리에도 신경을 써야 할 지경이다.

그렇다면 일본의 경우는 바가지요금이 있을까? 내가 다닌 마쓰리 야타이(屋台)(포장마차)는 시중 물가보다는 약간 비쌌지만, 대개 500엔 내외로 사 먹을 수 있었다. 그렇게 비싸다고 생각한 적은 없었던 것 같다. 왜 그럴까? 일본은 마쓰리 준비 단계부터 철저하게 관리하기 때문이다. 예를 들면, 야타이 설치의 기본적인 원칙은 철저한 위생이

다. 오래전 스시와 생면을 이용한 라멘(ラーメン)(일본식 라면)을 판매하다 식중독 사건이 일어난 적이 있다. 그 이후부터는 더욱더 위생에 신경을 쓰게 되었다. 그렇다면 일본 마쓰리의 경우, 야타이는 어떤 절차를 거쳐 영업하게 되는지 단계별로 알아보자.

1단계, 관할 보건소에 가서 임시 영업 허가 신청서를 제출해야 한다. 여기에는 어떤 음식이나 과자를 판매할 것인지, 판매대의 안내 플래카드 등을 어떻게 할 것인지 등을 자세히 기록해 제출해야 한다. 일반적으로 가열할 수 없는 음식은 판매가 금지되어 있다. 예를 들면, 스시, 생선회, 생크림을 이용한 빵 종류 등이다. 냉장 보관이 어려운 환경에서 쉽게 상할 수 있는 식품이기 때문에, 해당 품목의 사용은 원칙적으로 금지된다.

2단계, 판매 책임자는 관할 지자체에서 운영하는 유료 강습회에 7~10회 정도 의무적으로 참석해야 한다. 마쓰리 기간에 하루 또는 이틀 정도 진행하는데, 이 정도 강습회에 나오라고 하면 나올 사람이 별로 없을 것 같지만, 실제로는 참석한다. 대개 위생에 관한 강습이 대부분이다.

3단계는 보건소 직원이 보는 앞에서 판매 시연을 해야 한다. 야타이를 일정 장소에 설치해 불 사용은 화재 예방 규칙에 맞게 잘하고 있는지, 냉장고 대신 아이스박스를 잘 사용하는지, 깨끗한 물을 보관하고 있는지, 야타이의 전등이 안전 규정에 맞게 적정 조도를 유지하고 있는지 점검받는다. 그리고 마지막으로 음식 조리 테스트를 한다. 여기서 미흡하면 탈락하기도 한다.

4단계, 관할 경찰서에 가서 도로 사용 허가서를 신청한다. 그러면 마쓰리 기간 중에 정식으로 영업할 수 있다.

한국에도 세계적인 지역 축제가 있다. 예를 들면, 화천 산천어축제, 보령 머드축제, 진주 남강유등축제 등은 특색이 뚜렷하고 관광객도 많이 찾는 축제다. 이들 축제는 방문객이 100만~150만 명에 이르는 한국의 대표적인 지역 축제이다. 그 외에도 유명한 지역 축제가 많지만, 비슷비슷한 경우가 많다. 예전에 본 기사가 생각난다. 일본인이 한국의 가성비 좋은 축제는 대학 축제라고 인터뷰한 내용이었다. 가성비 좋은 음식, 한국의 유명 아이돌 가수와 대학생들의 문화를 즐길 수 있으니, 대학 축제에 맞춰 비행기 표를 예매하는 것도 당연할지도 모르겠다.

일본의 마쓰리 중에는 없어진 것도 많다. 대개 전통만을 지키려 한 마쓰리는 사라졌다. 시대에 맞춰 마쓰리도 변해야 한다. 1,100여 년 가까이 이어온 기온마쓰리도 그렇고, 도쿄의 간다마쓰리, 오사카의 텐진마쓰리도 조금씩 변해 왔다. 한국과 일본은 함께 지역 소멸 문제를 걱정하는 나라다. 일본은 이를 극복하고자 1970년대부터 마쓰리를 통해 지역 부흥을 위해 노력해 왔다. 일본 마쓰리는 단지 과거의 유산을 재현하는 행사가 아니다. 시대 변화에 따라 형식도 내용도 유연하게 바뀌면서도, 공동체 결속과 지역 활성화라는 본질은 지켜내고 있다. 이 점에서 일본 마쓰리는 고령화와 지역 소멸을 걱정하는 한국 사회에도 유효한 시사점을 제공한다.

'장인정신'이라 하면 우리는 종종 일본을 떠올린다. 한 가지 기술에 일생을 바치고, 대를 이어 장사를 이어가는 장인들의 이야기. 그러나 과연 이 정신은 지금의 일본 사회에 어떤 빛과 그림자를 드리우고 있을까? 이 장에서는 교토의 고즈넉한 골목에서 시작해 장수기업과 아날로그 시스템, 그리고 디지털화의 지체까지, 일본 사회를 관통하는 '장인정신'이라는 키워드를 따라가 본다.

장인정신이 만든 일본,
장인정신이 멈춘 일본

일본의 문화수도, 교토를 걷다

누군가 묻는다. 일본 여행을 가려는데 어디가 좋으냐고. 정말 대답하기 어렵다. 묻는 이는 내가 일본 연구자이니 많이 알 것이라고 생각했을 터이다. 나는 일본 연구자는 맞지만, 일본 여행 전문가는 아니다. 그래도 추천은 해야 하니 한국 사람들이 많이 찾는 오사카(大阪) · 교토(京都) · 나라(奈良)를 권한다. 만점은 못 받겠지만, 다녀와서 '별로였다'고 말하는 사람은 드물다. 적어도 평균 이상의 만족도는 보장할 수 있다.

또 이런 경우도 있다. 어떤 학생이 찾아와 10일 동안 일본 여행을 할 예정이라며 일정을 검토해 달라고 한다. 대충 살펴보니 규슈(九州) 후쿠오카(福岡)에서 시작해 홋카이도(北海道) 삿포로(札幌)에서 귀국하는 일정이었다.

기요미즈데라(청수사) • • 벚꽃이 흩날리는 봄, 짙은 녹음이 내리쬐는 여름, 단풍이 붉게 타오르는 가을, 그리고 고요한 눈이 소복이 쌓이는 겨울. 기요미즈데라는 사계절의 아름다움을 느낄 수 있는 교토의 천년 사찰이다.

10일 만에 일본 전국을 여행할 수 있다고 생각한 것도 신기했지만, 어쩌면 일본을 '작은 섬나라' 정도로 여긴 건 아닐까 싶다. 이런 경우 나는 늘 자신 있게 하나의 도시를 추천한다. 바로 일본의 문화수도, 교토다. 이곳에서만 10일 동안 여행하라고 권하면, 그 뒤로 다시 찾아오는 경우는 없다.

오사카는 먹거리와 볼거리가 많은 도시다. 하지만 역사를 좋아하는 나로서는 일본 역사의 흔적이 곳곳에 남아 있는 교토가 가장 마음에 든다. 어디를 가든 인생 사진을 찍을 수 있고, '정말 일본에 와 있구나' 하는 기분이 들어서 좋다. 교토의 모든 것이 오사카와는 다름을 느낄 수 있다.

특히 많은 사람이 찾는 기요미즈데라(清水寺)(일본 교토의 대표 사찰이자 유네스코

기요미즈데라 산넨자카 • • 교토의 기요미즈데라로 향하는 참배길 중 가장 유명하고 아름다운 돌계단 길이 바로 산넨자카(三年坂)이다. "이곳에서 넘어지면 3년 안에 죽는다"라는 속설이 있다. 물론 믿거나 말거나다.

기요미즈데라 스타벅스 • • 100년이 넘은 전통 목조 가옥을 개조해서 만든 세계 최초의 '다다미 스타벅스'다. 신발 벗고 방석에 앉아 커피를 마시는 경험은 세계 어떤 다른 스타벅스에서도 할 수 없는 특별한 체험이다. 한번 도전해 보시길. 참고로 저자는 한 번도 성공해 본 적이 없다.

세계문화유산)는 나뿐만 아니라 우리 가족 모두가 좋아하는 관광지다. 특히 아내는 이곳을 여러 번 다시 찾고 싶어 한다. 기요미즈데라에서 바라보는 교토의 사계절 풍경을 사랑하기 때문이다. 나 역시 마찬가지다.

잠시 교토의 풍경에 젖어보자. 기요미즈데라 입구 상점가는 ‘여기가 바로 일본이다’라는 느낌을 자아낸다. 기모노를 입고 다니는 여성들, 대부분 나무로 지어진 전통 건물과 간판, 일본 전통 기념품 가게, 손님과 담소를 나누는 인력거꾼, 저녁이 되면 더욱 운치 있어 보이는 거리의 조명등, 한가롭게 산책할 수 있는 거리 풍경. 이 모든 것이 세계문화유산 도시 교토를 특별하게 만든다.

산넨자카三年坂(‘3년 언덕’이라는 뜻으로, 이 길에서 넘어지면 3년 안에 죽는다는 전설이 있다)와 니넨자카二年坂(‘2년 언덕’이라는 뜻으로, 이 길에서 넘어지면 2년 안에 죽는다는 전설이 있다)를 내려오다 보면, 100년 넘은 일본 가옥을 개조해 운영하는 스타벅스도 만날 수 있다. 운이 좋으면 다다미방에서 커피를 마실 수도 있는데, 나로서는 아직 성공한 적이 없다.

내리막길을 지나 조금 더 걷다 보면 교토의 기온마쓰리(교토 야사카신사에서 열리는 일본 3대 마쓰리 중 하나)가 열리는 야사카신사八坂神社(일본 교토에 위치한 신사)를 만날 수 있다. 매년 한여름, 가장 더운 7월에 열리는 이 마쓰리는 일본 전통을 사랑하는 사람들이 열사병 위험을 무릅쓰고도 찾아오는 대규모 축제다. 야사카신사의 서루문을 지나 조금 더 걷다 왼쪽 골목으로 접어들면 하나미코지도리花見小路通り(‘꽃구경 길’이라는 뜻으로 실제 게이샤를 볼 수 있는 거리)가 나온다. 일본 교토의 옛 거리가 고스란히 남아 있어 일본의 정취를 느낄 수 있는 관광지다. 저녁 무렵, 운이 좋으면 기모노를 입고 거니는 게이샤를 마주칠 수도 있다.

백 년 가게가 일상인 도시, 교토

교토는 오사카와는 또 다른 맛의 도시다. 오사카가 다양한 서양 음식과 젊고 트렌디한 자극적인 음식이 많다면, 교토는 오래된 전통 음식을 고수하는 가게가 많다. 특히 교토는 절임 음식으로 유명하다. 아마도 교토가 일본의 천년 수도였기 때문에 귀족이나 상급 무사들의 입맛에 맞춘 요리가 발달했기 때문이 아닐까 한다.

또한, 교토에는 대를 이어 가업을 지켜온 오래된 가게들이 즐비하다. 물론 2~3대 정도 이어온 곳도 있지만, 100년이 넘은 노포(老舗)가 곳곳에 있다. 일본에서는 '3대가 아니면 요릿집도 아니다'라는 말이 있을 정도다.

무라야마 도시오(村山俊男)의 『천년 교토의 오래된 가게 이야기』에는 1465년에 창업한 소바 가게, 1872년에 창업한 서점, 약 500년 전 창업한 사탕 가게, 1788년 창업한 게스트하우스, 1726년 창업한 일본 술 가게, 1781년에 창업한 고등어 초밥 가게 등 10개의 노포가 소개되어 있다.

나는 초밥을 좋아하는 터라 고등어 초밥 가게인 이즈우(伊豆宇)에 대해 자세히 읽었다. 한국에서는 고등어 초밥에 다소 거부감을 느끼는 이들도 있지만, 교토의 명물로 자리 잡은 고등어 초밥은 따로 소개할 만한 가치가 있다.

이즈우 고등어 초밥 • • 비릴 것 같지만 오히려 감칠맛이 감도는 교토의 명물 음식이 바로 고등어 초밥이다. 그중에서도 240년이 넘는 역사를 자랑하는 이즈우의 고등어 초밥은 단순한 음식을 넘어 하나의 문화유산으로 여길 정도다.

이즈우는 1781년에 창업해 현재 8대째 이어지고 있는, 240년 넘는 역사를 지닌 에도시대江戸時代 스시의 본맛을 느낄 수 있는 노포다. 이 가게가 유명한 이유는 에도시대의 스시 제조법인 오시즈시押し寿司(틀에 눌러 만든 형태의 초밥)를 그대로 고수하고 있기 때문이다. 우리말로는 '누름틀 초밥' 정도에 해당한다. 상자나 틀 안에 밥과 생선, 여러 재료를 차곡차곡 쌓아 눌러서 만드는 방식이다.

이 가게의 대표 요리는 고등어 한 마리를 통째로 사용한 초밥, 사바스가타즈시鯖姿寿司다. 교토는 내륙 지역이라 신선한 생선이 귀했다. 그래서 인근 바다에서 잡은 지방이 오른 고등어를 소금, 식초, 설탕에 절였다. 이렇게 하면 귀한 생선을 오래 보관할 수 있고, 풍미도 살아난다. 이즈우는 여기에다 자가 농장에서 재배한 쌀을 사용하고, 수분 유지를 위해 홋카이도산 다시마를 감싸며, 마지막으로 대나무 잎으로 포장해 맛을 유지한다. 이 과정에서 교토의 명물이자 이즈우의 간판 요리가 완성된다.

교토에는 이즈우와 같은 노포가 많다. 백 년 넘은 소바 가게, 선대부터 젓가락만을 만들어 온 가게, 교토 인형을 제작해 온 가게 등, 우리가 생각하는 것보다 훨씬 많은 가게들이 대를 이어 전통을 지켜오고 있다. 그렇다고 교토에 전통 가게만 있는 것은 아니다. 일본의 어느 도시를 가더라도 간판에 내걸지는 않았지만, 오랜 역사와 전통을 간직한 가게들이 곳곳에 있다.

일본 연구자인 나에게는 습관처럼 따라다니는 생각이 있다. 바로 한국과 일본을 비교하는 것이다. 일본은 전통을 사랑하는 사람들이 많고, 실제로 조상 대대로 이어지는 가게들이 많다. 그런데 우리는 왜 이런 가게들을 잘 보지 못할까. 물론 요즘은 조금씩 변화의 조짐이 보인다.

예를 들면, 갈비탕집이 유명해지면 가게 간판에 할머니 사진과 함께 '원조', 'SINCE 19XX'를 표기하기 시작한다. 하지만 아직 100년이 넘은 가게는 드물고, 2대 사장에서 3대 사장으로 넘어가는 과도기에 있는 경우가 대부분이다. 음식점을 제외하면, 대를 이어 운영하는 가게를 찾기란 더욱 어렵다.

100년 기업이 4만 개? 일본과 한국의 놀라운 차이

한국에는 잘 보이지 않는 일본의 장수기업, 과연 얼마나 될까? 매년 통계 자료에 조금씩 차이는 있지만, 2024년 10월 24일에 발표된 제국데이터뱅크 자료에 따르면, 일본의 창업 기간별 노포 기업 수는 다음과 같다.

제국데이터뱅크에 따르면, 2022년 처음으로 창업 100년 이상의 기업 수가 4만 개를 넘어섰다. 특히 주목할 점은, 500년 이상 된 기업이 47개, 1,000년을 넘긴 기업이 무려 11개나 존재한다는 사실이다. 널리 알려져 있듯 일본에서 가장 오래된 기업은 목조 건축회사인 콘고구미(金剛組)로 창업 연도는 578년이다. 우리 역사와 비교해 보면 삼국시대에 창업한 회사가 지금까지도 운영되고 있는 셈이다.

그뿐만 아니라, 게이운칸(慶雲館)(705년), 고만(古まん)(717년), 젠고로우(善吾楼)(718년) 같은 료칸(旅館)(일본 전통 여관)들도 대를 이어 운영되고 있다. 특히 게이운칸은 세

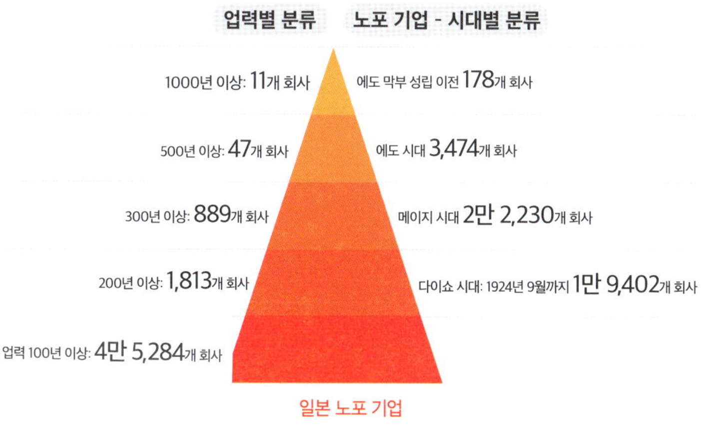

계에서 가장 오래된 숙박 시설로, 1,300년 넘게 운영되고 있다는 점이 놀랍다.

그렇다면 우리나라의 100년 기업 수는 어느 정도일까? 2023년 매일일보 1월 12일 기사에 따르면, 강원여객자동차, 경방, 광장, 동아일보, 동화약품, 두산, 대륙지에스, 메리츠화재, 몽고식품, 성창기업지주, 신한은행, 우리은행, 조선일보 등 총 14개에 불과하다. 일본이 4만 개를 넘어선 반면, 우리는 14개 기업만 존재하니 그 차이가 실로 크다.

그럼 범위를 넓혀 세계적으로 창업 100년 이상 된 기업 수를 살펴보자. 일본의 한 기업 연구센터에서 100년 이상, 200년 이상 된 기업 수를 나라별로 조사해 발표한 통계에 따르면, 결과는 다음과 같다.

표 1 창업 100년 이상의 기업 수 및 비율

순위	나라	기업수	비율
1위	일본	37,085	50.1%
2위	미국	21,822	29.5%
3위	독일	5,290	7.1%
4위	영국	1,984	2.7%
5위	이탈리아	1,182	1.6%
6위	오스트리아	649	0.9%
7위	캐나다	594	0.8%
8위	핀란드	474	0.6%
9위	네덜란드	467	0.6%
10위	호주	425	0.6%

출처: 일본 주년사업르포(周年事業ラボ) 인용

표 2 창업 200년 이상의 기업 수 및 비율

순위	나라	기업수	비율
1위	일본	1388	65.2%
2위	미국	265	12.4%
3위	독일	223	10.5%
4위	영국	81	3.8%
5위	러시아	38	1.8%
6위	오스트리아	34	1.6%
7위	네덜란드	17	0.8%
8위	폴란드	16	0.8%
9위	이탈리아	14	0.7%
10위	프랑스	11	0.5%

출처: 일본 주년사업르포(周年事業ラボ) 인용

<표 1>을 보면, 창업 100년 이상 된 기업 수와 비율 모두 일본이 압도적인 1위다. 2위인 미국과도 4배 가까운 차이를 보인다. <표 2>를 보면, 창업 200년 이상으로 기준을 넓혔을 때 일본의 비율은 무려 65.2%로, 100년 기업 비율보다 더 높아진다. 이 두 표를 통해 일본이 세계에서 최장수 기업 국가임을 명확히 알 수 있다.

그렇다면, 창업 100년, 200년 이상의 장수기업들은 어떤 업종이 많을까? 답은 제조업이다. 일본의 경우 창업 100년 이상 기업 중 제조업 비율은 25.9%에 달하고, 해외 평균은 19.5%다. 창업 200년 이상 기업으로 좁혀보면 일본은 41.5%, 해외는 28.4%로 일본의 제조업 강세가 더 두드러진다. '일본은 제조업 강국'이라는 말이 결코 과장이 아니다.

일본에서는 장수기업뿐만 아니라 전통 예능이나 스포츠 분야에서도 대를 이어 전통을 계승하고 있다. 그 중심에는 이에모토 제도(家元制度)가 있다. 예를 들면, 가부키(歌舞伎) 가문인 이치가와 단주로(市川團十郎)는 13대째 이어져 오고 있으며, 현재 스모 최고 심판인 제38대 기무라 쇼노스케(木村庄之助)는 최고 등급인 '다테교지(立行司)'로서 2025년 1월 대회부터 경기를 주재하고 있다. 그 외에도 일본 전통 예능인 노(能), 이케바나(生け花)(꽃꽂이), 다도(茶道) 등도 이에모토 제도를 통해 대를 이어오고 있다.

명품 시계, 전자제품, 문구류, 칼 등도 일본 특유의 장인정신과 깊은 연관이 있다. 일본의 장수기업과 장인정신은 단순한 전통의 계승을 넘어, 세계적으로도 인정받는 경쟁력의 원천이라 할 수 있다.

한 가지에만 집중하는 사람들, 일본 장인의 세계

일본은 장수기업의 나라일 뿐만 아니라, 장인정신을 빼놓고 일본의 기업을 논할 수 없다. 일본은 전후 경제성장을 통해 1990년대 버블경제 붕괴 이전까지 세계 최고의 제조업 국가로 명성을 떨쳤다. 소니, 파나소닉, 도시바, NEC, 히타치 등 일본의 전자제품 및 반도체 기업들은 한때 세계 핵심 분야를 석권하기도 했다. 당시 서양의 경제학자들은 물론, 우리나라와 대만 등 신흥 공업 국가들도 일본 경제성장의 비결에 깊은 관심을 가졌다. 그리고 그때마다 빠지지 않고 언급되던 키워드가 바로 '장인정신'이었다. 일본인의 장인정신이야말로 일본 경제성장의 원동력이라는 평가가 주류를 이뤘다.

장인정신이란 높은 수준의 완성도와 집중력, 특히 자기 직업에 대한 자부심을 바탕으로 대를 이어 기술을 개선하고 이어가는 태도를 의미한다. 이러한 정신이야말로 일본 경제성장의 원동력이 되었다는 것이다. 일본 뉴스나 신문에서는 종종 도쿄대 법학부를 졸업한 젊은이가 아버지가 운영하는 우동집을 잇기 위해 도쿄 생활을 정리하고 고향으로 돌아간다는 내용의 기사를 볼 수 있다. 이런 기사를 접할 때마다 나는 '대를 잇는 것이 운명'이라는 DNA가 일본인들의 사고에 각인되어 있는 것 같다는 생각을 하곤 한다.

다시 교토의 오래된 노포 이즈우(伊豆宇) 스시집으로 돌아가 보자. 이즈우 초밥을 떠올리면 자연스럽게 한국에 소개된 『미스터 초밥왕』이라는 만화가 생각난다. 주인공 쇼타가 아버지의 뜻을 이어 초밥 장인이 되어 가는 성장기를 그린 이 만화는, "일본인의 가족에 대한 사랑을 알게 되었다", "일본인의 장인정신을 이해하게 되었다"는 독자 후기를 남기기도 했다. 초밥 만화를 통해 일본의 '장인정신'을 떠올리게 되었다는 사실이 흥미롭다.

또 하나 기억에 남는 사례가 있다. 미국 버락 오바마 대통령이 일본을 국빈 방문했을 때, 아베 신조(安倍晋三) 총리는 오바마 대통령을 데리고 도쿄의 초밥집 스키야바시지로(すきやばし次郎)로 갔다. 이곳은 초밥 장인 오노 지로 씨를 주인공으로 한 다큐멘터리 <스시 장인: 지로의 꿈>, 그리고 EBS 다큐멘터리 <직업의 세계 일인자 – 일본 초밥 명인 오노 지로>의 무대이기도 하다. 외국인 감독과 한국 제작진 모두 주목한 점은, 그가 평생 한눈팔지 않고 한 길만 걸어왔다는 사실이다. 그는 최고의 초밥 20개만을 준비해 손님에게 제공하고, 술이나 다른 음식을 팔지 않으며, 손님에게 집중하기 위해 10명 이상 예약을 받지 않는 원칙을 지켰다. 이 철저한 집중과 헌신이 그의 명성을 만들어낸 것이다.

일본의 장수기업과 장인정신을 들여다보면 자연스럽게 이런 질문이 떠오른다. '우리는 왜 이런 문화가 없는 걸까?' 사실 우리나라에는 100년 넘는 기업이 14개에 불과하고, 조상의 직업을 대물림하며 자부심을 갖고 기술을 연마하는 '장인정신'이라는 개념도 여전히 낯설다. 왜 우리는 장수기업이 드물고, 장인정신이라는 직업윤리가 정착되지 못했을까? 이는 앞으로도 깊이 고민해 볼 문제다.

무사의 나라 일본, 사대부의 나라 한국

'일본은 무사의 나라이고, 한국은 사대부의 나라다'라는 말은 일본에 관심 있는 사람이라면 한 번쯤 들어봤을 것이다. 사실 그렇다. 한일 문화의 가장 큰 차이점을 이야기하라면 무사와 사대부의 차이가 아닐까 싶다. 조금 더 설명하자면, 일본은 가마쿠라 막부鎌倉幕府에서 에도 막부江戸幕府 말기까지 약 700년 가까이 무사 집단이 일본을 통치했다. 한국의 경우 고려 말기에 무신정권이 약 100년간 지속되었지만, 조선에 이르면 성리학 이념을 바탕으로 한 유학자, 즉 사대부가 조선 사회를 이끌었다고 볼 수 있다.

조금 단순화하자면, 일본은 약 700년간 무사 집단이 통치했고, 우리는 500년 가까이 사대부가 주도했다고 정리할 수 있다. 한국인과 일본인은 외형적으로는 비슷하지만, 머릿속에 깔린 '운영체제'는 전혀 다르다고 생각해도 무리는 아니다. 무사와 사대부가 만들어낸 가치관과 세계관, 사생관, 가족관계, 사회생활에 이르기까지 모든 영역에 이 차이는 깊게 스며들어 있다.

일본에도 사농공상(士農工商) 제도가 있었고, 천민 계급도 존재했다. 다만 우리와 다른 점은, 일본에서 '사(士)'는 무사 계급을 의미하고, 나머지가 농민, 공인, 상인을 뜻했다. 게다가 일본은 중세 이후 봉건 사회였기 때문에, 자기가 태어난 고향을 떠나 다른 지역에서 새로운 삶을 시작하는 문화가 거의 없었다. 다시 말하면, 태어난 곳에서 죽을 때까지 살아야 했다. 이동의 자유, 이사의 자유, 여행의 자유는 애초부터 허락되지 않았다.

일본은 중국과 한반도에서 문화를 적극적으로 수용했지만, 끝내 받아들이지 않은 제도가 두 가지 있다. 바로 과거제도와 환관제도다. 중국 수나라 시기부터 과거제도가 관료 선발 방식으로 이웃 국가에 확산되었지만, 일본은 이를 채택하지 않았다. 그렇다면 일본은 관료를 어떻게 선발했을까? 답은 단순하다. 부모의 직업을 세습하는 방식이었다. 직업 세습이 당연한 사회였기에 과거제도가 필요 없었다.

일본의 지배 계층인 무사는 무사의 아들로 태어나면 무사가 되는 것이 지극히 당연한 일이었다. 무사 계급이 이러했으니 농공상도 예외일 수 없었다. 무사 계급의 통치가 정착되면서 직업 세습도 자연스럽게 제도화되었다. 특히 도쿠가와 이에야스(德川家康)가 세운 에도 막부는 사농공상의 철저한 신분제 사회를 확립하면서 직업 세습 문화를 더욱 공고히 했다.

에도 시대(江戸時代) 사농공상 신분제 사회에서 개인이 할 수 있는 최대치는 같은 직종 안에서 기술을 갈고닦는 일이었다. 예를 들면 대장장이의 경우, 다른 대장장이가 만든 칼보다 더 우수한 칼을 만드는 것만이 성공의 길이었다. 칼이 부딪쳤을 때 부러지지 않고 칼날이 상하지 않아야 했다. 이렇게 기술을 대를 이어 조금씩 발전시키다 보면, 단순한 식칼 제조 가문이 최고의 명검을 만드는 가문으로 거듭나는 것은 시간 문제였다.

상인도 마찬가지였다. 쌀가게를 운영하는 집안은 대대로 쌀만 매매했다. 할아버지가 쌀장사를 했다면, 아버지와 아들, 손자도 별다른 이변이 없는 한 쌀장사를 이어야 했다. 농부도 마찬가지다. 할아버지가 농사꾼이면, 아버지와 아들, 손자도 농사꾼으로 살아야 했다. 왜냐하면, 그것이 당연했기 때문이다.

이러한 무사 계급의 장기 통치와 직업 선택의 자유를 억압한 사회제도 덕분에 일본에서는 장수기업과 장인정신이 뿌리내릴 수 있었다. 그렇다면 한국은 어떠했을까? 조선은 사대부의 나라였다. 사대부는 성리학 이념을 기반으로 임금에서부터 백정에 이르기까지 조선 전역에 성리학적 세계관을 심으려 했던 집단이었다. 조선에도 사농공상의 신분제가 있었고 신분 차별도 분명 존재했다. 그러나 과거제도를 통해 신분 상승의 길이 열려 있었고, 일본만큼 직업 세습이 강제되지는 않았다.

조선 초기 세종대에 장영실이라는 과학자가 있었다. 그는 원래 동래현의 관노(官奴)였으나, 세종의 총애를 받아 종3품(從三品) 호군(護軍)이라는 관직에까지 올랐다. 신분제가 엄격했던 조선 사회에서 천민이 면천(免賤)되어 고위 관직에 오른 것은 극히 이례적이었지만, 일본에서는 아예 불가능한 일이었다. 상급 무사의 아들은 상급 무사로, 하급 무사의 아들은 하급 무사로 살아야 했다. 이를 요즘 공무원 제도로 비유하자면, 조선에서는 9급 공무원으로 시작해 1급까지 승진할 수 있었지만, 일본에서는 9급으로 시작하면 평생 9급으로 머물러야 하는 구조였던 셈이다.

팩스, 도장, 종이: 일본 디지털화의 걸림돌

한국외대 이창민 교수는 일본이 1960년대 고도 경제성장기에 '흑백 TV', '세탁기', '냉장고'를 '3종의 신기(神器)'라고 불렀다면, 요즘은 "팩스, 도장, 종이"가 '신(新) 3종의 신기'라고 표현한다. 본래 청동거울, 청동검, 곡옥(曲玉)이 천황(天皇)을 상징하는 3종의 신기였는데, 현대 사회에서는 이 세 가지가 그만큼 광범위하게 사용되고 중요하다는 의미로 비유된 것이다. 동시에 신 3종의 신기는 일본이 디지털 사회로 나아가는 데 방해가 되는 대표적인 장애물로도 지적된다. 그렇다면 한 가지씩 살펴보자.

이 책을 읽는 독자 중 팩스를 직접 사용해 본 이도 있겠지만, 오늘날 대학생들은 사진이나 유튜브 동영상을 통해 접했을 뿐, 실제로 본 경험은 드물 것이다. 저자 또한 팩스를 사용한 지 20년이 넘었다. 우리는 팩스 대신 이메일이나 SNS 메신저를 이용해 업무를 처리하는 경우가 많지만, 일본에서는 아직도 팩스를 쓰는 사람이 많다. 공공기관과 기업에서는 필수적이며, 심지어 개인 가정에서도 팩스를 사용하는 경우가 많다. 과장을 보태면, 일본에서는 팩스 없이는 업무와 생활이 어렵다고 할 정도다.

코로나 팬데믹 당시 일본 중앙정부가 가장 먼저 한 일은 환자 수 집계였다. 한국은 그날의 환자 수를 방송이나 스마트폰 애플리케이션으로 신속하게 제공했지만, 일본은 그렇지 못했다. 예를 들면, 인구 2,000만 명의 대도시 도쿄도에서는 의사가 작성한 '발생 신고서'를 관할 보건소로 팩스로 보내고, 보건소는 이를 다시 도쿄도로 팩스 송부한 뒤, 도쿄도청 코로나 대책본부가 취합해 발표하는 식이었다. 양성 판정부터 공표까지 무려 3일이 걸렸고, 감염자 수가 누락되거나 중복 집계되는 문제가 발생해 논란이 됐다.

또 다른 일화도 있다. 일본 역시 사회적 거리 두기로 재택근무를 시행했지만, 회사원들이 아침마다 사무실에 출근하는 일이 있었다. 이유는 간단했다. 거래처에서 온 팩스를 확인하기 위해서였다. 이메일 대신 팩스를 고수하는 문화가 남아 있어, 원격 근무가 어려운 상황이었다.

여기에 또 다른 장애물이 있다. 업무 서류에 결재할 때 도장을 찍어야 한다는 관행이다. 한국 기업과 공공기관은 전자결재가 일반화되어 있고, 스마트폰으로도 결재가 가능하지만, 일본은 여전히 종이 서류에 도장을 찍는다. 서명하는 경우도 있으나, 이름 도장을 선호하는 문화가 여전하다. 한때 우스갯소리로 이런 이야기가 돌았다. 도장을 찍을 때조차 위계질서를 따져야 해서, 계장은 도장을 왼쪽으로 90도 기울여 찍고, 과장은 45도, 부장은 30도, 전무는 15도만 기울인다고 한다. 그리고 서류 맨 왼쪽에는 사장의 도장이 떡하니 자리 잡는다.

일본의 결재 도장 문화 • • 사장 도장은 하급자 방향으로 조금 기울어 있고, 모든 하급자는 사장 방향으로 인사를 한다는 뜻으로 약간 기울어 있다. 모든 회사와 공공기관이 그렇지는 않지만, 일본 문화의 특수성을 단적으로 잘 나타내고 있다.

팬데믹 시기에 도장을 찍기 위해 출근해야 하는 일이 빈번해지자, 2020년 9월 취임한 스가 요시히데(菅義偉) 총리는 디지털화를 핵심 정책으로 내세웠다. 최우선 과제는 인감 문화의 폐지였다. 이를 위해 고노 다로(河野太郎) 전 방위상을 행정개혁 · 규제개혁상에 임명했고, 고노는 2020년 10월, 전체 행정 수속의 99%에 대해 인감 날인 폐지를 발표했다.

그러나 개혁은 순탄치 않았다. 도장 제작에 생계를 의존하는 장인들의 반대와 여당 자민당 내 '일본의 도장제도 · 인장문화를 지키는 의원연맹'의 저항에 부딪혔다. 흥미롭게도 이 연맹의 회장은 과학기술 담당상이던 다케모토 나오카즈(竹本直一)였다. 언론의 비판이 거세지자 그는 회장직과 의원연맹을 모두 사퇴했다.

그렇다면 신 3종의 신기는 일본에서 사라질 수 있을까? 일본인 지인에게 물어보니 "쉽지 않을 것"이라고 답했다. 팩스, 도장, 종이 없는 생활은 상상하기 어렵다는 것이다. 택배 수령 시, 아파트 회람 시, 출근부, 영수증, 계약서, 출생신고, 결혼, 이혼 서류 등 수많은 곳에서 도장이 필요하기 때문이다. 하루아침에 도장을 없애는 것은 결코 쉽지 않다.

물론 부작용도 있다. 그러나 신 3종의 신기를 논할 때, 일본의 고령 사회 문제도 함께 고려해야 한다. 통계청 자료에 따르면 2024년 일본의 고령 인구 비율은 29.8%, 2025년에는 30%를 넘을 전망이다. 같은 해 한국의 노인 인구 비율은 19.2%였다. 일본이 약 10% 더 높다.

모든 노인이 '아날로그만 좋아하고 디지털을 거부한다'라고 단정할 수는 없다. 한국에서도 많은 노인이 스마트폰으로 은행 이체를 하고, 유튜브를 즐긴다. 일본 노인들은 전후 패전 이후 일본을 세계 2위 경제 대국으로 성장시킨 세대로, 스스로의 성공 경험에 대한 자부심이 강하다. 그들은 종이 서류에 도장을 찍고, 팩스를 보내던 시대를 살았다. 삶의 방식이 확고한 이 세대에게 디지털화는 쉽지 않은 도전일 것이다. 결국, 디지털이 편리해도 그들에게는 팩스, 도장, 종이가 더 익숙하고 덜 번거롭게 느껴지는 것이다.

한 우물만 파는 장인정신이 일본의 위기를 불렀다

'일본식 장인정신이 일본의 패인이다'라고 한다면, 여러분은 어떻게 생각할까? 이 말은 저자가 한 말이 아니라, 서울대 국제대학원 김현철 교수가 쓴 『한국의 황제경영 VS 일본의 주군경영』에 나오는 내용 일부다. 이 책뿐만 아니라 "한 우물만 파는 장인정신 때문에 일본이 망했다", "현재 일본의 저성장, 경기 침체의 원인도 알고 보면 장인정신 때문이다", "그때는 맞고, 지금은 아니다"라는 비판도 있다. 우리가 부러워하던 일본의 장인정신이 지금은 여기저기에서 문제점으로 지적되고 있는 것이다. 일본이 자랑하는 장인정신이 왜 이렇게 비판받게 되었을까?

장인정신은 기본적으로 한 우물만 판다. 예를 들어 10대째 내려오는 라면 가게가 있다고 하자. 이들은 깊은 맛을 내기 위해, 라면 국물 내기, 면 제조, 면 숙성, 면 삶기, 고기 선별, 고기 삶기까지 전 과정을 연구해 최고의 맛을 낸다. 그 후손들도 별일이 없으면 라면 가게를 이어간다. 후손들이 라면 기술과 품질을 발전시켜, 라면 회사를 창업한다면 바람직한 일이다. 그러나 이 회사가 갑자기 서양식 스테이크 메뉴를 개발한다고 하면, 이는 쉽게 납득하기 어렵다. 장인정신은 새로운 분야 진출보다 기존 기술 개선을 중시하고, 업종 전환은 금기시하는 경향이 있다.

장인정신은 개인의 경험을 바탕으로 한 수작업과 손기술을 중시한다. 장인은 전통적인 도구와 기술을 이용해 새로운 제품을 만들기도 한다. 맞춤 제작에 적합해, 예를 들어 일본에는 주문 시 6개월을 기다려야 하는 식칼 장인이 있다. 고객당 1개씩만 주문할 수 있으며, 세밀한 부분까지 완벽하게 제작된다. 가격은 비싸지만 사용한 소비자들은 대체로 만족한다.

장인정신의 장점은 이것뿐만이 아니다. 대도시보다는 지역에 위치한 경우가 많아, 지역의 전통과 문화를 보존하고 계승하는 데 중요한 역할을 한다. 장인이 만든 전통 공예품은 지역사회를 형성하고, 지역명을 브랜드화해 지역을 하나로 묶는 역할을 한다. '지역문화'와 '전통문화'를 연결하는 데 '장인정신'만큼 강력한 키워드는 없다.

일본의 장인정신은 역사적으로 기술과 품질을 극대화해 제품 가치를 높이는 데 크게 기여해 왔다. 일본 고도 경제성장기에는 장인정신에 기반한 제조업 덕분에 급성장했으며, 세계적으로 인정받는 품질 기준을 설정하는 데도 중요한 역할을 했다. 그러나 디지털 시대에 접어들면서 장인정신의 부작용도 나타나고 있다. 장인정신의 강점이 단점으로 바뀌는 순간이다. 어떤 점이 디지털화 시대에 걸림돌이 되는지 살펴보자.

첫째, 과잉기술 집착을 들 수 있다. 일반 소비자에게 식칼은 채소나 고기만 잘 썰리면 충분하다. 그러나 장인은 손잡이에 이름을 새기고, 칼날이 부러지지 않고, 녹슬지 않으며, 절대 휘지 않는 식칼을 만들기 위해 끊임없이 연구하고 시간과 노력을 들인다. 이렇게 하면 최고의 식칼은 탄생하지만, 결과적으로 불필요하게 복잡하고 비싼 기술이 도입되는 경우가 많다.

개인이 아니라 기업으로 확대해 보면, 일부 일본 제조업체들은 전통적 수작업 방식을 고집한 나머지 자동화 시스템 도입이 늦어지고, 생산비 증가와 효율성 저하를 초래하고 있다. 과잉기술 집착은 가격 경쟁력을 약화시키며, 아날로그 방식에 대한 지나친 의존은 디지털 시대가 요구하는 유연성과 변화를 가로막는다.

둘째, 에자일 개발방법론(Agile Software Development)과 같은 현대적 접근 방식과의 충돌이다. 에자일은 빠른 피드백과 반복적 개선을 통해 시장 변화에 신속히 대응하도록 돕는다. 반면, 장인정신은 오랜 시간 완벽함을 추구하기 때문에 이런 유연성에 적응하기 어렵다. 예를 들어 한국의 대표 메신저 '카카오톡'을 보자. 처음 출시될 때는 단순 메시지 기능만 있었지만, 지금은 선물하기, 송금, 쇼핑, 택시 호출 등 다양한 기능이 추가되었다. 반면, 일본의 장인정신에 입각한 개발 방식은 완성도를 높이는 데만 집중하다 보니, 신속한 업데이트나 시장 변화 대응이 어렵다. 카카오, 네이버, 구글, 메타, 알리바바, 위챗(微信) 같은 플랫폼 기업들이 기본 기능을 빠르게 출시하고 지속적으로 업데이트하는 데 비해, 일본 기업들은 완성도를 추구하다가 시장에서 뒤처진다는 평가를 받고 있다.

셋째, 장인정신의 또 다른 부작용은 디지털 산업의 낙후이다. 장인정신의 핵심 키워드는 '인간'과 '아날로그'이다. 기계와 자동화 시스템을 거부하고 오로지 개인의 경험과 기술에 의존한다. 특히 손기술을 중시하고, 도구마저 직접 만드는 경향이 강하다. 일본의 디지털화 지연을 상징하는 사례로 흔히 '신(新) 3종의 신기(神器)', 즉 팩스, 도장, 종이를 꼽는다.

한중일 최하위 일본의 디지털 경쟁력

장인정신에 기반한 일본의 아날로그 문화가 디지털 사회 전환에 걸림돌이 되고 있다고 지적된다. 그렇다면 일본의 디지털 경쟁력은 다른 나라와 비교해 어느 정도일까?

스위스 국제경영개발원(IMD)은 매년 세계 주요 국가의 디지털 경쟁력 지수를 발표한다. 이 지수는 ① 지식(Knowledge), ② 기술(Technology), ③ 미래 준비(Future Readiness) 세 영역을 종합해 순위를 매기는 방식이다.

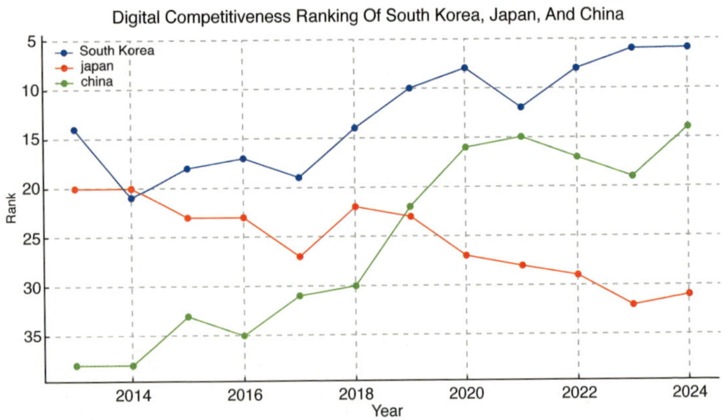

한중일 디지털 경쟁력 지수

다음 그림은 2013년부터 2024년까지 한중일의 디지털 경쟁력 순위를 나타낸다. 한국은 2013년 14위로 시작해 2024년에는 6위까지 상승했다. 중국은 38위에서 14위까지 급격히 올라섰다. 그런데 일본은 2013년 20위였지만 2024년에는 31위로 추락했다. 일본이 여전히 아날로그 사회에 머물고 있으며, '디지털 사회로의 전환이 느리다'는 평가가 수치로 드러난 것이다. 특히 2019년에는 중국에도 추월당하면서, 일본 사회에서 디지털화 문제는 하나의 중요한 이슈로 부상했다.

2024년 스위스 국제경영개발원이 발표한 일본 보고서에는 충격적인 내용이 포함되어 있다. 평가 항목 중 '지식(Knowledge)' 세부 분야인 국제 경험(International Experience)과 디지털 · 기술 숙련도(Digital/Technological Skills)에서 일본은 평가 대상 67개국 중 67위를 기록했다.

일본의 노구치 유키오(野口悠紀雄) 교수는 저서 『일본이 선진국에서 탈락하는 날』(랩콘스튜디오, 2022)에서 디지털화에 뒤처진 일본을 신랄하게 비판했다. 그는 일본이 한국보다 경제력이 약해진 배경 중 하나로 디지털 정보화 격차를 지적하고 있다.

그렇다면 일본의 장인정신은 이제 박물관에 전시되어야 할 구시대의 유물에 불과할까? 결코 그렇지 않다. 일본의 장인정신이 디지털 혁신과 조화를 이룬다면, 다른 나라가 쉽게 따라올 수 없는 경쟁력을 갖출 수 있다.

대표적인 예가 반도체 소재 · 부품 · 장비(소부장) 산업이다. 미국 안보신기술센터(CSET)에 따르면, 일본은 반도체 소재 시장에서 56%의 세계 시장 점유율을 차지해 1위를 기록하고 있다. 부품 부문에서는 세계 최초로 인공 조미료를 개발한 아지노모토(味の素)가 주목받고 있으며, 세계 4대 반도체 장비 기업 중 하나인 도쿄일렉트론(東京エレクトロン)도 일본 기업이다. 소부장 산업은 연구개발에 장시간이 소요되고, 높은 숙련도가 품질을 결정짓는 분야이기 때문에 한 우물을 깊게 파는 일본 특유의 장인정신과 절묘한 조화를 이룬다. 한때 구시대의 유물로 취급받던 일본의 장인정신이 오히려 빛을 발하는 분야라 할 수 있다.

일본의 장인정신은 '인간'과 '아날로그'에 밀접한 연관이 있다. 디지털 사회로의 전환 과정에서 장인정신이 장애물로 작용할 수 있다는 지적은 일면 타당하다. 장인정신과 디지털화의 관계에서 부작용은 스피드와 품질 사이 균형을 찾지 못할 때 나타난다. 전통적인 품질 기준을 유지하면서도 현대적 혁신과 변화를 수용할 수 있는 전략이 필요하다. 이는 장인정신의 가치를 존중하면서도 현대적 경쟁력을 확보하기 위한 필수적인 과정이다. 기업들은 이러한 도전을 받아들이고, 장인정신과 디지털 혁신의 조화를 통해 지속 가능한 성장을 모색해야 한다.

Part 2.

일본을 기억하는 법
역사와 정체성

"16세기 말, 동아시아는 하나의 거대한 화약고였다"

한반도에 조선과 명, 일본, 여진이 뒤엉킨 전쟁이 터졌다. 조선은 왜란(倭亂)에 휘말렸고, 명나라는 '오랑캐를 상대한 전쟁'을 수행했으며, 일본은 정복 전쟁의 꿈을 품었다. 그리고 이 모든 혼란 속에서, 북방의 여진족은 칼을 갈았다. 이 장에서는 임진왜란과 정유재란, 세키가하라 전투, 사르후 전투, 병자호란까지 이어지는 연쇄적 전쟁의 흐름을 따라가며 전쟁이 동아시아의 질서를 어떻게 바꾸었는지를 살펴본다.

임진왜란,
삼국의 운명을 갈라놓다

단군 이래 가장 불행한 세대: 1580년생 '나고생'의 전쟁 일기

역사적 상상력을 발휘해서 단군 조선 이래 가장 살기 힘들었던 세대는 어느 시기였을까? 물론 지금의 MZ 세대들은 우리가 가장 힘든 세대라고 할 수도 있겠지만, 객관적인 자료를 보면 그렇지도 않다. 예를 들어 보자. 내가 1580년 경상남도 진주에서 한 농사꾼의 아들로 태어났다고 해 보자. 운이 좋게 환갑까지 살았다고 하더라도 나의 인생은 죽지 못해 사는 인생이었다. 가상의 인물 '나고생'의 일기로 들어가 보자.

> 나는 1580년, 경남 진주의 가난한 농사꾼 집안에서 세 아들 중 장남으로 태어났다. 내가 겨우 12살이 되던 해, 바다 건너 왜군이 쳐들어왔

다. 마을마다 불길이 치솟고, 사람들은 허겁지겁 짐을 싸서 피난을 갔다. 그해 가을, 진주성에도 왜군 2만이 들이닥쳤다. 성안은 죽음의 기운으로 가득했지만, 김시민 장군이 앞장서고 백성들이 끝까지 버텼다. 결국, 적은 물러났지만 성안 곳곳에는 시신이 겹겹이 쌓였고 피비린내는 며칠을 가시지 않았다. 그날 이후 나는 알았다. 여기는 사람이 살 세상이 아니라는 것을. (임진왜란 1592, 12살)

열여섯, 군에 끌려가서 창을 들었다. 그리고 다음 해, 왜놈들이 또다시 몰려왔다. 백성은 지쳤고, 병사는 굶주렸고, 나라는 또다시 무너졌다. 1598년, 남해 노량에서 이순신 장군이 전사했다는 소식이 들려왔다. "싸우다 죽었다더라. 마지막까지 북을 놓지 않았다더라" 모두가 울었다. 그리고 왜놈들은 바다를 건너 돌아갔다. 정말… 전쟁은 끝난 걸까? (정유재란 1597, 17살)

왜놈들은 물러갔지만, 평화는 돌아오지 않았다. 이번엔 북쪽이었다. 여진족이 후금이라는 새 나라를 세우고, 북방이 다시 들끓기 시작했다. 명나라는 조선을 향해 말했다. "조총부대를 보내라". 내 나이 서른아홉, 다시 짐을 싸야 할지도 모른다. 전쟁에 나가면 누가 밭을 갈고, 누가 아이들 입에 밥을 넣어줄까. 칼보다 무서운 건… 집을 비운 뒤의 그 빈자리다. (사르후 전투 1619, 39살)

한양에서 임금이 죽임을 당하고 새 임금이 나왔다고 한다(인조반정 1623, 43살). 다음 해 북방에서 이괄이라는 장군이 군사를 몰아 한양까지 점령하고 새 임금을 옹립했다고 한다. 임금은 도망쳐 어디로 갔는지 잘 모른다. 올해 내 나이 44살인데 또 군대에 가야 할지도 모르겠다. (이괄의 난 1624, 44살)

"전왕(前王) 광해군의 원수를 갚겠다"라며 후금이 다시 쳐들어왔다. 이번엔 사르후 전투에서 항복한 조선인들이 앞장서 길을 안내한다니 더 섬뜩하다. 지난해 이괄의 난으로 서북 방어선은 무너졌고, 나라 안팎은 그야말로 풍전등화다. 내 나이 마흔일곱. 이제 좀 숨 돌릴까 했는데, 또 징집령이 내려올까 두렵다. 이 땅엔 평화란 말이 그렇게도 먼 일인가 보다. (정묘호란 1627, 47살)

청나라 기병 300이 꽁꽁 언 압록강을 건넜단다. 말을 밤낮없이 달려 단 엿새 만에 한양까지 들이닥쳤다고 한다. 임금은 강화도로 몸을 피하려 했지만, 이미 기병이 길목을 막았고 결국 남한산성으로 숨어들었다. 나는 지금 쉰일곱, 환갑도 못 채우고 또 전쟁 소식을 듣고 있다. 대체 이 나라는, 이 땅의 전쟁은 언제쯤 끝날까. 내가 눈을 감아야 이 난리도 끝나는 건가 보다. (병자호란 1637, 57살)

가상의 인물 1580년생 '나고생'의 일대기를 상상력을 발휘해 적어보았다. 나고생은 평생을 전쟁이라는 난리통 속에서 살아야 했다. 죽지 않고 살아남은 것이 과연 좋은 일인지 모르겠지만, 환갑을 앞둔 57살에 병자호란이 일어나 다시 전쟁의 두려움 속에 놓인 그의 삶은 참으로 불쌍하기도 하다.

그래도 "언제가 가장 힘들었습니까?"라고 묻는다면, 아마도 나 고생은 "임진년과 병자년이 가장 힘들었습니다"라고 답하지 않았을까. 임진왜란은 정유재란까지 7년 동안 이어져 백성들의 고통은 이루 말할 수 없었다. 병자호란은 기간이 채 두 달도 되지 않았지만, 수많은 사람이 청나라에 포로로 끌려가 마을이 텅텅 빌 정도였으니, 그 고통이 얼마나 컸겠는가. 가족을 잃은 슬픔과 나라의 무력함을 온몸으로 느낀 전쟁이었으니 말이다. 이놈의 인생이 무슨 죄를 지어 하필 이 시기에 태어났는지 한탄했을 터이다. 여기서는 가상의 인물이 겪은 한중일 삼국 전쟁, 즉 임진왜란에 대해 조금 이야기를 해보고자 한다.

임진왜란: 조선 · 명 · 일본이 벌인 첫 국제전

일본군은 1592년 4월 13일(음력) 부산 앞바다에 나타나 5월 3일 한양을 점령하는 데 약 20일밖에 걸리지 않았다. 쉽게 말하면, 아무런 저항 없이 한양까지 그대로 진격한 셈이다. 조선 조정은 이일과 신립 장군을 보내 막으려 했지만, 불가항력으로 신립 장군마저 탄금대 전투에서 패하여 자결하고 만다. 일본군의 진격에 놀란 선조는 파천을 결정하고 궁궐을 빠져나가려다 길을 막는 백성들에게 제지당했고, 몰래 빠져나간 사실을 안 백성들이 경복궁에 불을 질렀다고 『선조실록』은 전하고 있다.

일본군은 최단 시간 내에 수도 한양을 점령하고, 왕을 사로잡아

전쟁을 빨리 끝내겠다는 전략이었다. 그러나 일본군이 한양을 점령했을 때, 이미 선조는 도망간 상태였다. 일본의 전투 양상은, 성이 함락되면 다이묘와 무사들은 항복하거나 자결해 전투를 끝내는 경우가 대부분이다. 성을 버리고 도망가는 일은 흔치 않다. 그런데 조선의 왕은 성을 버리고 도망가 버렸으니, 일본군 입장에서는 황당했을 것이다. 결국 일본군은 선조를 잡기 위해 북으로 진격할 수밖에 없었다.

일본군의 빠른 진격에는 그만큼 약점도 존재했다. 전쟁 양상은 개전 두 달 후부터 달라지기 시작했다. 일본군의 빠른 진격에 와해됐던 관군도 본격적으로 재정비하기 시작했고 곽재우, 고경명 등 각 지방의 의병들이 기병해 일본군의 보급로를 차단하거나 게릴라전을 전개해 일본군의 후방을 괴롭혔다. 일본군은 속전속결로 전쟁을 끝낼 전략 아래 여름용 보급품 위주로 준비했는데 의병에 의해 육상 보급로가 차단된 데다, 이순신의 한산대첩(1592년 음력 7월 8일)으로 수로 보급마저 막히게 되자, 이른바 일본군의 수륙병진 정책(水陸竝進政策)이 차질을 빚으며 전황이 고착됐다.

그렇다면 조선의 임금 선조는 어떻게 되었을까? 선조는 신립 장군이 탄금대에서 패전하자 급히 파천을 결정했다. 선조는 4월 30일 한양을 출발해 6월 22일, 약 50여 일 만에 의주에 도착했다. 전쟁 난리 통이었다고 생각하면 거의 빛의 속도로 도망친 셈이다. 선조는 의주에 도착하자마자 명나라로 망명할 계획을 세웠지만, 신하들의 반대로 번번이 무산됐다. 명나라 요동 총독도 선조가 너무 빨리 도망쳐 오자, 혹시 일본과 합세해 중원으로 쳐들어오는 것은 아닐까 의심해 망명을 거부했다. 아무리 전쟁 중이라 하더라도, 한 나라의 군주가 도읍을 버리고 이렇게 빨리 도망쳐 망명을 요청했으니 의심할 만도 했다.

신하들에 의해 명나라 망명이 실패했지만, 선조는 요동 망명에 미련을 버리지 못하고 여러 차례 재시도했다. 신하들은 처음에는 예를 갖춰 반대했지만, 나중에는 "요동으로 가면 필부(匹夫)에 지나지 않습니다"라며 반협박성으로 막아섰다. 다시 말하면 "요동에 가면 왕도 아니다"라는 뜻이다. 전세가 조금씩 나아졌음에도 선조는 의주에서 꼼짝하지 않았고, 도성의 사대부뿐 아니라 사간원, 사헌부까지 환도 요청을 끊임없이 올렸다. 결국 마지못해 1593년 9월 21일 의주를 출발해 10월 3일 한양에 도착했다.

만력제와 '재조지은'의 이면

이런 와중에 중국 명나라가 전쟁에 참전한다. 여기에는 명나라 최장수 황제이자 최악의 암군(暗君)으로 평가받는 만력제(萬曆帝)가 관련되어 있다. 만력제는 재상 장거정의 도움으로 초기 10년 동안 '만력중흥(萬曆中興)'이라 불릴 정도로 칭송을 받았다. 하지만 장거정이 사망한 후 거의 10년 동안 정무를 돌보지 않았다. 지방에서 상소가 올라와도 읽지 않았을 뿐 아니라, 그 상소 위에서 음주가무를 즐겼다고 한다. 심지어 어떤 관리는 사직 상소를 152번이나 올렸지만 결재받지 못하고 스스로 낙향한 뒤 4년 만에 사망했다. 만력제는 스스로 정무를 '파업'

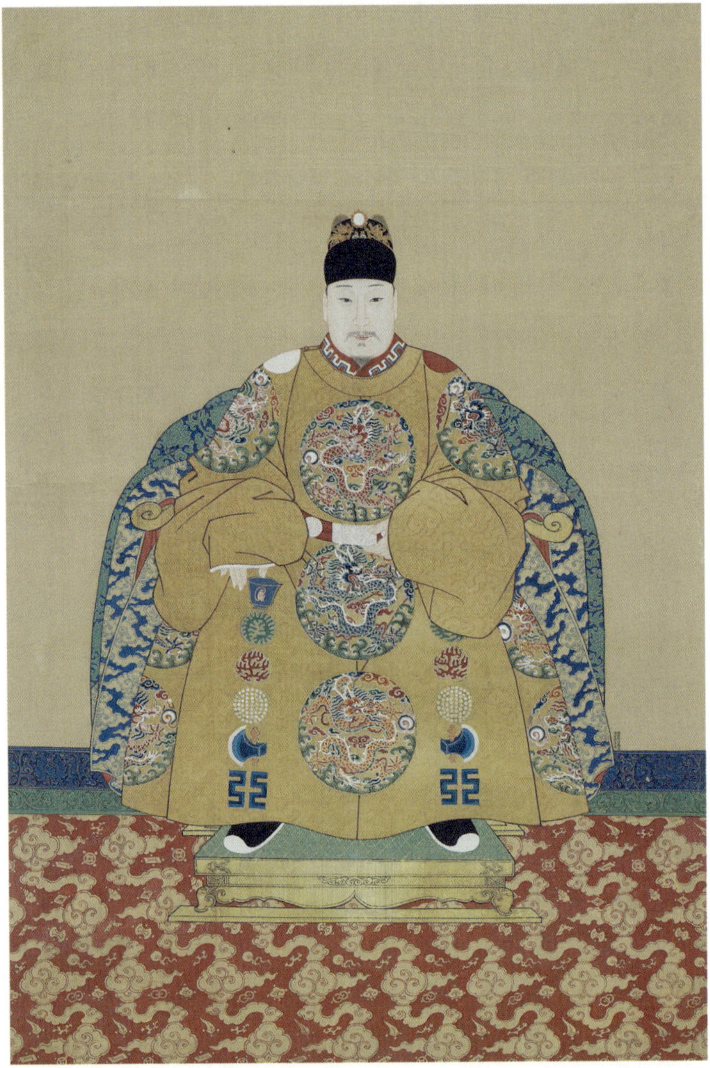

명나라 13대 황제 만력제 • • 명나라 13대 황제인 만력제는 명나라 역사상 가장 긴 48년을 재위했다. 명나라에서는 암군(暗君)으로 평가받았지만, 조선에서는 조선을 구원한 은인이자 성군(聖君)으로 추앙받았다.

해 버려, 북경에 있는 관료들조차 황제의 얼굴을 까먹을 정도였다고 한다.

그런데 웬일인지, 10여 년 동안 놀고먹던 만력제가 조선에 명군을 파견하기로 했다. 보통의 황제라면 당연히 해야 할 일이지만, 10년 동안 정무를 파업한 만력제였기에 수많은 이야기가 나왔다. 이를테면 『임진록』 야사에 따르면, 만력제 꿈에 관우가 나타나 "형님! 왜 아우를 돕지 않습니까?"라고 했다고 한다. 관우가 만력제를 형님으로 불렀으니, 만력제는 유비, 선조는 장비라는 셈이다. 이런 꿈을 꾼 후, 만력제는 명군을 조선에 파병하고, 사비를 털어 쌀 100만 석을 보급 지원하기도 했다. 물론 이 꿈 이야기는 믿거나 말거나이지만, 워낙 먹고 놀기만 했던 황제였기에 이런 풍문이 퍼졌던 것 같다. 그러나 중국에서는 최악의 암군으로 불렸던 만력제가 조선에서는 만동묘와 대보단이 세워질 만큼, 이후 몇백 년 동안 제사를 받는 군주로 대우받았다. 이른바 재조지은(再造之恩)의 군주였다.

그렇다면 만력제가 파견한 명나라 군대에 대한 평가는 어떨까? 일단 명나라 군대가 없었더라면, 조선 군대만으로 임진왜란과 정유재란을 막아낼 수 있었을까? 명나라 군대가 없었더라면, 도요토미 히데요시 사후 일본군이 철군했을까? 만력제가 보내준 100만 석의 쌀이 없었다면, 조선은 대기근을 극복할 수 있었을까? 종합적으로 보면, 명나라 군대의 참전은 게임체인저 역할을 했다. 명나라는 병력만 지원한 것이 아니라, 산둥성의 쌀을 매입해 조선 백성들에게 원조하기도 했다.

하지만 명나라 군대가 조선에 와서 끼친 폐해는 이루 말할 수 없을 정도였다. 민가에 들어가 약탈을 일삼았고, 1593년 벽제관 전투 이후에는 조선을 제쳐두고 일본과의 휴전 협상에만 몰두했다. 명나라 군대는 조선을 돕기 위해서가 아니라, 명나라 자신을 지키기 위해 참전한 것이었다. 일본군이 조선을 정복하면, 다음 차례는 명나라라는 것이 분명했기 때문에 오랑캐의 나라(조선)에서 오랑캐(일본)를 상대하는 편이 낫다고 판단한 것이다.

벽제관 전투에서 대패한 이후, 명나라 정부는 '일본군과 더 이상 전투하지 말라'는 지시를 내렸고, 전쟁은 교착상태에 빠졌다. 전투를 중단한 명나라 군사들은 조선인을 상대로 약탈과 조선인 여성에 대한 겁탈을 일삼았지만, 조선으로서는 이를 막을 힘이 없었다.

조선에서의 전쟁을 하루라도 빨리 끝내고 싶었던 유성룡은 호조판서를 대동하고 명나라 장수 이여송을 찾아가 애원했다. "장군, 명나라 군대를 동원해 하루라도 빨리 일본군을 조선에서 몰아내 주십시오." 그러자 이여송은 "조선은 우리에게 필요한 군량이나 군수물자를 보급해 주지도 않으면서 우리에게만 싸우라고 강요만 하느냐"고 질책했다. 이에 유성룡은 아무런 말도 하지 못하고 눈물만 흘렸다고 한다. 이 이야기는 유성룡의 『징비록』에 나온다.

명나라로서는 일본군을 적어도 만주 이남에 묶어 두기만 하면 됐기 때문에 굳이 목숨을 걸고 싸울 이유가 없었다. 이제는 전쟁을 지속하는 것이 아니라, 전쟁을 끝내는 것이 명나라 국익에 도움이 된다고 판단해 조선을 제쳐두고 일본과의 전쟁 휴전 협상에만 몰두했다.

430여 년 전 일이지만, 한반도를 둘러싼 국제관계는 지금도 마찬가지다. 그때도 지금도 우리에게 국제정치는 늘 냉혹했다. 조선을 제쳐두고 명나라와 일본이 맺은 휴전협정에 조선의 국익이 반영될 리 없었던 것처럼 말이다.

임진왜란의 최대 수혜자, 여진족

동아시아 국제전쟁에서 우리가 깜빡 잊고 있었던 존재가 있다. 바로 북방의 여진족이다. 여진족은 고대 고구려와 발해 시기의 복속민이자 피지배층이었다. 한때 여진족 아골타가 대금(大金)을 건국해 요나라를 멸망시키기도 했다. 금나라 태종은 화북 지역까지 진출해 북송을 남쪽으로 밀어내고 중원을 지배했다. 13세기 초, 금나라는 몽골의 공격을 받아 멸망했다.

여진족은 시기에 따라 숙신(肅愼), 읍루(挹婁), 물길(勿吉), 말갈(靺鞨), 만주족(滿洲族) 등으로 불렸다. 조선 태조의 활동 기반이었던 동북면은 고려인과 여진인이 함께 거주하던 지역이었다. 조선 태조는 여진인의 귀화를 장려해 관직과 토지, 주택을 주었고, 부족장에게는 만호(萬戶), 천호(千戶) 등의 관직을 하사했다. 그만큼 한반도와 깊은 관련을 맺고 살아온 민족이었다. 여진족은 주로 지금의 중국 동북 3성 지역에 거주했다고 해도 큰 무리가 없다.

그렇다면 임진왜란 당시 여진족은 어떤 상태였을까? 본래 여진족은 몽골족이나 거란족 등 기타 유목민족과는 달리, 농사도 짓고 유목도 하던 반농반목(半農半牧) 민족이었다. 임진왜란 시기에 북방 여진족은

청태조 누르하치 • • 명말의 권력 공백 속에서 등장한 누르하치는 전통적 화이질서를 거스르는 새로운 정치 질서의 창조자였다. 그의 등장은 단순한 여진족의 부상이 아니라, 유목 세력이 주도한 제국 모델의 현실화를 상징한다.

크게 건주여진, 해서여진, 야인여진으로 나뉘어 있었다. 중국 명나라는 여진족의 통합을 가장 두려워했다. 여진족뿐 아니라 북방 민족은 부족 통합 후 반드시 중국 중원으로 내려왔기 때문이다. 이런 이유로 명나라는 어떻게든 북방 민족의 통합을 막는 것이 최우선 과제였다.

당시 요동 총관이었던 이성량(李成梁)은 여진족 관리에 탁월한 인물이었다. 때로는 회유하고 때로는 무력을 행사했다. 회유책 중 가장 유용했던 정책이 바로 교역권 발급이었다. 여진족을 비롯한 북방 민족은 항상 생활필수품이 부족했기 때문에, 농경민족인 명나라나 조선과의 무역이 필수였다.

요동 총관 이성량은 명나라와 우호적인 관계를 맺고 있는 부족에게 명나라와 교역할 수 있는 교역권을 부여하며 여진족을 관리했다. 아골타가 세운 금나라의 부흥을 꿈꾸며 명나라와 대립한 세력이 있는가 하면 명나라와의 교역을 통해 새로운 통치자가 되려 했던 세력도 있었다. 이성량은 교역권이라는 당근을 제공해 우호 부족을 육성했고, 때로는 군사력을 동원해 여진 부족 간 통합 움직임을 견제했다. 그러나 명나라 중앙정부가 무력해지거나 통제에서 벗어나게 되면 여진족은 통합을 이뤄 명나라 정부의 골칫거리가 될 것이 뻔했다.

임진왜란 당시 북방 여진족은 건주여진의 누르하치가 부상하던 시기였다. 임진왜란 발발 10년 전, 누르하치는 건주여진 8개 부족을 통합했다. 최대 라이벌인 해서여진과 북방의 주도권을 두고 다투던 시기였다. 누르하치가 여진족을 통합하면서 북방의 새로운 강자로

부상했지만 만약 임진왜란이 발발하지 않았다면 여진족이 그렇게 급성장하기는 어려웠을 것이다.

명나라는 영락제 이후 유능한 군주가 나오지 않아 중국 역사상 국력이 가장 약한 왕조로 평가받는다. 그럼에도 만력제는 대규모 조선 파병을 결정했다. 오늘날의 시각으로는 “명나라가 임진왜란 때 해준 게 뭐 있냐?”라고 반문할 수도 있지만, 당시 명나라는 막대한 전쟁 비용을 감수하며 조선 지원을 선택한 셈이었다. 어떻게 보면 파병을 해서는 안 되는 상황이었음에도 불구하고 참전한 셈이다. 심지어 만력제는 산둥반도의 쌀까지 사들여 원조했다. 이런 이유로 만력제는 조선에서 ‘고려천자高麗天子’라는 별칭으로 불리기도 했다.

군사적으로는 명나라 최정예 부대인 요동군을 조선에 대규모로 파병한 것이 최대 실수였을지도 모른다. 임진왜란이 발발했을 당시 명나라는 시간적 여유도 없었고, 거리 문제로 인해 요동군을 조선으로 이동시켜야 했다. 이로 인해 여진족 입장에서는 요동 지역이 사실상 무주공산이 되었다. 명나라가 만주 지역에 대한 통제권을 포기한 셈이기도 하다.

이 시기 건주여진의 누르하치는 건주여진을 통합했고, 해서여진은 또 다른 연합을 형성해 견제하려 했다. 그러나 결과적으로 누르하치는 해서여진뿐 아니라 몽골족까지 자기편으로 끌어들이며 북방 최강자로 등극했다. 이런 자신감을 바탕으로, 임진왜란 당시 누르하치는 조선에 원병 지원 의사를 타진하기도 했다. 명과 조선은 깜짝 놀라 이를 거절했다. 북방의 조선인은 일본군의 침략보다도 전쟁 시기를 틈타 여진족이 쳐들어오는 것을 더 두려워했지만, 누르하치는 월경하여 약탈하는 행위를 단속했다.

이제 누르하치의 방향은, 임진왜란으로 국력이 약해질 대로 약해진 명나라를 향할 수밖에 없었다. 그리고 조선 역시 그 국제 질서의 소용돌이에 휘말려, 정묘호란과 병자호란을 겪게 되는 운명을 맞게 되었다.

세키가하라, 일본의 운명을 가르다

도요토미 히데요시(豊臣秀吉)가 사망한 후 정유재란(1598)이 끝났다. 한반도에서는 전쟁이 종결되었지만, 일본 열도에서는 정유재란 이후 2년 만에 천하를 두고 다투는 전쟁이 벌어졌다. 바로 세키가하라 전투(1600)다. 이 전투에는 임진왜란에 참전했던 대부분 다이묘가 참가했고, 이후 도쿠가와 이에야스(徳川家康)가 승리하여 260여 년 동안 이어진 에도 막부를 세우는 계기가 되었다.

임진왜란 이후 일본은 왜 다시 전쟁을 시작했을까? 결정적인 계기는 일본의 '천하인'으로 강력한 구심 역할을 하던 도요토미 히데요시의 사망이었다. 100년 가까이 이어진 전국시대를 통일한 히데요시의 죽음은 일본 분열의 시초가 되었다. 만약 히데요시가 사망하지 않았거나, 사망 당시 성인이 된 후계자가 있었다면 어땠을까?

히데요시에게는 본래 적장자 쓰루마쓰(鶴松)라는 아들이 있었으나, 1592년 임진왜란 발발 1년 전에 사망했다. 같은 해 히데요시는 누나의 아들 도요토미 히데쓰구(豊臣秀次)를 양자로 삼고 관백(関白)의 자리까지 물려주

세키가하라 전투 기록화 • • 1600년 10월, 도쿠가와 이에야스와 이시다 미쓰나리가 맞선 세키가하라 전투는 일본 근세의 향방을 결정지은 대규모 내전이었다. 이 기록화는 당시 양 진영의 배치와 격전을 시각적으로 생생하게 전한다.

며 후계자로 삼았다. 하지만 2년 후인 1593년, 히데요시의 측실 요도기미가 아들 히데요리를 낳았다. 히데요시에게는 큰 기쁨이었지만, 도요토미 가문에는 재앙이 되었다.

히데요시는 자신의 아들을 후계자로 세우기 위해 히데쓰구를 역모로 몰아 숙청했다. 히데쓰구는 무죄를 주장하며 히데요시에게 독대를 요청했지만 받아들여지지 않았다. 이후 히데쓰구는 출가했지만, 히데요시는 그에게 할복을 명령하고, 그의 목은 효수되었다. 1595년 히데쓰구뿐 아니라 처자식과 시녀 등 약 40명도 함께 참수당했다.

히데쓰구의 숙청으로 민심은 히데요시에게서 멀어졌다. 출가한 사람까지 할복시키고, 후계자 문제 때문이라 해도 처자식 모두를 처형한 것은 지나쳤다. 히데쓰구와 가까웠던 다이묘들도 등을 돌렸다. 이때 숙청당할 뻔한 다이묘를 도쿠가와 이에야스가 구해주었고, 세키가하라 전투 때 이들 다이묘가 도요토미 가문이 아닌 이에야스를 지지한 것은 너무나 당연했다.

히데요시는 1598년에 사망했다. 그때 아들 히데요리는 겨우 다섯 살이었다. 히데요시는 히데쓰구를 제거했지만, 정작 자신의 최대 경쟁자였던 도쿠가와 이에야스는 제거하지 못했다. 5살짜리 히데요리를 남겨둔 상태에서 이에야스의 권력 야욕은 자연스러운 일이었다.

본래 히데요시는 하급 무사 출신으로, 지역적 인적 기반이 약했다. 일본 전국을 통일했지만, 도쿠가와 이에야스처럼 강력한 다이묘가 존재했다. 형식상 신하였지만, 언제든 배신할 수 있는 존재였다. 무엇보다 임진왜란에 단 한 명의 병사도 보내지 않아 전력을 온전히 보존하고 있었다.

그럼 세키가하라 전투는 왜 벌어졌을까? 이시다 미쓰나리石田三成의 서군과 도쿠가와 이에야스의 동군 모두 히데요리의 신하를 자처하며 형식상 도요토미 가문을 위해 거병했다. 하지만 실질적으로는 미쓰나리와 이에야스의 권력 다툼이었다. 여기서 주목할 것은 히데요리와 생모 요도기미의 입장이었다. 히데요리 모자는 어느 쪽에도 서지 않고 중립을 선언했다.

히데요리 입장에서는 누가 승리하든 자신의 신하였기 때문에 관망했다. 미쓰나리는 문치파로 히데요시의 충성스러운 가신이었고, 이에야스는 히데요시 사후 가장 강력한 다이묘였다. 결과적으로 히데요리와 요도기미의 중립은 도요토미 가문의 몰락으로 이어졌다.

다이묘 입장에서 세키가하라 전투를 보면, 미쓰나리든 이에야스든 도요토미 가문을 위해 거병했다는 명분이 있었다. 그렇다면 전투에 유리한 쪽, 전후에 더 많은 이익을 줄 수 있는 쪽을 고르는 것이 중요했다. 조선 출병 당시 대부분 서부, 특히 규슈 지역 다이묘들이 참전했지만, 일본 동부 다이묘들은 참전하지 않거나 상징적으로 군사를 보냈다.

임진왜란의 최대 수혜자 중 하나였던 도쿠가와 이에야스는 조선에 단 한 명의 병사도 파견하지 않았다. 반면 고니시 유키나가小西行長 등 서부 다이묘들은 군사적, 재정적 피해를 크게 입었다. 히데요시 사망과 히데요리의 어린 나이는 손실을 만회할 기회였다. 그렇다면 누구를 따라야 할까?

미쓰나리는 최고의 충신이었지만, 행정가로는 뛰어나도 전장에서의 능력은 떨어졌다. 임진왜란에서는 행주대첩과 울산성 전투에서 패배했다. 또한 모난 성격으로 다른 다이묘들과의 인망도 부족했다. 이에 반해 도쿠가와 이에야스는 전국시대를 생존한 노장으로, 감정과 속내를 감추는 데 능했다. 히데쓰구 사건 때처럼 다이묘를 자기편으로 끌어들이는 데도 탁월했다. 경제력 역시 히데요시에 필적했다.

세키가하라 전투는 도쿠가와 가문을 위해 싸운다는 명분이 있었지만, 실제로는 서군과 동군 다이묘들이 천하를 두고 벌인 싸움이었다. 성격이 까칠한 미쓰나리보다는, 포섭 능력이 뛰어난 이에야스가 다이묘들에게 더 매력적이었다. 무엇보다도 다이묘들은 '이에야스의 시대'가 다가오고 있음을 직감했다.

1600년 10월 21일(음력 9월 15일), 동군 약 7만 5천 명, 서군 약 8만 명이 세키가하라에서 맞붙었다. 서군에는 이시다 미쓰나리, 모리 데루모토(毛利輝元), 우키타 히데이에(宇喜多秀家), 오타니 요시쓰구(大谷吉継), 시마즈 요시히로(島津義弘), 고니시 유키나가, 고바야카와 히데아키(小早川秀秋) 등이 있었고, 동군은 도쿠가와 이에야스, 도쿠가와 히데타다(德川秀忠), 이이 나오마사(井伊直政), 혼다 타다가쓰(本多忠勝), 가토 기요마사(加藤清正), 후쿠시마 마사노리(福島正則) 등이 이끌었다.

임진왜란 당시 고니시와 가토는 누가 먼저 한양에 입성했는지를 두고 경쟁하던 라이벌이었는데, 세키가하라에서는 서로 적대하는 진영에서 싸우게 되었다. 고니시는 세키가하라 전투에서 전사했고, 가토는 참전하지는 않았지만, 고니시의 영지를 차지했다. 노량 해전에서 큰 손해를 본 시마즈 요시히로도 간신히 영지로 돌아갔다.

세키가하라 전투는 천하를 건 싸움이었지만, 승부가 나기까지 겨우 3시간밖에 걸리지 않았다. 전력과 병력 규모 면에서 서군이 유리했지만, 결정적 패인은 고바야카와 히데아키의 배신이었다.

고바야카와 히데아키는 히데요시의 처조카이자 양자였다. 정유재란에 출정했을 때 감찰관이던 미쓰나리는 히데아키의 행동을 히데요시에게 보고했다. 이로 인해 히데아키의 급료는 30만 석에서 15만 석으로 감봉되었고, 치쿠젠(筑前)에서 에치젠(越前)으로 전봉당했다. 히데아키는 도요토미 가문과 미쓰나리를 싫어했고, 이에야스 진영이 접근해 설득한 것으로 보인다.

전투 시작 2시간 동안 우열을 가리지 못했다. 내응하던 히데아키가 움직이지 않자 화가 난 이에야스는 히데아키 진영을 향해 사격

했다. 이에 당황한 히데아키는 산에서 내려와 오타니 군을 공격했고, 서군의 약 20% 병력이 동군으로 돌아섰다. 히데아키의 배신을 본 와키자카 야스하루(和気坂安治) 등 다른 서군 다이묘들도 동군에 가담했다. 결국 동군의 대승으로 전투는 끝났고, 도쿠가와 이에야스의 시대가 열렸다.

임진왜란 이후의 한중일

임진왜란은 16세기 말에 발발한 동아시아 국제전쟁이었다. 당시 명나라의 국력을 보면 세계 최강이라고 할 수 있었다. 15세기 초, 영락제의 명을 받아 정화가 대원정을 시작했을 때(1405년), 함선 62척에 총 승무원 2만 7,800명이 탑승했다. 크리스토퍼 콜럼버스의 제1차 항해(1492년) 당시 함선 3척, 승무원 88명에 불과했던 것과 비교하면 초거대 규모의 함대였다. 유럽이 신대륙을 발견하기 이전까지 세상의 중심은 누가 뭐라 해도 중국이었다는 사실은 부정할 수 없다.

일본은 어땠을까? 전국시대 100년을 거치면서 무사들은 실전을 바탕으로 전쟁에 최적화된 군대가 되었다. 게다가 포르투갈 상인에게서 들여온 조총은 일본군의 전쟁 양상을 혁신적으로 변화시켰고, 실전 경험이 풍부한 무사들의 전투력을 한층 끌어올렸다. 100년간의 실전 경험, 조총이라는 최신식 무기를 장착한 최정예 병사 20만 명이 조선을 침략해 들어왔다. 그중 약 5만 명이 조총부대였다. 만약 일본군이 조선이 아니라 유럽을 침략했더라면, 막을 수 있는 나라는

무사와 사대부 • • 약 700년간 일본 봉건사회를 이끈 무사는 무력과 충성의 가치를 중시했으며, 조선의 사대부는 성리학 이념을 바탕으로 사회 전 계층에 유교 질서를 확산시키고자 했다. 이처럼 서로 다른 통치 이념과 가치관은 현대 한국인과 일본인의 사고방식과 사회문화에까지 깊은 영향을 남겼다.

찾기 힘들었을지도 모른다.

임진왜란은 세계 최강의 국력을 가진 명나라, 최상의 실전 경험과 최신 무기를 장착한 일본, 그리고 중국 변방의 조선이 맞붙은 동아시아 3국의 국제전쟁이었다. 도요토미 히데요시의 죽음으로 일본군이 조선에서 철군하며 전쟁은 끝났지만, 이후 3국은 거대한 변화를 겪었다. 먼저 명나라는 만력제의 정무 태업으로 인해 정상적인 국가 운영이 불가능해졌다. 환관의 전횡, 정치적 불안, 무능한 황제의 등장 등으로 명나라의 운명은 기울기 시작했다. 이 틈을 타 북방에서는 누르하치가 건주여진을 규합하고, 해서여진까지 통합해 후금을 건국하게 된다.

명나라는 여진족을 견제하기 위해 군사를 일으켜 후금을 공격하기로 했다. 그리고 조선에 조총부대 파병을 요구했다. 명분은 충분했다. '우리 명나라가 임진왜란 때 막대한 비용과 군사적 피해를 감수하며 지원해 주었으니, 이번에는 조선이 우리를 도와야 한다'는 논리였다. 중립 외교를 표방했던 광해군은 반대했지만, 재조지은(再造之恩)의 나라 명을 지원하는 것이 당연하다는 신하들의 주장에 굴복하여, 강홍립에게 약 1만 5천 명의 병력을 이끌고 출병하게 했다. 이 전투가 바로 사르후 전투(1619년)다. 결과는 명과 조선의 대패였다.

사르후 전투 이후 후금은 조선과의 관계 개선을 시도했다. 후금은 필요한 쌀 등 물자를 무역을 통해 확보하고자 했다. 무엇보다 명을 침략하기 위해서는 후방인 조선과의 관계 개선이 필수적이었다. 그러나 조선은 사르후 전투 패배 이후에도 재조지은의 나라 명에 대한 사대 정책을 유지했다. 조선은 후금을 오랑캐로 간주해 교류를 거부했다. 이른바 '친명배금(親明拜金)' 정책이었다.

후금은 중국 중원을 침략하기 위해 배후의 조선을 정리할 필요가 있었다. 그렇게 발생한 사건이 정묘호란(1627년)과 병자호란(1637년)이다. 중립 외교를 표방했던 광해군은 인조반정으로 폐위되고, 인조 정권은 친명배금 정책을 고수했다. 이에 반발한 후금, 나아가 청은 두 차례 조선을 침략해 무력으로 굴복시켰다. 결국 배후를 정리한 청은 1644년 명나라의 수도 자금성을 함락하고, 중국을 통일하는 데 성공했다.

일본은 정유재란 이후 철군한 지 2년도 되지 않아 세키가하라 전투(1600년)가 벌어졌다. 이시다 미쓰나리의 서군이 패배하고 도요토미 가문은 몰락했다. 이에야스는 1603년 정이대장군征夷大将軍직에 올라 일본의 실질적인 통치자가 되었다. 그는 “나는 전쟁을 반대했고 조선 출병에 참여하지 않았다”는 명분을 내세워 조선과의 국교 정상화를 추진했다. 당시 에도 막부보다 조선과의 관계 개선을 더 적극적으로 요구한 지역은 대마도였다. 대마도는 조선과 명나라의 군사적 보복을 두려워했으며, 무엇보다 생활필수품 공급이 끊겨 생존이 위협받고 있었기에 더욱 적극적이었다. 1607년 우여곡절 끝에 조선은 도쿠가와 막부에 사절단을 파견했다.

그렇다면 조선과 일본은 왜 관계 개선을 원했을까? 조선은 전쟁 직후 극심한 대왜 감정으로 일본의 통교 요청을 거부했지만, 임진왜란과 같은 전쟁 재발을 막는 것이 무엇보다 시급한 과제였다. 북방에서는 명나라의 권력 공백을 틈탄 여진족의 발흥으로 외교적 긴장감이 고조되고 있었다. 또한 전쟁 중 일본으로 끌려간 조선인 포로의 송환도 중요한 과제였다.

도쿠가와 이에야스 입장에서는 국내 정치 안정을 위해 히데요시와는 다른 정치 노선이 필요했다. 새 정권의 정통성을 조선으로부터 인정받아 정치적 정당성을 강화하고, 조선의 우수한 기술과 문물을 받아들여 경제적 이익을 얻기 위해서였다. 이에야스는 “나는 전쟁에 참전하지 않았다”라며 조선 통신사 파견을 요청했다. 이후 조선과 일본은 상호 이익을 위해 통교를 재개하고, 조선은 통신사를 파견하기 시작했다.

조선 포로, 일본 문화를 빚다

한국 학계 기준 약 10만 명이 포로로 잡혀 일본으로 끌려갔다. 사람만 포로로 잡아간 것이 아니라 조선의 문화재까지 약탈해 갔다. 조선으로서는 전쟁통에 수많은 조선인이 죽었을 뿐만 아니라, 약 10만 명이 일본으로 끌려갔으니 인적 · 물적 타격이 이만저만이 아니었다. 생각해 보라. 잡혀간 조선인 포로가 한 집안의 가장일 수도 있고, 어머니일 수도 있고, 집안의 노비일 수도 있었다. 사지가 멀쩡하고 건장하기만 하면 남녀노소를 가리지 않고 끌고 갔다. 대부분이 전라도, 경상도, 충청도 출신이었기 때문에, 얼마 되지 않는 인구 중 건장한 사람만 빼갔으니 당시 조선에는 얼마나 큰 인적 피해가 있었겠는가. 당시 한성부의 인구가 3만 9천 명이었다고 한다. 그러나 숫자보다 더 고통스러운 것은 언제 다시 만날지도 모르는 가족과의 생이별, 그리고 다시 고향으로 돌아올지 기약 없는 포로 생활이었을 것이다.

일본으로서는 조선인 약 10만 명이 포로 신분으로 끌려왔으니 대환영이었다. 생각해 보라. 어떤 일을 시켜도 되는 노예와 같은 조선인 포로가 약 10만 명이니, 노동력이 부족한 상태에서 하인처럼 부릴 수 있고, 기술자는 그 기술에 맞는 대우만 해주면 경제적으로 이익이 되니 손해 볼 일이 전혀 없었다. 필요하면 노예 시장에 팔아 돈을 벌 수도 있었다. 무엇보다도 조선의 선진문화를 약 10만 명을 통해 흡수할 수 있으니, 손해 볼 것이 없었다. 어느 일본인 연구자는 "엄청난 비용을 들여 조선에서 유학했다. 우리는 그만큼 조선의 문물을 배웠다”라고 표현했다. 이는 결코 과장이 아닐 것이다.

약 10만 명의 조선인 포로 중에는 남녀노소 다양한 계층이 있었다. 조선의 평민들이 농업에 종사했던 것처럼 대부분은 농사를 짓다가 일본으로 끌려간 사람들이었다. 일본은 약 20만 명이 동원된 전쟁을 치렀기에 일본 내 노동력 부족이 심각했다. 그 부족한 노동력을 조선에서 끌려온 포로들이 채웠다. 평소 하인을 부려본 적 없는 농민들조차 조선인 포로를 하인처럼 부릴 정도였다.

대부분의 조선인 포로가 노예처럼 살았던 것과 달리, 기술을 가진 이들은 다른 대우를 받았다. 10만 명 중 농사만 짓던 사람만 있었겠는가? 그들 중에는 다양한 기술을 가진 이들도 많았다. 조선에서는 하찮은 기술자였을지 모르지만, 일본의 입장에서는 귀한 기술자였다. 대표적인 사례가 조선의 도공들이다. 이들은 특별한 대우를 받았다. 어떤 경우는 무사 벼슬을 주고, 집을 주고, 일본인 아내까지 마련해 주었다.

우리는 임진왜란을 ‘도자기 전쟁’이라고 부르기도 한다. 일본의 다도와 도자기에 관심 있는 사람이라면 ‘사쓰마야키(薩摩焼)’, ‘아리타야키(有田焼)’, ‘하기야키(萩焼)’ 같은 이름을 들어봤을 것이다. 그중 아리타야키의 도자기 신으로 숭상받는 이삼평(李參平)은 당시 충청도 금강에서 도공 155명과 함께 납치된 것으로 알려져 있다. 이삼평은 일본에서 처음으로 이즈미야마(泉山)에서 백토를 발견해 백자를 제조하였다.

현재 사쓰마야키를 대표하는 인물 심수관(沈壽官) 또한 임진왜란 당시 시마즈 요시히로(島津義弘)에게 납치된 심당길(沈當吉)의 15대 후손으로 알려져 있다. 1867년 파리 만국박람회에서 사가번(佐賀藩)의 아리타 자기가 대상을 수상하면서 일본 도자기의 자부심이 되었다. 일본 도자기 산업의 시초는 조선에서 끌려간 도공들이 만든 자기에서 시작되었고, 그 후손들이 그 명맥을 유지하고 있다.

조선인 포로 중에는 도공들만 있었던 것이 아니다. 사대부 유학자, 두부 제조 기술자, 베 짜는 기술자, 종 만드는 기술자, 종이 만드는 기술자 등 수많은 기술자가 있었다. 강항(姜沆)을 비롯한 조선 사대부들의 성리학은 일본 유학에 적지 않은 영향을 끼쳤고, 이외에도 음식문화, 복식문화 등 다양한 분야에서 조선 문화가 일본에 깊은 영향을 주었다. 군사력에서는 일본이 우세했을지 몰라도, 문화적으로는 조선이 확실히 앞서 있었다.

임진왜란의 그림자, 인신매매와 노예화

일본은 약 100년간의 전국시대를 겪었다. 생존을 위해서 무슨 일이든 해야만 했다. 나와 가족, 마을, 내가 속한 집단을 위해서 죽을 때까지 싸워야만 했다. 살아남기 위해서는 군사력과 경제력, 공동체의 결집력 등 생존을 위한 모든 요소가 필요한 시기였다. 물론 상대방보다 뛰어난 신무기도 필요했다. 이때 우연히 서양과 만남이 이루어진다.

포르투갈과의 일본 무역의 시작은 1543년 8월 25일 일본 가고시마 남쪽에 있는 다네가시마(種子島)에서 시작되었다. 원래 이 배는 명나라로 가는 배였는데 표류하여 다네가시마에 기착하게 되었다. 이 배에는 포르투갈 상인이 타고 있었는데 도주 다네가시마 도키타카(種子島時堯)에게 철포 발사 시범을 보여주었다. 이에 감탄한 도주 도키타카는 상당한 금액을 내고 철포(鐵砲) 2정을 사면서 포르투갈과의 무역이 시작되었다.

전국시대는 100년 동안 일본은 내전의 시기였다. 다이묘는 영지 내의 인적 · 물적 자원을 총동원해서 자신의 영토와 백성을 보호해야만 했다. 그때 포르투갈에서 전해진 신무기인 조총은 매력적이었다. 하늘을 나는 새도 떨어뜨릴 수 있는 위력을 본 다이묘(大名)들은 조총을 전쟁의 판도를 바꿀 무기로 여기고 앞다투어 구입했다. 문제는 포르투갈 상인에게 조총을 사려면 팔 상품이 있어야만 했다. 하지만 100여 년 동안 이어진 전란에 팔 만한 상품이 없었다. 이때 포르투갈 상인에게 판 물건이 바로 자국민 일본인 노예였다.

그러면 일본인 노예는 어떻게 생겨났는가. 이 시기는 전국시대(戰國時代)였기 때문에, 하루가 멀다고 전쟁이 벌어졌다. 승패가 나지 않는 전쟁도 있었지만, 승패가 난 전쟁의 경우는 다르다. 넓게 본다면 패전한 지역의 남녀노소 모든 사람은 노예로 삼을 수 있다. 전쟁포로뿐만 아니라, 사지가 멀쩡한 사람이면 다 포로가 되었다. 심지어 어떤 다이묘는 자신의 영지에서 천민들을 잡아 노예로 팔기도 했다. 자국민을 노예로 팔고 대신 조총과 화약을 포르투갈 상인에게서 얻었다. 포르투갈 상인으로서는 일본인 노예들의 몸값이 아프리카 노예의 절반 이하였기 때문에, 포르투갈 상인들은 거래를 거부할 이유가 없었다.

임진왜란은 일본의 노예무역 양상에도 새로운 변화를 불러왔다. 임진왜란 초기에는 도요토미 히데요시는 조선에서의 약탈 금지령을 내렸지만, 그 누구도 말을 듣지 않았다. 정유재란의 시기에는 본격적인 조선을 약탈하기 위해서 아예 특수부대를 만들어서 파견하였다. 그중 하나가 포로부대로 조선의 학자, 목공, 직공, 토공 등의 장인들과 노동력이 있는 조선인을 포로로 잡아갔다. 이들을 잡아가서 유럽 상인들에게 팔아 부를 축적하였다.

정유재란을 기록한 일본 종군 승려가 있다. 일본인이면서 주군의 명을 따라서 전쟁에 참여한 불교 승려이다. 아마도 주군의 공덕을 기록하기 위해서 종군한 승려가 아니겠는가 추측할 수 있다. 맞다. 그런 의도로 종군했다. 하지만 종군 승려 교넨(慶念)이 남긴 『조선일일기(朝鮮日日記)』는 일본의 시각에서 서술된 기록임에도 불구하고, 전쟁 중 자행된 살인, 약탈, 인신매매 등의 참상과 비인간성을 불교 승려로서 왜곡 없이 담담하게 기록했다는 점에서 의미가 크다. 그중 한 대목을 인용해 본다.

> 일본으로부터 수많은 상인이 왔는데, 그중에는 인신매매 상인들도 같이 왔다. 이들은 일본군의 뒤를 따라다니면, 남녀노소를 사서 새끼줄로 목을 동여매고, 앞으로 내몰고, 걸음이 느리면 뒤에서 지팡이로 몰아세우고, 치고 달리게 했다. 그 모습은 마치 아방나찰(지옥에서 죄인을 괴롭히는 옥졸)의 죄인을 책망하는 것을 떠올리게 했다. 이렇게 사서 모아서는 마치 원숭이를 묶고 다니듯 했고, 우마를 끌게 하고 짐을 들게 하는 광경은 차마 눈 뜨고 볼 수 없었다.
>
> 『조선일일기(朝鮮日日記)』 1597년 11월 19일

일본 병사들은 포악하고 잔인했다. 흰옷을 입은 사람은 눈에 띄는 대로 베어 죽이거나 포로로 잡아서 사슬로 목을 묶어 끌고 갔다. 부모는 자식을 찾고, 자식은 부모를 찾아 울부짖는 그 광경은 '지옥도'에서도 그려져 있지 않은 비참한 것이었다. 오늘도 조선 사람의 아이를 빼앗아 끌고 가는 것을 보았다. 그 아이를 무엇에 쓸 작정인가. 한 병사는 손을 모아 애원하는 조선인 부모를 그 자리에서 칼로 베어 버리고 아이를 끌고 갔다.

『조선일일기(朝鮮日日記)』, 1592년 6월 22일

교넨은 전쟁 중 조선에서의 경험을 날짜별로 상세히 기록하였으며, 특히 조선인 포로의 처우와 관련된 내용이 포함되어 있다. 인신매매 상인들이 전쟁터를 따라다니면서 남녀노소를 가리지 않고 조선인을 새끼줄로 목을 동여매고 끌고 갔다는 사실은 전쟁의 양상이 변했다는 것을 의미한다. 사람을 끌고 가서 사고팔고 한다는 그것은 노예로 간주한다는 의미이다. 일본군이 조선인 군인을 끌고 간 경우를 포로라고 하지만, 민간인을 끌고 간 경우에는 '노예'라고 봐야 한다. 실제 이들은 일본으로 끌려가 소 · 돼지 취급을 당했으며 노예 상인에게 팔려 유럽을 거쳐 남미까지 팔려 가게 된 일도 있다.

루벤스의 수수께끼: '한복 입은 남자'는 누구인가?

1983년 크리스티 경매장에서 당시 소묘 거래 사상 최고액인 32

루벤스의 『한복 입은 남자』 • • 루벤스의 화폭 속 인물은 동아시아풍 복식을 입고 있으며, 그 형태나 선에서 한복과 유사한 분위기를 자아낸다. 명확한 단정은 어렵지만, 조선 복식과의 연결 가능성을 열어두고 있다.

만 4천 파운드(당시 한화 3억 8천만 원) 에 경매된 작품이 있었다. 루벤스의 『한복 입은 남자』이다. 서양 미술사에서 최고의 화가 중의 한 명으로 뽑히는 루벤스가 소묘로 그린 작품이 거액으로 낙찰된 그것도 신기하고, 제목인 『한복 입은 남자』라는 사실은 더 신기했다. "루벤스가 한국 사람을 어떻게 알고 이런 그림을 그렸지?" 그림 속 한복 입은 남자를 본 사람이라면 누구나 한 번쯤 그런 생각을 해봤을 것이다. 하지만 더 궁금한 점은 따로 있다. 1600년대, 그 『한복 입은 남자』는 어쩌다 지구 반 바퀴를 돌아 머나먼 이탈리아 땅에 살게 되었을까?

루벤스의 그림이 한국에서 주목을 받게 된 이후 『한복 입은 남자』가 바로 임진왜란 때 일본 나가사키로 끌려갔다가 다시 이탈리아로 팔려나간 '안토니오 꼬레아'라는 논란이 끊이지 않았다. 역사적 사실 여부를 떠나서 극적인 요소를 담고 있어서 소설, 뮤지컬, 다큐멘터리로 제작되기도 했다. 나도 오래된 이야기이지만 『베니스의 개성 상인』이라는 작품이 베스트셀러라는 정도는 알고 있었다. 2004년에는 『조선 청년 안토니오 코레아, 루벤스를 만나다』에서 곽차섭 교수는 루벤스 소묘의 주인공이 '안토니오 꼬레아'라고 주장했다. 하지만 2015년 미술사학자 노성두 박사가 "루벤스 소묘의 주인공은 조선인도, 안토니오 꼬레아일 가능성도 희박하다"라는 주장을 해 논란은 계속되고 있다.

'안토니오 꼬레아'와 관련된 자료는 이탈리아 상인(?) 프란체스코 카를레티의 『나의 세계 일주기』에서 기록되어 있다. 카를레티는 12년 동안 세계 일주하고 기록을 남겼다. 그중에 1597년 6월 이후 일본 나가사키와 마카오 등을 항해하던 도중에 생긴 일들을 기록하였는데 그중에 '안토니오 꼬레아'라는 내용이 나온다.

> 코레아(Corea)라는 나라는 9도(道)로 나뉘어 있다고 말한다. 조선이라는 이름은 수도로서 국왕이 거주하는 도시의 명칭이며 경기·강원·황해·전라·함경·충청·평안으로 구분되어 있다. 이 나라의 가장 가까운 해안으로부터 헤아릴 수 없이 많은 남녀노소가 노예로 잡혀 왔다. 그들 가운데는 보기에도 딱하리만큼 가련한 어린이도 있었다. 그들은 모두 구별 없이 헐한 값으로 매매되고 있었다. 나도 12 스쿠디(scudi)를 주고 5명을 샀다. 그리고 그들에게 세례를 베풀어준 다음 그들은 데리고 고아(Goa)까지 가서 자유롭게 풀어주었다. 그러나 그들 가운데 한 사람만을 나와 함께 플로렌스로 데리고 왔다. 그는 이제 로마에서 살며 '안토니오 꼬레아'라는 이름으로 알려져 있다.

'안토니오 꼬레아'와 관련된 기록은 이것이 전부이다. '안토니오 꼬레아'가 루벤스의 모델을 했는지, 누구랑 결혼해서 아이들을 얼마나 낳았는지, 그의 후손들이 어디에 정착해서 살고 있는지에 대한 기록은 전혀 없다. 루벤스의 『한복 입은 남자』가 '안토니오 꼬레아'라는 주장은 어떻게 보면 신화(神話)일지도 모른다. 아니 사실일지도 모른다. 하지만 루벤스의 『한복 입은 남자』 경매 이후, '안토니오 꼬레아'는 상상의 날개를 달고 소설과 뮤지컬, 다큐멘터리 등 다양한 형태로 재구성되며 대중의 관심을 끌었다. 심지어 KBS는 1980년대 말 이탈리아 남부 '알비(Albi)'라는 꼬레아 집성촌을 극적으로 취재한 바 있다. 방송의 내용을 보면 이들 주민 중 일부는 자신들이 '안토니오 꼬레아'의 후손들이라고 생각한다. 하지만 한국인과의 혈청 검사 결과에 의하면 가능성은 희박하다고 한다.

나는 '안토니오 꼬레아'와 루벤스의 『한복 입은 남자』의 관계 여부를 떠나 카를레티의 글 중에서 "헤아릴 수 없이 많은 남녀노소가 노예로 잡혀 왔다", "나도 12 스쿠디(scudi)를 주고 5명을 샀다"라는 부분이 있다. 그는 조선인 수많은 노예를 봤고, 그중 조선인 노예 5명을 샀고, 4명은 인도 고아에서 풀어주고, 나머지 1명인 안토니오 꼬레아는 로마에서 살고 있다는 기록했다. 노예로 잡혀 온 사람을 사고팔았다는 증거이다. 그렇다고 본다면 안토니오 꼬레아는 조선인 노예라는 사실이다.

카를레티의 글 속에 나오는 조선인 노예 한 명의 당시 가격은 얼마나 될까? 12 스쿠디를 다섯 명으로 나누면 2.4 스쿠디이다. 당시 아프리카 노예가 170 스쿠디, 페루 노예가 400 스쿠디로 아프리카 노예에 비하면, 약 70배 정도로 저렴하다. 조선인 노예 때문에, 국제 노예 가격이 급락했다고 한다. 그럼, 2.4 스쿠디는 당시 얼마의 교환가치가 있었을까? 약 쌀 2가마니 4말의 교환 가치가 있었다고 한다. 또 다른 기록에 의하면 일본인 노예상들은 포르투갈 상인들로부터 총포나 비단을 받고 조선인 노예를 팔았다고 한다. 대충 계산해 보면 조선인 노예 40명당 총포 1정으로 교환했다고 한다.

기억과 교육, 반복을 막는 유일한 길

1592년에 발발한 임진왜란은 한중일 삼국이 한반도에서 벌인 동아시아 패권 전쟁이었다. 이 전쟁은 단순히 군사적 승패를 넘어, 정치 · 사회 · 외교적 변화에 깊은 영향을 미쳤다. 중국 명나라는 국력이 쇠락해 여진족이 세운 청나라에 중원을 넘겨주었고, 일본은 전쟁 직후 세키가하라 전투를 통해 도요토미 가문이 멸망하고, 도쿠가와 이에야스가 세운 에도 막부가 설립되어 약 260년간의 평화 시기가 찾아왔다. 삼국의 전쟁터가 된 조선은 국토가 초토화되었고, 인구 감소로 인한 노동력 부족으로 경제 회복에 큰 타격을 입었다.

한반도에서의 동아시아 전쟁은 약 350년이 지난 1950년 한국 전쟁으로 다시 이어진다. 이번 전쟁에는 남북한과 중국, 미국, UN 16개국이 참전하였다. 여기서 일본은 빠졌지만, 사실상 미국의 후방 병참기지로 전쟁에 참여했다. '역사는 반복된다'라는 말이 있다. 그렇다면 한반도에서 다시 동아시아 전쟁이 일어날 가능성은 없을까? 절대 없다고 장담할 수 있을까? 확실한 것은 가능성이 0%는 아니라는 사실이다. 현재 북한의 핵무기 개발과 미사일 실험으로 한반도의 긴장이 고조되고 있고, 남북 간의 이념 대립과 정치적 갈등은 한반도의 불안정을 초래하고 있다. 무엇보다 미 · 중 패권 경쟁으로 인한 대만 문제는 한반도의 지속 가능한 평화와 안정을 위협하고 있다.

조선이란 나라는 어리석은 왕과 부패한 유생들이 지배해 온 나라지

1907년 일본 제국주의에 맞서 무장한 의병 • • 조선이란 나라는 어리석은 왕과 부패한 유생들이 지배해 온 나라지만, 저 나라 백성들이 제일 골칫거리야. 받은 것도 없으면서, 국난이 있을 때마다 이상한 힘을 발휘한단 말이지. 영화 〈하얼빈〉(2024)에서 이토 히로부미의 대사.

만, 저 나라 백성들이 제일 골칫거리야. 받은 것도 없으면서, 국난이 있을 때마다 이상한 힘을 발휘한단 말이지.

영화 <하얼빈>(2024)

위의 대사는 2024년 개봉한 영화 <하얼빈>에서 조선 통감부 초대 통감인 이토 히로부미伊藤博文가 열차 안에서 독백으로 했던 말이다. '어리석은 왕과 부패한 유생'이라는 표현은 조선 왕의 통치 능력 부족과 부패한 사대부가 국가 통치를 제대로 하지 못했다는 비판으로 해석될 수 있다. '저 나라의 백성들이 제일 골칫거리야'와 '받은 것도 없으면서'라는 대사는 국가로부터 보호와 지원을 제대로 받지 못했지만, 스스로 국가를 지켜낸 백성들의 힘을 강조하는 의미로 읽힌다. '국난이 있을 때마다 이상한 힘을 발휘'한다는 것은 조선 백성들의 자발적인 애국심과 공동체 의식을 보여준다.

한반도의 위기는 외부적인 요인도 있었지만, 결국 지배계층의 분열이 위기를 초래했다. 그때마다 이 땅에서 차별받고 힘없이 살아가는 백성들이 목숨 바쳐 나라를 구했다. 임진왜란 때 의병 활동과 1997년 IMF 금융위기 당시 '금 모으기 운동'도 이 땅의 백성들이 나라를 구하고자 나선 결과였다.

역사적 기억과 교육이 필요하다. 그렇게 해야만 유사한 실수를 반복하지 않는다. 역사를 기억하고 교육하는 것은 단순히 과거를 이야기하는 것이 아니라, 우리의 미래를 위한 밑거름이 된다는 사실을 잊지 말아야 한다. 역사는 반복된다고 하지만, 실수는 반복되어서는 안 된다.

한중일 삼국은 19세기 서세동점(西勢東漸)이라는 동일한 외부 충격 앞에 놓여 있었다. 그러나 이후 이 세 나라의 운명은 극명하게 갈렸다. 일본은 메이지유신과 이와쿠라 사절단을 통해 근대화를 선택했고, 청과 조선은 머뭇거리다 제국주의의 먹잇감이 되었다. 역사는 반복된다. 21세기 오늘, 한반도는 다시 한번 외교적 고립과 대외 압박, 산업 전환의 분기점 앞에 서 있다. 그때 일본이 무엇을 보았고, 지금 우리는 무엇을 보아야 하는가?

배우고 바꾼 일본, 보고도 외면한 조선과 청

일본은 어떻게 세계 경제 강국이 되었나?

1945년 8월, 일본은 히로시마와 나가사키에 원폭을 맞아 폐허가 되었다. 하지만 1964년 도쿄 올림픽 성공 개최 이후 전쟁 후 복구를 선언하였고, 이후 미국 다음가는 세계 경제 대국 2위 국가로 군림하였다. 정확히는 2009년까지이다. 2010년부터는 중국이 세계 GDP 순위 2위다. 그래도 일본은 여전히 세계 3위 GDP를 유지하고 있으며, 한국의 GDP보다 약 2.7배 높다. 한국의 주요 상대국인 미국이 1위, 중국이 2위, 일본이 3위, 한국은 10위권 밖에서 기회를 보고 있는 현실이다. 우리나라 주변에는 잘 살고 무서운 나라들이 많다.

과거 이야기를 해보자. 일본이 조선을 강제로 병합한 것은 1910년의 일이다. 그리고 만주사변이 1931년, 중일전쟁이 1937년, 진주

메이지헌법 발포 • • 1889년, 메이지 천황이 도쿄 황궁에서 헌법을 공포하는 장면. 메이지헌법은 천황 주권에 기초한 입헌군주제를 천명하며, 일본 근대국가의 제도적 기반을 확립한 역사적 사건으로 평가된다.

만 공습이 1941년, 그리고 1945년에 패전했다. 일본은 어떻게 19세기 군사 대국이 되어 이웃 나라를 식민지로 삼고, 중국과 미국을 상대로 전쟁을 할 수 있었을까? 도쿠가와 막부(德川幕府) 시절까지만 해도 중국과 조선은 항상 일본이 배우던 모델 국가였다. 그런 나라를 식민지로 삼고 대륙 침략을 감행했으며, 세계 최강국인 미국과 전쟁을 벌인 나라가 일본이다. 일본은 대단한 나라였거나 무모한 나라였거나 둘 중 하나였을 것이다.

다시 돌아오자. 조선을 식민지로 삼고, 중국을 침략했으며, 세계 최강국인 미국의 진주만을 공습할 수 있었던 일본의 국력은 어디에서 비롯되었을까? 궁금하지 않을 수 없다. 그저 '어쩌다 보니' 그렇게 되었다고 말하기에는 설득력이 떨어진다. 전쟁의 폐허 속에서도 빠른 전후복구와 세계 경제 대국의 반열에 오른 일본은 분명 역사적 저력이 있었다. 그것은 바로 메이지유신(明治維新)의 유산이었다.

메이지유신은 약 700년 동안 무사들이 장악하고 있던 권력을 천황에게 돌려준다는 왕정복고의 의미를 지닌 역사적 사건이다. 새로운 국가를 세운 메이지 정부는 서구 열강의 위협과 내부 반발에 직면했다. 또한, 중국 청나라처럼 반식민지 상태에 빠지지 않기 위해 필사적으로 대응해야 했다. 메이지 정부의 핵심 인사들은 일본을 서구 식민지가 아닌 독립 국가로 만들기 위해 모험을 선택한다. 그것이 바로 1871년부터 1873년까지 이어진 이와쿠라 사절단(岩倉使節団) 파견이다.

신정부 기반이 아직 약했던 시점에, 주요 관직자의 절반에 가까운 인원을 선발해 해외에 파견하는 일은 대단한 모험이었다. 구 막부 세력의 반발 가능성도 여전히 존재했기 때문에 정치적으로 위험한 선택이었다. 그러나 이와쿠라 사절단 파견은 일본 미래를 위한 도전이기도 했다.

특히 주목할 점은 사절단 구성원의 평균 연령이 약 32세로 젊었다는 사실이다. 젊은 세대는 편견 없이 새로운 문화를 수용할 수 있는 유연성을 가지고 있다. 신구 조화를 위해 구세대 대표 인물인 이와쿠라 도모미(岩倉具視)를 특명전권대사로 임명해 사절단을 꾸렸다. 참고로 이와쿠라 도모미의 당시 나이는 47세였다.

애초 이와쿠라 사절단의 목적은 구미 열강과 맺은 불평등 조약 개정의 예비 교섭이었다. 하지만 실제로는 서구 문명을 직접 배우는 방향으로 전개되었다. 사절단은 이와쿠라 도모미를 비롯해 46명의 사절단원, 18명의 수행원, 43명의 유학생 등 총 107명 규모였고, 1년 10개월 동안 12개국을 시찰했다. 부사(副使)로는 기도 다카요시(木戸孝允)(39세), 야마구치 마사카(山口正定)(33세), 이토 히로부미(伊藤博文)(31세), 오쿠보 도시미치(大久保利通)(42세) 등이 포함되어 있었다.

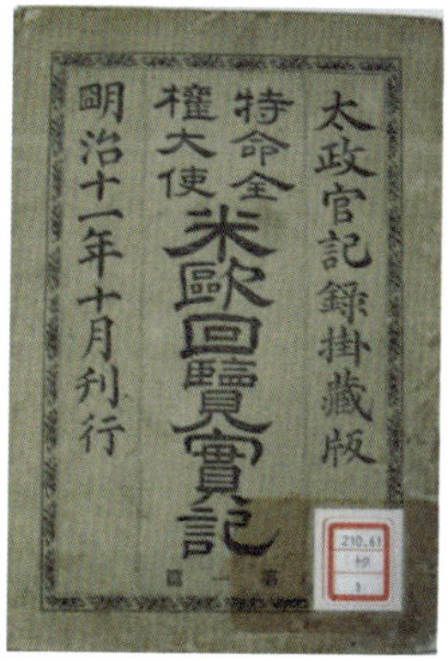

『구미회람실기』 • • 메이지 정부는 서구 제도와 문명을 직접 체험하기 위해 1871년 이와쿠라 도모미를 수반으로 한 대규모 사절단을 파견하였다. 『구미회람실기』는 이들의 여정을 기록한 보고서로, 일본의 근대화 전략을 보여주는 귀중한 사료이다.

이토 히로부미라는 인물은 1909년 하얼빈역에서 안중근 의사의 총탄에 맞아 사망했다. 이토 히로부미에 대한 한일 양국의 평가는 극단적이다. 한국에서는 이토를 민족의 원흉으로 보고 안중근을 의사(義士)라 칭하며 그의 죽음을 기린다. 반면 일본에서는 이토를 위대한 정치가로 평가하고, 안중근을 테러리스트로 규정한다. 2013년 박근혜 대통령이 시진핑 주석과의 정상 회담에서 안중근 의사 기념 표지석 설치를 제안했고, 이에 따라 하얼빈역 안에 기념관이 세워졌다. 이에 대한 일본 정부의 반응은 '안중근은 테러리스트'라는 것이었다.

이토 히로부미는 일본에서 최고의 정치가 중 한 명으로 평가받는다. 조슈번(長州藩) 하급 무사의 아들로 태어나 일본 제국 초대 총리를 역임하고, 조선 초대 통감까지 맡았다. 메이지 헌법 제정에도 중요한 역할을 했다. 이러한 공적으로 인해 1960년대부터 1980년대까지 약

20년간 천 엔권 화폐에 그의 초상이 실리기도 했다. 메이지 정부의 기초를 닦은 정치가를 조선 청년이 암살했으니, 일본이 안중근 의사를 테러리스트로 보는 것도 어느 정도 이해할 수 있다.

이와쿠라 사절단의 또 다른 역사적 의미는 '기록'이다. 구메 구니타케久米邦武는 사절단의 1년 10개월 여정을 『특명전권대사구미회람실기』라는 제목으로 남겼다. 총 5편 100권에 이르는 방대한 기록이다. 이를 통해 우리는 사절단이 누구를 만나고, 무엇을 배우고 느꼈는지 알 수 있다. 이 기록 덕분에 이와쿠라 사절단이 어떻게 서구 문명을 받아들여 동양 최초의 근대국가를 설계했는지를 이해할 수 있다. 다행히 『구미회람실기』는 한국연구재단 학술명저지원사업으로 2011년에 5권의 도서로 출판되었다. 일본 근대화 과정을 이해하는 데 매우 소중한 자료다.

체험에서 배움으로: 일본 근대화의 첫걸음

이와쿠라 사절단이 미국 상선을 타고 태평양을 건너 미국과 유럽을 시찰하면서 느낀 첫 번째 놀라움은 서양의 남녀 간 풍속이었다. 미국으로 가는 배 안에서 미국 공사가 아내에게 세심하게 배려하는 모습에 놀랐다. 샌프란시스코 호텔에 도착한 후, 미국 남녀가 손을 잡고 걷는 모습, 식탁에 앉을 때 의자를 빼주는 모습, 마차를 탈 때 허리를 받쳐주는 모습을 보며, 사절단은 남편이 아내의 시녀 역할을 한다고 생각했다. 유럽 시찰 때는 거리에서 남녀 간 포옹과 키스, 누

이와쿠라 사절단 • • 사진 속 이와쿠라 사절단은 전통과 근대가 교차하던 시기, 일본의 새로운 국가 정체성을 모색하는 역사적 현장에 있었다. 그들의 시선은 일본을 넘어 동아시아 근대사의 방향을 가늠하게 했다. 왼쪽부터 기도 다카요시, 야마구치 마스카, 이와쿠라 도모미, 이토 히로부미, 오쿠보 도시미치.

드모델, 매춘업에 종사하는 모습을 보며 놀랐다. 유교 윤리관에 익숙한 동양인 사절단에게는 충격적인 광경이었다.

여기서 궁금한 점이 하나 있다. 과연 이와쿠라 사절단 구성원들은 모두 개화파였을까? 사절단으로 배를 타고 미국으로 향했지만, 모두가 개화를 지지했다고 할 수 있을까? 사절단 중 몇 명이나 문명개화의 필요성을 절감했을까? 단언컨대, 이토 히로부미는 개화파가 틀림없다. 그는 사절단 수행 전 약 1년간 영국 유학을 통해 일본과 영국의 압도적 국력 차이를 실감했고, 존왕양이(尊王攘夷) 사상을 버리고 개화를 선택한 인물이었다. 그러나 특명전권대사였던 이와쿠라 도모미는 일본 문화에 대한 강한 자부심을 가졌던 인물이었다. 그는 사절단 초기에는 상투를 틀고 일본 관복을 입은 채 외교 업무를 수행했다.

이와쿠라 사절단의 유명한 사진은 1872년 런던 체류 시 촬영된 것으로 알려져 있다. 네 명의 부사들은 서양식 양복을 입었지만, 이와쿠라는 전통 상투와 관복을 착용하고 있었다. 그러나 이후 그는 머리를 자르고 양복을 입으며 전권대사로서 역할을 수행했다. 처음에는 일본 전통에 자부심을 가졌던 이와쿠라도 장기간 서양문명을 시찰하면서 서양 문화에 대한 태도가 점차 변했음을 보여준다.

이와쿠라 사절단은 서양의 남녀풍속뿐 아니라 도시 인프라에도 깊은 인상을 받았다. 요코하마横浜를 출발한 미국 상선이 샌프란시스코에 도착해 그랜드 호텔에 여장을 풀었을 때, 사절단은 호텔 인테리어와 서양 신문물에 놀랐다. 호텔 라운지에 들어섰을 때, 사절 단원 중 한 명은 자신의 일기에 '구름 속으로 들어가는 느낌'이라고 적었다. 대리석으로 꾸민 화려한 홀과 식당, 당구장, 욕실, 이발소 등은 일본에서는 보기 힘든 광경이었다.

호텔 객실 역시 놀라움의 연속이었다. 객실로 올라가기 위해 엘리베이터를 탔는데, 덜컹거리며 움직이는 소리에 놀라 비명을 질렀다고 한다. 지진이 난 것으로 알았다. 방은 침실, 화장실, 욕실로 구분되어 있었고, 촛불 대신 가스 등불이 방을 밝혔다. 세면대에는 수도꼭지가 설치되어 돌리기만 하면 물이 나왔고, 비누와 수건도 완비되어 있었다. 호출 벨을 누르면 호텔 직원이 달려오는 시스템도 신기했다. 일본의 전통 여관과는 비교할 수 없는 시설이었다.

그 밖에도 대륙횡단철도 탑승 경험, 영국 비스킷 공장 견학, 파리 하수도 승선 체험 등은 사절단에 깊은 인상을 남겼다. 특히 이들은 철도에 큰 관심을 보였다. 샌프란시스코에서 워싱턴 D.C.로 이동할 때 대륙횡단철도를 이용했으며, 미국 센트럴 퍼시픽 철도회사를 견학할 때는 주일 미국 공사 데롱에게서 철도의 중요성을 설명 들었다. 실제로 1881년 일본철도회사 설립은 이 회람 경험에서 비롯되었다고 볼 수 있다.

여기서 잠시 생각해 보자. 책임 있는 사절 단원이라면, 귀국 후 어떤 길을 선택해야 할까? 서양문명을 직접 체험한 이들이 기존의 기득권을 고수하며 살아갈 것인가, 아니면 서양문명을 적극적으로 수용해 일본 근대화에 기여할 것인가? 선택의 기로에 선 이들은 문명개화와 부국강병을 선택했다. 이후 사절단의 세계 일주는 '놀람'과 '심취'를 넘어 '배움'의 단계로 나아갔다. 귀국 후 일본을 어떻게 변화시킬 것인지를 고민하고 준비했던 것이다.

부국강병, 문명개화: 제국 일본의 이데올로기 탄생

이와쿠라 사절단은 이제 서양 문화에 놀라고 심취하는 단계를 넘어, 문명개화와 부국강병의 단계를 향해 일본 현실에 맞는 서양 문명과 제도를 탐색하기 시작했다. 먼저, 서양의 정치제도를 어떻게 수용할 것인가에 대해 고민했다. 미국의 대통령제, 영국의 의회제,

제정 러시아, 자주 중립국 덴마크, 프랑스와 기타 유럽 국가들의 정치제도 중 무엇을 선택할 것인지 논의하지 않을 수 없었다.

일본의 정치체제 결정에는 여러 요소가 복합적으로 작용했다. 전혀 다른 서양의 정치체제들을 접하면서 '어떤 제도를 도입해야 일본의 독립과 국가 성장에 도움이 될까?'라는 고민은 필연적이었다. 그 과정에서 이와쿠라 사절단에 깊은 영향을 끼친 인물이 있었다. 바로 독일의 재상 비스마르크였다. 미구회람실기 에도 비스마르크의 발언이 '깊은 의미가 있다'라고 기록되어 있다. 다소 긴 내용이지만 그대로 인용해 본다.

"지금 국제간의 『만국공법』은 모든 나라의 권리를 보전하는 법전이라고는 말하기 어렵다. 이는 소국이 이 법을 지키려고 노력하는 데에 반하여 대국은 자기에게 불리하면 군사력을 동원하여 이를 무시하므로, 소국은 '자주의 권리'를 유지하지 못하기 때문이다. 유럽 친목의 모임은 아직 믿음을 둘 수 없다. 이것이 내가 소국에서 태어나 그 정태를 잘 알게 된 것이며 가장 깊이 이해하는 바이다."

- 메이지유신과 서양문명 , pp.73~74

비스마르크가 이와쿠라 사절단에 조언했던 내용을 저자의 입장에서 다시 정리하면 다음과 같다.

"이 보시오. 일본에서 온 그대들. 내가 소국이었던 독일을 어떻게 성장시켰는지 아시오? 정말 힘들었소. 처음에는 나도 국제법을 지키려고 무던히 애썼소. 하지만 소국만 국제법을 지키려 하고, 미국과 영국, 프랑스 같은 대국은 조금이라도 국익에 어긋나면 법을 휴지처럼 내팽개치오. 그래서 깨달았소. 우리 조국이 힘이 없으면 대국은 우리를 무시하고 짓밟으려 하오. 명심하시오. 대국에게 무시당하지 않으려면 하루라도 빨리 정치를 개혁하고 부국강병 근대국가를 만들어야 하오."

오쿠보 도시미치 • • 메이지 정부의 실질적 지도자였던 오쿠보 도시미치는 폐번치현과 징병제 도입 등 근대 국가 체제 확립에 앞장섰다. 그의 개혁은 일본이 서구 열강에 대응할 수 있는 기반을 마련했다.

이와쿠라 사절단은 독일이 어떻게 통일하고 덴마크, 오스트리아, 프랑스와의 전쟁에서 승리해 알자스·로렌 지방을 할양받아 유럽의 대국이 되었는지 주의 깊게 살폈을 것이다. 이들은 비스마르크와 같은 유능한 재상이 강력한 중앙권력을 통해 국민을 이끌어야 한다는 교훈을 얻었을 것이다. 빠른 근대국가 건설을 위해서는 '아래로부터의 개혁'이 아니라 '위로부터의 개혁'이 필요하다고 인식했을 가능성이 크다. 일본의 '동방의 비스마르크'라 불리며 이 방향을 실천하고자 했던 인물이 바로 오쿠보 도시미치였다.

일본은 자국 정치 현실과 강력한 리더십의 필요성을 바탕으로 심사숙고 끝에 영국의 의원내각제를 선택했다. 그 이유는 일본과 영국 모두 군주제 국가라는 점에서 정치 구조가 유사했기 때문이다. 영국 여왕과 일본 천황이 상징적 군주의 역할을 하고, 비스마르크 같은 재상이 실질적으로 정국을 이끌어 간다면 성공할 수 있다는 계산이었다. 무엇보다도 미국식 대통령제를 도입할 경우, 일본의 만세일계(萬世一系) 천황의 정치적·상징적 권위가 무용지물이 될 위험이 있었다. 이러한 배경에서 오쿠보 도시미치는 귀국 후 영국을 모델로 삼아 헌법 제정 작업에 착수했다.

이와쿠라 사절단은 정치제도뿐만 아니라 산업, 교육, 과학, 문화 등 다양한 분야에서도 서양의 경험을 적극적으로 체험했다. 특히 산업혁명으로 성공한 영국에 깊은 관심을 가졌다. 사절단이 미국에서는 20개 공장을 견학한 반면, 영국에서는 53개 공장을 방문했다. 비스킷 공장, 방직공장, 제철소, 조선소 등 당시 영국 산업혁명의 원동력이 되었던 핵심 산업 현장을 둘러봤다. 부사였던 오쿠보 도시미치는 공장 견학 후 '영국이 부강한 이유를 알기에 충분하다'고 편지에 적었다. 어떻게 하면 영국의 산업혁명을 일본에 이식할 수 있을지 고민했던 흔적이다.

또한, 사절단은 보통교육의 중요성도 인식했다. 당시 일본 교육이 암기 위주였던 것과 달리, 서양 국가들은 실용적 교육을 중시해 읽기, 쓰기, 계산 같은 과목을 집중적으로 가르쳤다. 이는 농촌 인구를 산업 노동력으로 전환하는 데 필수적이었다. 보통교육을 통해 최소한의 노동자 자격을 갖추도록 하는 서양의 교육제도는 일본에 강한 인상을 남겼다.

이와쿠라 사절단은 정치, 산업, 교육뿐만 아니라 상업, 무역, 통신, 과학 등의 다양한 분야를 직접 견학하며 미래 일본의 발전 전략을 구상했다. 이 가운데 가장 적극적이었던 인물이 오쿠보 도시미치였다. 귀국 후 그는 초대 내무성 내부경(內務卿)에 임명되어 '오쿠보 정권'을 수립하고, 사절단과 함께 서양 견문을 익힌 인재들을 중용해 문명개화를 적극적으로 추진했다.

사절단은 군사력만으로는 강대국이 될 수 없다는 사실을 깨달았다. 그들은 기존의 중국, 조선을 모델로 삼던 태도를 버리고 서양의 문명을 받아들였다. 이를 '문명개화'라 부른다. 동시에 강국이 되기 위해서는 이를 뒷받침할 수 있는 산업 기반이 필요하며, 이를 위해서는 보통교육을 비롯한 자본주의 제도 확립이 필수적임을 절감했다. 이것이 바로 '부국강병(富國强兵)'이라는 일본의 근대화 슬로건이었다.

이와쿠라 사절단의 결과, 일본은 문명개화와 부국강병 정책을 추진해 아시아 최초로 근대화를 이룬 국가가 되었다. 조선을 식민지화하고, 중국을 침략하고, 미국 진주만을 기습하는 데까지 이르렀다. 1945년 패전 이후에는 1964년 도쿄 올림픽을 통해 전후 복구를 선언했으며, 1980년대에는 세계 경제 대국으로 성장할 수 있었다.

왜 청과 조선은 근대화에 성공하지 못하였는가?

19세기 서세동점(西勢東漸)의 위기는 한중일 삼국에 동시에 덮쳤음에도 왜 일본만이 근대화에 성공한 나라가 되었을까? 조선과 청도 일본과 마찬가지로 서양 제국주의의 침략을 받았음에도 왜 위기감을 느끼

보빙사 • •기대와 걱정이 공존하는 해외 시찰은 단순한 여행이 아니었다. 사절단은 변화의 바람 속에서 조국의 미래를 위해 중요한 관찰자이자 전달자가 되어야 했다. 민영익, 홍영식 그들이 생각하는 조국의 미래는 무엇이었을까? 앞줄(왼쪽부터): 홍영식, 민영익, 서광범, 로웰, 뒷줄(왼쪽부터): 현흥택, 최경석, 유길준, 고영철, 변수.

지 못하고 일본의 식민지와 대륙 침략을 당해야만 했을까? 일본의 이와쿠라 사절단(岩倉使節團)과 같이 서양문명을 알려고 하는 움직임이 없었던 것일까? 우물 안 개구리처럼 지내다가 일본의 침략을 당하고 만 것일까? 정답은 아니다.

한중일 삼국 중 서양에 가장 먼저 문명 사절단을 보낸 나라는 중국 청나라였다. 이른바 푸안신 사절단(1868~1870)이 가장 먼저 서양에 노크했고, 그다음이 일본의 이와쿠라 사절단(1871~1873), 마지막이 조선의 보빙사(報聘使)(1883)였다. 그렇다면 왜 일본만이 근대화에 성공했는가?

일본은 귀국 후 절박감을 가지고 개혁을 추진한 반면, 청과 조선은 그렇지 못했다. 바로 이 차이가 결정적이었다.

중국의 푸안신 사절단을 보자. 가장 큰 문제는 사절단의 책임과 주도권이 중국에 없었다는 점이다. 단장 푸안신은 이름만 중국인이고, 실제 수뇌부는 미국인 앤슨 벌링게임(Anson Burlingame)과 미국·영국·프랑스 인물들이었다. 2년 10개월 동안 서양문명을 견학하더라도 귀국 후 이를 이끌 주도권이 없었던 점이 근본적 한계였다. 반면 일본의 경우, 특명전권대사 이와쿠라 도모미는 우대신(右大臣)으로 권력 핵심에 있었고, 오쿠보 도시미치는 내무성 내부경(內務卿)으로서 귀국 후 강력한 문명개화와 부국강병을 이끈 인물이었다. 이것이 중국과 일본의 차이다.

그렇다면 조선은 어땠을까? 조선은 삼국 중 가장 늦게 보빙사를 파견했지만, 중국과는 달리 최고의 실권자를 보냈다. 전권대신(全權大臣) 민영익(閔泳翊)은 비록 23세의 나이였지만, 명성왕후 민씨 가문의 인물로 조선 말기 외척 정치의 주요 세력이었다. 전권부대신(全權副大臣) 홍영식(洪英植)도 영의정의 둘째 아들이었다. 그 밖에 서광범이 종사관으로, 유길준, 고영철, 변수, 현흥택, 최경석 등이 수행원으로 임명되었다.

규모 면에서는 이와쿠라 사절단에 미치지 못했지만, 구성은 중국의 푸안신 사절단보다 훨씬 실질적이었다. 조선의 최고 실력자 집안에서 선발한 인재들이라 할 수 있다. 그럼에도 왜 일본처럼 귀국 후 개혁에 성공하지 못했을까? 그 핵심 원인은 민영익과 홍영식이 '가는 길이 달랐다'는 점이다. 다음은 민영익이 남긴 글로 추정되는 기록이다.

"나는 암흑세계에서 태어나 광명 세계에 갔다가 다시 암흑세계로 돌아왔다. 아직 내가 갈 길을 분명하게 내다볼 수는 없으나 머지않아 찾아낼 수 있기를 바랄 뿐이다."

서양을 '광명세계', 조선을 '암흑세계'로 표현하고 있다. 민영익 또한 조선이 나아가야 할 방향을 알고 있었던 것으로 보인다. 그러나 문제는 정치 개혁이 필요했고, 그 개혁의 대상이 다름 아닌 자신의 가문이었다. 조선의 미래를 위해 문명개화를 선택해야 했지만, 민영익은 끝내 기득권을 버리지 못하고 반개혁 세력에 서게 된다.

반면 홍영식은 달랐다. 영의정의 아들이라는 기득권을 버리고, 조선 개혁을 위해 모험을 감행했다. 그것이 바로 갑신정변(甲申政變)(1884. 12. 4.)이다. 홍영식은 김옥균과 함께 우정국 낙성식에 군사를 동원해 기득권 세력을 제거하고 조선 개혁을 시도했다. 그러나 청나라 군대의 개입으로 실패하고 만다. 갑신정변의 대가는 참혹했다. 홍영식은 청나라군과 싸우다 전사했고, 그의 아버지 홍순목은 손자와 함께 자결했다. 김옥균, 서재필, 박영효 등은 일본으로 망명했다. 이후 조선 내 개화파의 목소리는 사라졌고, 문명개화의 기회도 사라지고 말았다.

역사는 되풀이된다: 위기 속 선택이 국가를 만든다

역사상 국가의 위기가 없었던 적이 있었을까? 아니다. 위기는 항상 우리 옆에 있었다. 삼국시대에도, 고려와 조선시대에도 존재했다. 그렇다면 태평성대의 시대는 있었는가? 대답하기 쉽지 않다. 나 또한 일반 서민으로서 '살기 좋았다'고 느낀 적이 있었던가를 생각해보게 된다.

다시 돌아와서, 19세기는 서세동점의 시기였고, 한중일 삼국 모두 공통의 국가 위기를 맞았다. 그러나 위기를 맞이한 삼국의 운명은 달랐다. 단순히 말하자면 국가 위기의 순간에 발휘된 정치적 리더십과 개혁 의지의 차이라고밖에 설명할 수 없다.

일본의 경우, 메이지 신정부 수립 이후 근대화 개혁을 위해 국가 총력전을 전개했다. 이와쿠라 사절단 파견과 오쿠보 도시미치의 급진적인 개혁도 이와 같은 맥락에서 이해해야 한다. 반면 중국과 한국은 강력한 개혁 의지를 가진 리더십이 부족했다. 청나라는 대내외적인 문제에 대해 보수적 태도를 유지했으며, 조선은 외세의 압력을 인지하고도 기득권 세력의 정치적 안정성 유지를 우선시했다. 위기의 순간에 어떤 리더십이 작동했느냐에 따라 삼국의 운명이 갈렸다고 볼 수 있다.

21세기 한중일 삼국은 어떤 모습일까? 19세기와 비교하면 국가의 위상과 운명은 크게 달라졌다. 그중 가장 눈에 띄는 변화는 중국의 눈부신 성장이다. 서양 제국주의 국가의 사냥감이었던 중국이 이제는 세계 경제 대국 2위에 올라, 미국과 어깨를 나란히 하는 유일한 나라가 되었다. 일본은 1945년 패전 이후 고도 경제 성장을 이루었다. 1964년 도쿄 올림픽을 계기로 전후 부흥을 세계에 알렸고, 1968년에는 미국에 이어 세계 경제 대국 2위에 올랐다. 그러나 1990

년 버블경제 붕괴 이후 장기 저성장에 빠져 '잃어버린 30년'을 맞이하고 있다.

한국은 어떠한가? 기적의 연속이라고 할 수밖에 없다. 서울대 국제대학원 김현철 교수가 지적한 바와 같이, '한강의 기적'을 통해 최빈국에서 개발도상국으로 성장했고, '세계화의 기적'을 통해 개발도상국에서 선진국으로 도약했다. 세계적으로 최빈국이 개발도상국으로 성장한 사례는 많지만, 선진국 수준까지 성장한 경우는 극히 드물다. 2024년 기준으로 1인당 GDP는 한국이 약 3만 6천 달러, 일본이 약 3만 2천 달러로 예상된다. 일본학을 연구해 온 입장에서 이런 날이 오리라고는 상상조차 하지 못했다.

2023년 국내총생산(GDP) 기준으로 보면, 미국이 1위, 중국이 2위, 일본이 3위, 한국이 10위다. GDP는 인구 규모에 영향을 크게 받는다. 15억 명에 가까운 인구를 가진 중국, 약 3억 3천만 명의 미국, 1억 2천 5백만 명의 일본과 비교하면, 인구 약 5천 2백만 명의 한국이 세계 10위권을 유지하고 있다는 사실만으로도 대단하다. 그러나 세계 1~3위 국가들이 이웃해 있으니, 한국 입장에서는 긴장하지 않을 수 없다. 그럼에도 한국인은 못 하는 것이 없다. 반도체, 조선, 자동차 산업은 물론, 노래와 춤, 영화와 드라마 등 문화 콘텐츠에서도 세계를 사로잡았다. 한국인임을 자랑스러워해야 한다.

하지만 국가의 위기는 항상 존재한다. 현재 자유무역 질서의 위기가 우리를 힘들게 한다. 미국 바이든 정부는 인플레이션 감축법(Inflation Reduction Act, IRA)을 통해 미국 내 투자에 보조금을 제공하는 정책을 시행했다. 명목상 '투자 장려'이지만, 실질적으로는 '투자 강요'였다. 삼성, 현대, LG, SK 등 한국 기업들은 미국에 132조 원을 투자하겠다고 발표하고, 실제 공장 건설에 나섰다. 그러나 막대한 투자로 인한 국내 일자리 감소와 산업 공동화 현상이 우려되고 있다.

트럼프 2기 정부가 들어서더라도 사정은 크게 다르지 않을 것이다. 관세 부과를 통한 미국 일방주의(America First) 정책은 자유무역 대신 보호무역으로 전환될 가능성이 높다. 이는 통상국가인 한국에 또 다른 경제 위기를 가져올 수 있다.

중국 또한 무시할 수 없다. 비야디(BYD)가 2024년 테슬라를 제치고 세계 최대 전기차 생산업체가 되었고, 2차전지, 조선, 디스플레이 분야에서도 세계 1위를 차지하고 있다. 한국이 강세를 보이던 메모리 반도체 분야에서도 중국의 창신메모리테크놀로지(CXMT)는 2020년 세계 시장 점유율 0%에서 2024년 5%로 급성장했다. 2030년이 되면 메모리 반도체는 물론 파운드리 분야에서도 한국을 따라잡을 가능성이 높다. 대외적으로도 미·중 갈등이 심화되면서 한국 사회에는 '탈중국화' 정서가 확산되고 있다. 세계 최대 시장인 중국을 포기하고 '탈중국화'를 고집하는 것이 과연 현명한지에 대해서는 논란이 많다.

일본은 '잃어버린 30년'을 거쳤지만, 살아남은 기업들은 여전히 견고한 경쟁력을 유지하고 있다. 아베 신조安倍晋三 총리의 '아베노믹스'로 대표되는 일본 정부의 친기업 정책 덕분에 초저금리, 슈퍼 엔저로 수출기업들이 호황을 누리고 있다. 또한, 미국의 대중국 견제 정책으로 인해 대만 반도체 기업 TSMC가 일본에 공장을 설립하는 등 일본 반도체 산업의 르네상스 가능성도 타진되고 있다.

한국 역시 새로운 국가적 위기에 직면해 있다. 북한의 핵 개발에 따른 안보 위협, 미 · 중 무역 전쟁의 여파, 저출산·고령화에 따른 노동력 감소와 경제 성장 둔화 등 복합적 위기가 예상된다. 부동산 시장 불안, 청년실업, 소득 불평등, 잠재성장률 하락 등 경제 전반의 불안 요인도 만만치 않다. 특히 2023년 한국의 경제성장률이 1.4%로 일본의 1.9%보다 낮았다. 한국 경제 개발 25년 만에 경제성장률이 일본에게 처음으로 밀리는 상황이 벌어졌다.

국가적 위기는 언제나 우리 주변에 도사리고 있다. 150여 년 전 한중일 삼국이 겪었던 서세동점의 위기에서 일본만이 위기를 정확히 인식하고 적극적으로 개혁해 근대화에 성공했다. 대한민국은 원조를 받던 최빈국에서 선진국으로 도약한 위대한 나라다. 그러나 방심하거나 국민 분열로 국가적 위기를 제대로 대응하지 못한다면, 현재의 번영은 위태로워질 수 있다. 역사적 경험을 교훈 삼아, 미래의 도전에 현명하게 대응하며 지속 가능한 발전을 이뤄 나가야 할 것이다.

일본 헌법 제1조는 천황으로 시작한다.

정치 권한은 없지만, 그는 일본의 '국민 통합의 상징'이자 여전히 일본 사회의 정체성을 상징하는 존재다. 현대 입헌군주제를 채택하고 있으면서도, 여전히 혈통에 의해 지위가 세습되고, 황족은 평범한 국민과는 다른 삶을 살아간다.

이 장에서는 황족 신분을 포기하고 평민과 결혼한 마코 공주, 엘리트 외교관 출신이지만 '아들 압박'에 시달린 마사코 황후, 여성 천황 가능성을 상징하는 아이코 공주까지, 황실을 둘러싼 갈등과 논쟁을 짚는다. 동시에 '살아 있는 신'이었던 히로히토의 전쟁 책임과 그 유산을 살펴보며, 천황제가 일본 사회에 던지는 의미를 묻는다. 천황은 상징일 뿐일까 아니면 여전히 일본을 지배하는 보이지 않는 질서일까?

국민 통합의 상징?
일본 천황제를 다시 묻다

결혼하기 위해 황족 신분을 포기한 마코 공주

일본 국민의 반대를 무릅쓰고 끝까지 고집을 피워 결혼한 공주가 있다. 일본 아키히토明仁 상황의 첫 손녀이자 나루히토德仁 천황의 조카 마코眞子 공주이다. 평민 남자와 결혼하면 황실 호적 이탈은 물론 일반 평민으로 살아야 하며, 일본 황실의 보이지 않는 특권까지도 모두 포기할 각오를 해야 한다. 마코 공주는 결혼 시 받게 되는 지참금(황실전범 제6조 및 관련 법령) 약 16억 원도 받지 않겠다고 선언했다. 사랑에 빠진 일본 공주 이야기이다.

마코 공주의 신랑이 될 남성은 과연 얼마나 대단하기에, 공주가 모든 것을 버리면서까지 결혼을 결심했을까? 잘생긴 외모는 인정한다. 그러나 그 외에는 별다른 것이 없다. 일반적으로 일본 공주는 황

마코공주의 약혼식 발표 • • 일본 아키히토 전 천황의 손녀인 마코 공주는 평민 출신 남성과의 약혼으로 많은 관심을 받았다. 황실의 전통과 개인의 자유 사이에서 고민이 깊었던 약혼식은 일본 사회에 큰 화제를 낳았다.

족(皇族) 집안이나, 옛 화족(華族) 집안, 재력가 집안, 고위 관료 집안 등과 결혼한다. 황족의 여성을 대표하는 공주가 이 정도 수준의 가문과 결혼해야 황실의 체면이 선다고 보통 보수 우익들은 주장한다. 일본 국민 역시 보통 시민과의 결혼은 괜찮지만, '이건 아니다'라는 반응이 대다수였다.

마코 공주가 결혼하려 한 상대는 고무로 케이(小室圭)로 국제기독교대학(ICU) 캠퍼스 커플이었고 대학 동기다. 일본 국민의 기준으로 보자면 잘생긴 얼굴은 인정하지만 집안은 형편없다는 의견이 대다수다. 아버지는 젊은 나이에 석연찮은 이유로 분신자살을 했고, 할아버지와 할머니도 짧은 기간 내에 잇달아 사망했다. 고무로 케이의 친가 쪽 가족들은 모두 세상을 떠났고 남은 가족은 어머니 고무로 카요(小室佳代)뿐이다. 일본 국민 사이에서는 고무로 케이의 아버지가 자살한 것이 아니라 어머니에 의해 사망한 것 아니냐는 의심까지 제기됐다.

게다가 고무로 케이의 어머니 카요가 고인의 유산 문제로 친족과 분쟁이 발생했을 때, 야쿠자를 동원해 해결하려 했다는 의혹도 있다. 케이 모자는 고무로 집안과 사실상 절연 상태가 되었다는 소문도 돌았다. 여기에 더해 고무로 카요의 금전 문제까지 불거졌다. 남편과 사별 후 교제하던 A 씨로부터 금전 지원을 받았고, 그 돈으로 케이의 학비와 생활비를 충당했으나, 이후 재혼하지 않고 관계가 종료되면서 A 씨는 “빌려준 돈이니 갚으라”고 요구했다. 그러나 카요는 “증여받은 돈”이라며 이를 거부했다. 이 일로 일본 국민의 여론은 더욱 악화되었다.

국민 세금으로 지급되는 16억 원의 결혼 지참금이 고무로 케이 어머니의 빚을 갚는 데 쓰일 것이라는 우려가 확산되면서 반감은 더욱 커졌다.

그렇다면 고무로 케이 본인은 아무런 문제가 없었는가? 그렇지도 않다. 일본의 한 은행에 취업했다가 문제를 일으켜 퇴직한 뒤, 법률 사무소에서 사무보조원으로 비정규직 근무를 했다. 일본 국민이 비정규직이라는 이유로 그를 반대한 것이 아니라, 이전 직장에서의 문제와 사생활 문제, 어머니의 금전 문제 등에 적극적으로 대응하지 않는 태도가 비판을 받았다.

이에 마코 공주의 부모 후미히토(文仁) 왕세제 부부는 고무로 케이를 궁으로 불러 두 가지 결혼 조건을 제시했다. 첫째는 안정적이고 확실한 직업을 가질 것, 둘째는 어머니 고무로 카요의 채무 문제를 완전히 해결할 것이었다. 하지만 고무로 케이는 이 조건을 충족시키지 못한 채 결혼을 연기했고 이후 미국으로 떠나버렸다. 일본 국민은 고무로 케이가 마코 공주를 사랑한 것이 아니라, 천황 가문의 권력과 재력을 노렸다고 의심했다.

고무로 케이에 대한 황실의 특혜 의혹도 논란이 되었다. 출국 당시 공항에서 황실 경호원이 취재진을 제지하는 장면이 포착되었고, 미국 체류 중에도 경호가 계속되었다. 국민 세금으로 경호 서비스를 제공한다는 비판이 제기되었다. 미국 포덤대 로스쿨에서 상환 의무가 없는 장학금을 받았고 일본 법률 사무소에서도 장학금을 지원받았다는 보도도 나왔다.

고무로 케이는 삼수 끝에 뉴욕주 변호사 시험에 합격했다. 포덤대 로스쿨 졸업자의 첫해 합격률이 93.7%, 2년 내 합격률이 96.7%임을 고려하면, 삼수는 이례적이다. 뉴욕에서 경제적 부담 없이 삼수에 도전할 수 있는 일본인이 얼마나 될지 의문이다.

결국, 마코 공주와 고무로 케이는 결혼했지만, 일본 국민 사이에서는 황실의 권위를 손상시켰다는 비판이 여전하다. 마코 공주 개인의 선택이라 할지라도, 천황가에 대한 일본 국민의 기대와 애정이 투영되어 있었기 때문에, 이 결혼은 단순한 사적인 결정을 넘어선 상징적 의미를 지니게 되었다.

학력도 커리어도 넘어야 했던 유리천장, 마사코 황후

여러분은 다음 일본 여성의 커리어를 어떻게 생각하는가? 미국

나루히토 천황 가족 • • 해당 사진은 나루히토 천황 일가의 공식적인 모습을 보여주는 동시에, 일본 황실이 직면한 황위 계승 문제를 시사한다. 현행 황실전범(皇室典範)에 따라 유일한 자녀인 아이코 공주에게 황위 계승권이 부재한 상황에서, 여성 천황의 용인 여부는 일본의 주요한 사회적·정치적 쟁점으로 남아 있다. 왼쪽부터 마사코 황후, 나루히토 천황, 그리고 아이코 공주.

자료/일본 궁내청, AFP

일본 황실 가계도

하버드대학교 경제학부를 졸업하고, 옥스퍼드대학교에서도 수학한 경험이 있다. 구사하는 언어는 영어를 비롯해 러시아어, 프랑스어, 독일어, 스페인어 등 다수의 제2외국어이며, 일본어까지 포함하면 총 6개 국어를 구사한다. 이 정도면 초특급 커리어우먼이라 해도 손색이 없다. 바로 일본의 마사코 황후(雅子皇后) 이야기다.

이뿐만 아니다. 고등학교 시절에는 미국 정부가 전체 5% 학생에게만 수여하는 내셔널 오너 소사이어티(National Honor Society)를 수상하며 최우등생(High Honor Student)으로 인정받았다. 하버드대학교를 졸업할 때도 성적 우수 졸업자에게 주어지는 마그나 쿰 라우데(Magna Cum Laude)를 수상했다. 졸업 당시 전 학년 1,681명 중 55명만이 이 영예를 얻었고, 그녀의 졸업 학부에서는 3명만이 수상했다. 일본 귀국 후에는 도쿄대학교 법학부에 편입해 공부를 시작한 지 1년 만에 외무고시에 합격한 수재였다.

마사코 인생의 전환점은 1986년, 일본의 한 외교 행사에서 황세자 나루히토(德仁)의 의전을 맡으면서 찾아왔다. 나루히토는 겸손하지만 똑똑한 마사코에게 첫눈에 반했고, 이때부터 7년간 구애해 1993년 결혼에 성공한다. 나루히토가 '평생 최선을 다해 지켜주겠다'며 청혼했다고 한다. 일본 언론은 '커리어우먼 황세자비' 탄생을 축하하며, 두 번째 평민 출신 황세자비를 환영했다. 일본 국민은 외교관 출신의 황세자비가 일본 황실 외교에 새바람을 불러일으키고, 보수적이며 남존여비(男尊女卑) 사상이 강한 황실의 변화를 이끌어 주길 기대했다.

그러나 결혼 발표 기자회견 때부터 마사코는 보수 세력들의 비판에 직면했다. 이유는 간단했다. 당시 나루히토보다 발언 시간이 길었다는 것. 나루히토는 9분 9초, 마사코는 9분 37초였다. 게다가 나루히토의 발언에 마사코가 '저도 그렇게 생각합니다', '덧붙여 말씀드리자면' 등으로 말을 이어간 것이 비판의 대상이 되었다. 나루히토보다 말을 많이 했다는 이유, 심지어 키가 더 크다는 점도 못마땅해했다.

무엇보다 마사코를 힘들게 한 것은 '아들' 문제였다. 1947년에 제정된 황실전범(皇室典範)에 따르면 남자만이 천황 자리를 계승할 수 있다. 이 규정으로 인해 마사코는 아들을 낳아야 한다는 내부와 외부의 압박에 시달리게 된다. 1999년 한 차례 유산을 겪었고, 2001년에는 딸 아이코(愛子) 공주를 낳았다. 그러나 아들이 아니었기에, 안팎으로 아들을 낳으라는 압박이 이어졌고, 그 결과 마사코는 연이은 유산과 노산으로 인한 산후우울증을 겪게 된다.

보수 언론은 이를 빌미로 마사코가 '정신적 불안정을 겪고 있다'는 보도를 쏟아냈고, 마사코는 2003년 대상포진에 걸려 치료와 요양 생활에 들어갔다. 결국, 2006년 궁내청은 마사코가 '적응 장애'를 앓고 있다고 공식 발표했다. 이후 그녀가 공개 석상에 거의 모습을 드러내지 않자 보수 언론은 더욱 공격적으로 비판을 이어갔고, 그녀의 건강 문제는 딸 아이코에게까지 영향을 끼쳤다는 분석도 등장했다.

앞서 언급했듯 천황은 남성만이 계승할 수 있다. 마사코가 아들을 낳지 못하자, 나루히토의 동생 후미히토(文仁) 황세제가 2003년 아들 히사히토(悠仁)를 얻었다. 현재 황위 승계 1순위는 후미히토 황세제, 2순위는 히사히토이다. 그러나 일본 국민은 후미히토 집안에 대해 그다지 긍정적이지 않다. 이는 마코 공주가 고무로 케이와의 결혼으로 국민 여론을 실망시킨 일련의 사건들과도 관련이 있다.

그렇다면 대안은 무엇인가? 예민한 문제이긴 하지만, 대안은 황실전범을 개정해 여성도 천황이 될 수 있게 하자는 것이다. 아이코 공주는 국민으로부터 호의적인 평가를 받고 있다. 초등학교 시절 등교 거부 문제와 거식증으로 고생했지만, 지금은 정상적인 생활을 하고 있으며, 특히 머리가 영민하다는 평가를 받는다. 도쿄대학교에 갈 실력이었지만, 전통적으로 황실 인사들이 다니는 가쿠슈인대학교(学習院大学)에 입학했다.

여성 천황에 대한 일본 국민의 여론은 긍정적이다. 2016년 요미우리신문의 여론조사에 따르면, 남녀 유권자 전체의 72%가 여성 천황에 찬성했다. 반대 의견은 15%에 불과했다. 이는 아키히토(明仁) 천황이 생전 퇴위를 시사하면서 일본 열도가 들썩이던 시기였으며, 일본 국민 10명 중 7명이 여성 천황의 등장을 받아들일 준비가 되어 있음을 보여준다(요미우리신문, 2016년 8월 11일).

황실전범 개정은 고이즈미 준이치로 총리 시절 시도된 적이 있었지만 무산되었다. 2021년에도 여성 천황에 대한 논의가 있었으나, 자민당 대표 선거에 나온 후보자 3명 모두 반대 의사를 표명했다. 총리가 된 기시다 후미오(岸田文雄)와 극우 성향의 다카이치 사나에(高市早苗)는 강경한 반대 입장을 밝혔고, 고노 다로(河野太郎)는 전문가의 의견을 청취해야 한다며 다소 소극적인 입장을 보였다. 고노는 과거 블로그에서는 남계·여계를 구분하지 않는 입장을 밝힌 바 있지만, 이후 후퇴한 모습이다. 국민 여론과 국회 내 정치인의 입장 차이는 여전히 크다. 일본 국민은 여성 천황을 받아들일 준비가 되어 있지만, 정치권은 여전히 미온적이다.

국민 통합의 상징, 일본 천황의 전쟁책임은?

> 대한민국 헌법 제1조
> 제1항 대한민국은 민주공화국이다.
> 제2항 대한민국의 주권은 국민에게 있고, 모든 권력은 국민으로부터 나온다.

왜 뜬금없이 대한민국 헌법 이야기를 하는가 의아할 수도 있다. 조금만 더 참아 주시라. 그렇다면 일본의 헌법 제1조는 어떻게 되어 있을까? 궁금하지 않은가?

> 일본국 헌법 제1조
> 천황은 일본국의 상징이자 일본 국민 통합의 상징이며, 이 지위는 주권이 존재하는 일본 국민의 총의에 근거한다.

일본 헌법 제1조는 천황의 지위에 관한 내용을 담고 있다. 이 조항에 따르면, 천황은 '일본 국민 통합의 상징'이며, 그 지위는 '국민의 총의에 기초'한다고 규정되어 있다. 우리 헌법이 주권재민(主權在民)의 원칙을 가장 먼저 선언하는 반면, 일본 헌법은 천황에 관한 조항이 서두에 등장한다는 점이 인상적이다. 그렇다면, 천황에 이어지는 일본 헌법 제2조에는 어떤 내용이 담겨 있을까?

> 제2조 황위는 세습되며, 국회가 의결한 황실전범(皇室典範)이 정하는 바에 따라 계승된다.

제2조도 역시 천황과 관련된 내용이다. 천황은 세습되고, 황실전범에 따라 계승된다는 내용이다. 황실전범을 국회에서 개정하면 현 나루히토(德仁) 천황의 딸 아이코도 천황이 될 수 있다. 일본 국민 여론은 여성 천황 등장에 호의적이지만, 현 집권 자민당은 보수 우익의 눈치를 볼 수밖에 없는 구조라 황실전범 개정에 소극적일 수밖에 없는 실정이다. 2021년 자민당 대표 선거에서 후보였던 아소 다로(麻生太郎)가 여성 천황 승계에 찬성 입장에서 신중 모드로 전환한 것도 이런 배경 때문이다.

일본국 헌법을 자세히 살펴볼 생각은 없지만, 조금만 더 이야기하겠다. 일본국 헌법 제1조부터 제8조까지는 모두 천황에 관한 규정이며, 제9조가 그 유명한 전쟁포기 조항이다. 제10조에 이르러서야 일본 국민의 권리와 의무가 등장한다. 일본국 헌법의 구조를 단순히 보면, 일본에서는 천황이 가장 중요한 존재이고, 그다음이 전쟁 포기, 그리고 그다음이 국민이라는 순서라고 이해할 수 있다.

한국인에게 일본의 천황은 그야말로 억압과 고통의 상징이었다. 천황을 위해 전쟁터에 끌려갔고, 죽어서도 야스쿠니신사(靖國神社)에 합사당했다. 강제노동을 당하고, 우리말과 우리글, 이름까지도 빼앗겼다.

이 모든 것이 일본 천황의 이름으로 자행되었다. 당시 제국 헌법을 살펴보자.

제1조 대일본제국은 만세일계(萬世一系)의 천황이 이를 통치한다.

제2조 황위는 황실전범이 규정하는 바에 따라 황남자손이 이를 계승한다.

제3조 천황은 신성하여 침해하여서는 아니된다.

제4조 천황은 국가의 원수로서 통치권을 총람하고, 이 헌법의 조항에 따라 이를 행한다.

제11조 천황은 육해군을 통수한다.

제13조 천황은 전쟁을 선언하고, 강화하며 제반 조약을 체결한다.

제14조 ①천황은 계엄을 선포한다. ②계엄의 요건 및 효력은 법률로 정한다.

일본 제국 헌법 당시 주권은 천황에게 있었다. 천황은 신성하며 침해할 수 없다고 규정되어 있었다. 이로 인해 천황은 '살아 있는 신(現人神)'으로 숭배되었다. 1945년 8월 15일, 히로히토(裕仁) 천황의 패전 방송을 들었을 때 일본 국민은 큰 충격에 빠졌을 것이다.

메이지유신(明治維新) 이후 태평양전쟁 패전 이전까지 일본 천황은 절대적 권위를 유지해 왔다. 하지만 패전 후 연합국 사령부(GHQ)와의 교섭으로 천황은 전범재판의 대상이 되지 않았다. 절대 권력을 가진 인물이 전쟁 책임에서 자유로울 수 있었던 것일까?

1946년 1월 1일, 히로히토 천황은 '인간 선언'을 라디오 방송을 통

맥아더와 히로히토 천황 • • 전통 복장을 한 천황과 캐주얼 복장의 맥아더가 나란히 선 이 사진은, 일본 제국의 종말과 미군 점령의 시작을 시각적으로 보여준다. 힘의 주체가 바뀌었음을 세계에 알린 장면이다.

해 발표한다.

"나와 우리 국민 간의 유대는 상호 신뢰와 경애로 맺어진 것이지 신화와 전설에 의한 것이 아니다. '천황은 신이며 일본인이 다른 민족보다 우월하여 세계를 지배할 운명을 가지고 있다'라는 것도 가공의 관념일 뿐이다."

이른바 '인간 선언'이다. 천황이 신의 자리에서 인간 세상으로 내려오겠다는 선언이었다. 그러나 조선인 수많은 이들이 강제 징용과 징병, 위안부로 끌려가 인권을 유린당했던 사실을 생각하면, 왜 이제야 인간 선언을 했는지 의문이 들 수밖에 없다.

천황의 전쟁 책임이 면제되면서, 일본 사회 전반에 '전쟁에 대한 책임은 없다'라는 인식이 퍼졌다. 결국, 천황을 포함해 군인, 일반 국민 모두가 면책되고, A급 전범 몇몇만 처벌하는 선에서 마무리되었다. 이로 인해 일본 사회는 진정한 과거사 청산 없이 피해자 코스프레를 하게 되었다. 히로시마와 나가사키의 원폭 피해를 부각하며, 가해자가 아닌 피해자로 이미지 전환을 꾀한 것이다.

히로히토와 아키히토 천황의 과거사 발언을 보자.

1984년 9월 6일 히로히토 천황

"금세기의 한 시기에 양국 간에 불행한 과거가 존재한 것은 참으로 유감스럽고, 다시 되풀이되어서는 안 된다고 생각합니다."

전두환 대통령 방일 시 궁중 만찬회

1990년 5월 24일 아키히토 천황

"쇼와 천황께서 '금세기의 한 시기에 양국 간에 불행한 과거가 존재한 것은 참으로 유감스럽다'고 말씀하셨던 것이 생각납니다. 일본에 의해 초래된 이 불행한 시기에 귀국 분들이 겪은 괴로움을 생각할 때 저는 통석한 마음을 금할 수 없습니다."

노태우 대통령 방일 시 궁중 만찬회

1996년 10월 8일 아키히토 천황

"과거 일본이 한반도의 사람들에게 큰 괴로움을 준 시기가 있었고, 그 일에 대한 깊은 슬픔을 마음속에 품고 있습니다."

김대중 대통령 방일 시 궁중 만찬회

히로히토는 '유감'이라는 표현을, 아키히토는 '통석의 마음'이라는 다소 모호한 표현을 사용했다. 한국 정부는 이를 '뼛속 깊이 뉘우친다'고 해석했지만, 일본에서는 단순한 '유감 표명'으로 받아들였다. 이후 일본 정부는 위안부, 강제 징용 문제에 대해 사과보다는 역사 왜곡과 부정으로 일관했다. 보수 정치인들의 망언이 끊이지 않았고, 왜곡된 역사 교육이 계속되었다.

1989년 1월 7일 히로히토 천황이 사망했다. 1988년 9월 19일부터 입원한 이후 일본 사회는 '자숙 모드'에 들어갔다. 결혼식, 축제, 공식 행사들이 모두 취소되었고, 언론은 매일같이 히로히토의 건강 상태를 보도했다. 비판도 있었다. 전쟁 책임 논란이 일었지만, 자민당과 우익 세력은 천황제를 옹호하고 '자숙'을 강요했다.

히로히토 사망 다음 날, 다케시타 노보루竹下登 총리는 "천황에게는 전쟁 책임이 없다"는 공식 담화를 발표했다. 이후에도 일본 천황은 일본의 정체성을 상징하는 존재로 남았고, 천황제 폐지에 대한 여론은 미약했다. 일본 정부는 히로히토의 생일을 공휴일로 지정하고, 과거 전쟁 책임을 끝내 인정하지 않았다.

천황제는 일본인의 자부심이자 정체성으로 자리 잡았다. 그러나 한국을 포함한 피해국 국민에게는 여전히 과거사 문제를 미완의 숙제로 남기고 있다. 일본 천황의 역사적 역할을 비판적으로 성찰하는 일은 한일 양국 간 미래 지향적 관계를 위해 여전히 중요한 과제이다.

야스쿠니 신사는 전몰자 추모 공간을 넘어, 일본 내 정치 갈등과 동아시아 외교 마찰의 상징적 장소로 기능하고 있다. A급 전범의 합사, 총리의 공식 참배, 유족회 등 보수 정치 세력과의 이해관계는 이 공간을 정치화된 기념물로 만든다.

여기에 본인과 유족의 동의 없이 합사된 조선인 전몰자 문제는 식민지 기억과 정의의 문제로 확장된다. 이 장에서는 조영남 논란, 중국 유튜버 사건, 일본 총리들의 참배 사례를 중심으로 야스쿠니 신사를 둘러싼 국내외 갈등의 구조를 분석하고, 한국 사회가 취해야 할 역사적 대응 방향을 모색한다.

정치의 무대가 된 기억: 야스쿠니 신사와 한국인 합사자

조영남과 중국 유튜버, 야스쿠니를 흔들다

가수 조영남을 아는가. 천재적 예술가(?)이기도 하지만, 순진한 어른(?)이라고도 생각한다. 가수라 노래는 말할 것이 없고, 작가, 방송 DJ, 화가 등 다방면으로 활동한 이른바 종합예술인이다. MZ 세대들은 조영남의 그림 대작 사건만 기억할지 모르겠지만, 5060 세대에게는 KBS의 <삶의 체험현장>과 MBC 표준FM <지금은 라디오 시대>의 사회자로 기억한다.

작가로서도 재주가 출중하여 한 번씩 보수 진영 언론에 칼럼을 쓰기도 했다. 평소에는 소탈한 칼럼을 썼지만, 잊을 만하면 한 번씩 사회적 이슈에 대한 글을 쓰기도 했다. 그러던 와중에 정말 대형 이슈가 터졌다. 조영남의 '야스쿠니 신사 참배 논란'이다. 2005년 4월,

일본 산케이신문(産經新聞)에 가수 조영남 씨의 기사가 실렸다. 주요 내용은 다음과 같다.

> "속았다고 생각했다. 보통의 신사와 다름없었다. 참배는 안 된다고 한국과 중국이 목청 높여 외치고 있어서 대단한 장소인가보다 하고 세뇌당해 있었다."
>
> "일본인은 조상이 아무리 잔인한 일을 했어도 조상이니까 모셔야 한다고 할 것이고, 우리는 범죄자 취급을 할 수밖에 없어서 '합사(合祀)'와 '참배(參拜)'는 안 된다고 할 것이다."
>
> "그래도 독도 문제와 교과서 문제로 뜨거운 한국에 비해 자분한 내응을 하는 일본을 보면, 냉정하게 대응하기로는 일본 쪽이 한 수 위라고 생각한다."

여기서 '속았다', '참배'라는 말은 한국인의 반일 정서를 자극했고, '일본이 한 수 위'라는 발언은 한국인의 자존심에 상처를 주었다. 게다가 산케이신문 인터뷰 계기가 된 배경이 『맞아 죽을 각오로 쓴 친일선언』이라는 자신의 '출판물 홍보를 위해서'였다는 사실이 알려지자 비판은 더욱 거세졌다. 당시 진행을 맡고 있던 KBS <삶의 체험현장> 사회자에서 하차 요구가 쇄도하여 결국 그만두게 되었다. 이후 산케이신문에서 '참배'가 아니라 '방문'이라는 정정 보도가 나왔지만, 국민 여론을 뒤집지는 못했다. 오히려 산케이신문은 '한국 여론에 맞아 죽다'라는 기사를 실었고, 일본 극우 채널에서는 '일본으로 귀화하라'라는 게시글이 넘쳐났다.

2024년 6월에는 한 중국인 남성 유튜버의 '야스쿠니 신사 낙서 사건'이 세간의 주목을 받았다. 이 유튜버는 야스쿠니 신사 입구 표지석에 올라 소변을 보는 시늉을 하고, 붉은색 스프레이로 'Toilet(화장실)'이라고 적고 다음 날 중국으로 달아났다. 이후 그는 자신의 유튜브에 '일본 정부의 오염수 해양 방류에 대한 저항의 의미'였다고 발언했다.

이에 대해 중국 외교부 대변인은 자국민에게 "해외에서 현지 법률을 준수해야 한다"라고 했지만, "야스쿠니 신사가 일본 군국주의 침략 전쟁의 정신적 도구이자 상징"이라며 일본 정부의 반성을 촉구하기도 했다.

당연히 일본 측은 '영혼을 위로하는 장소를 더럽힌 행위'라며 강력히 비판했다. 일본의 한 남성은 현상금 1,000만 엔을 걸고 중국인 체포를 촉구하기도 했다. 일본 경시청도 중국인 남성을 '기물손괴죄'로 체포하려 했지만, 그는 범행 다음 날 중국 상하이로 귀국해 버려 어쩔 수 없었다. 현재 중국과 일본은 범죄인 인도 조약을 맺고 있지 않기 때문에, 해당 사건의 법적 처리는 현실적으로 어렵다.

야스쿠니 신사와 관련된 사건은 조영남의 야스쿠니 방문 이슈와 중국인 낙서 사건만 있는 것은 아니다. 대만인 시위 사건, 방화 사건, 방뇨 사건, 방화 미수 사건, 중국인 먹물 사건, 화장실 폭파 사건 등 다양한 사건이 있었다. 주로 중국인에 의한 사건이 많다. 하지만 이들 사건은 언론에 잠시 소개되는 데 그칠 뿐 본격적인 사회적 논의로 이어지지는 않았다.

주요 이슈는 무엇보다도 일본 총리를 비롯한 정치인의 야스쿠니 신사 참배 사건이다. 특히 일본 총리의 참배는 한중일 삼국의 외교적 문제로 남아 있다. 그렇다면 한 연예인의 무심한 발언부터 유튜버의 파격적 행동까지, 야스쿠니를 둘러싼 논쟁은 왜 이렇게 반복되는 것일까. 그리고 이 신사는 어떻게 동아시아 외교의 화약고가 되었을까. 이제 그 이유를 조금 더 들여다보려 한다.

야스쿠니, 왜 총리의 참배가 문제인가

조영남의 '야스쿠니 신사 방문 사건'과 중국인 유튜버의 '야스쿠니 신사 낙서' 사건보다 훨씬 더 파문이 큰 이슈는 일본 총리의 야스쿠니 신사 참배이다. 대표적으로는 1985년 8월 15일 참배한 나카소네 야스히로(中曽根康弘) 총리, 2006년도에 21년 만에 8월 15일에 참배한 고이즈미 준이치로(小泉純一郎), 2013년 12월에 참배한 아베 신조(安倍晋三) 총리 등이 있다. 그럼, 1985년 이전 일본 총리는 야스쿠니 신사에 참배하지 않았는가. 그렇지도 않다. 1952년 체결한 강화조약 이후에 거의 모든 총리는 야스쿠니 신사 참배를 했다. 그렇다면 다시 질문을 해 보자. 그럼, 그때는 되고 지금은 왜 안 되는가.

여기에는 A급 전범 14명의 합사와 일본 총리의 '공식 참배'와 밀접하게 연관되어 있다. 도쿄재판에서 전범 책임이 확정된 A급 전범 14명은 1978년 10월 17일 비공개로 야스쿠니 신사에 합사되었고, 1979년 4월 19일 언론 보도로 세상에 알려졌다. 이들은 제2차 세계대전의 주요 책임자로 국제 사회에서는 일본 군국주의의 상징으로 간주하는 인물들이다. 이러한 인물들을 국민적 합의 없이 합사한 사실은 일본의 과거사 인식에 대한 신뢰를 흔드는 계기가 되었다. A급 전범 14명의 합사가 공개된 이후에도 일본 총리의 참배는 계속되었지만, 지금처럼 사회적 · 외교적 이슈는 되지 않았다. 국제적으로 비판을 받게 된 것은 1985년 8월 15일 참배한 나카소네 총리였다. 나카소네 총리 참배가 이전의 총리 참배와 다른 점은 '공식 참배'라는 점이다.

그렇다면 일본 총리의 공식 참배가 왜 문제가 되는가? 여기에는 일본국 헌법 20조 정교분리 위반 가능성 때문이다. 일본 정부는 "내각총리대신과 그 밖의 국무대신 자격으로 야스쿠니 신사에 참배하는 것은 헌법 제20조 3항과의 관계에서 문제가 있다"는 통일된 견해를 일관적으로 표명해 오고 있다. 즉 헌법에 명시된 정교분리 조항 때문에 공식 참배를 하지 않았다는 점이다. 대표적으로 1975년 미키 다케오三木武夫 총리는 야스쿠니 신사 참배 이후 기자들의 질문에 '사적인 참배'임을 강조한 적이 있다. 이후 일본 총리는 사적 참배를 언급하면서 비판을 피해왔다고 볼 수 있다. 일본 내부에서도 야스쿠니 참배를 둘러싼 여론은 팽팽히 갈린다. 전몰자에 대한 추도는 존중받아야 한다는 의견과 전범까지 함께 기리는 것은 국제적 비난을 자초하는 부적절한 행위라는 비판이 공존하고 있다. 하지만 1985년 8월 15일, 나카소네 총리가 종전기념일에 '사적 참배'가 아닌 '공식 참배'임을 강조하면서, 야스쿠니 신사는 본격적인 정치적 · 외교적 논쟁 무대로 확산되었다.

나카소네 공식 참배 이후 아시아 국가로부터 야스쿠니 신사 참배에 대해서 강력히 반발하자, 나카소네 총리는 1986년부터 '침략당한 상대방 국민의 감정을 자극한다'라는 이유로 야스쿠니 신사 참배를 중지하였다. 주변 국가의 눈치를 살핀 결과였다. 그 이후 이웃 국가와의 교린 관계를 생각해서 총리의 공식 참배를 자제하다가 고이즈미 준이치로와 아베 신조 총리 시절에는 한국과 중국의 비판을 무릅쓰고 매년 야스쿠니 신사를 공식 참배하였다. 고이즈미 총리는 재임 기간 6년 동안 매년 참배를 강행하였고, 아베 신조 총리는 1차 내각 당시 야스쿠니 신사를 참배하지 못한 것이 통한이었다고 하면서 2차 내각 성립 이후 2013년 12월 26일 야스쿠니 신사를 전격적으로 공식 참배했다. 이 참배에 대해 한국과 중국뿐 아니라, 동맹국인 미국 정부도 '실망했다'는 공식 입장을 밝히며 우려를 표명했다. 이는 아베 정권의 행보가 동북아 지역의 외교적 긴장을 고조시킬 수 있다는 판단에서 나온 반응이었다.

그럼, 여기서 한 가지 의문이 든다. 고이즈미와 아베 총리는 왜 한국과 중국의 거센 반발에도 불구하고 야스쿠니 신사를 참배하는 것일까? 더 큰 정치적 이익이 있기 때문에 참배를 강행하는 것 아닐까? 그렇다. 야스쿠니 신사 참배는 일본 국내 정치에 활용되는 도구인 셈이다.

고이즈미 총리는 재임 기간이 약 6년으로 일본의 장수 총리 중의 한 사람이었다. 재임 시절 미국의 신자유주의 노선에 동조하여 일본 국내 정치 및 경제 개혁을 단행하였다. 고이즈미는 이른바 '성역 없는 구조개혁'을 슬로건으로 개혁을 하고자 하였다. 대표적인 사례가 일본 우정 민영화日本郵政民營化(일본의 국영 우편·금융 사업을 민간 기업 형태로 전환한 정책)이다. 2005년 중의원衆議院(미국의 하원에 해당), 참의원参議院(미국의 상원에 해당)에서 자민당 국회의원의 반발표가 나오자 중의원을 해산하고 총선을 치러 대승을 거둔 적이 있다. 그렇다면 성역 없는 구조개혁을 하기 위해서 정치인에게 필요한 것이 무엇이라고 생각하는가. 그것은 바로 어떠한 외압에도 굴하지 않는 '신념의 정치인'이라는 이미지가 필요하다. 야스쿠니 신사 참배를 통해서 한국과 중국의 거센 항의에도 오로지 조국을 지킨 영령을 위해 굳건히 참배하는 신념의 정치 지도자의 이미지가 완성되는 것이다. 어디에서? 바로 야스쿠니 신사 참배를 통해서 말이다.

아베 신조安倍晋三의 경우도 마찬가지이다. 아베 신조는 1차 내각 시기에 정치적 무능과 내각 관료의 스캔들로 국민 여론이 하락하자 재임 1년 만에 사퇴하고 병원에 입원해 버렸다. 국민으로부터는 '고생을 모르고 자란 도련님은 역시 안 돼', '아베는 이제 정치적 재기가 불가능해'라는 비아냥을 들어야만 했다. 그러나 2012년 자민당 대표 선거에서 극적으로 승리하며 정치적 재기에 성공하였다. 자민당 대표 선거 시기에 아베는 애국심과 강한 일본을 기치로 내걸었다. 그렇다면 아베 신조라는 인물에게 필요한 것은 무엇이었을까. 강력한 정치적 신념을 관철하는 리더십이 강한 정치인이라는 이미지가 필요했을 것이다. 앞서 본 고이즈미의 경우도 마찬가지다.

고이즈미와 아베의 사례를 논할 때 빠뜨려서는 안 될 중요한 존재가 있다. 바로 일본유족회日本遺族會다. 1947년에 설립된 이 단체는 전몰 군인의 유가족을 중심으로 조직된 보수 성향의 단체로, 자민당의 주요 지지 기반 중 하나이다. 전후 보훈 정책, 참배 문제 등에서 정치권에 상당한 영향력을 행사해 왔다. 정치인의 성패가 선거 결과에 좌우되는 만큼, 유족회의 정치적 영향력은 결코 가볍게 볼 수 없다. 그렇다면 유족회의 시각에서 야스쿠니 신사 참배는 어떤 의미일까? 야스쿠니 신사 참배는 나라에서 자신의 조상에게 제사를 지내는 것이다. 유족회의 입장에서 생각해 보자. 나라에서 전사한 가족의 제사를 지내주니, 그 얼마나 고맙고 위로가 되겠는가. 더구나 일본의 국무총리가 매년 직접 야스쿠니 신사를 공식 참배한다면, 그 감정은 더욱 각별할 것이다. 그렇다면 그 감사한 마음은 어디로 향할까. 자연히 다음 선거에서 '표'로 이어질 가능성이 크다. 물론 일본유족회의 회원 수는 고령화로 인해 점차 줄어들고 있다. 그러나 야스쿠니 신사에 합사된 이들이 246만 명을 넘는다는 점을 감안하면, 여전히 무시할 수 없는 정치적 기반임은 분명하다.

일본 총리의 야스쿠니 신사 참배에는 일본 국내 정치 문제가 있다고 지적하였다. 그렇다면 한국의 입장에서 일본 총리의 야스쿠니 신사 공식 참배는 어떤 의미가 있을까. 일단 야스쿠니 신사 공물 봉납 및 참배에 대한 우리나라 외교부 대변인 논평을 살펴보자.

> 정부는 일본의 과거 침략 전쟁을 미화하고 전쟁범죄자를 합사한 야스쿠니 신사에 일본의 책임 있는 지도급 인사들이 또다시 공물을 봉납하거나 참배를 되풀이한 데 대해 깊은 실망과 유감을 표한다. 우리 정부는 일본의 책임 있는 지도자들이 역사를 직시하고 과거사에 대한 겸허한 성찰과 진정한 반성을 행동으로 보여줄 것을 촉구하는 바이며, 이는 미래지향적 한일관계 발전의 중요한 토대임을 다시 한번 강

조한다.

2024. 4. 21. 외교부 보도 자료

첫 문단의 주요 키워드는 '침략 전쟁 미화', '전쟁범죄자', '봉납과 참배', '되풀이', '실망과 유감' 등이다. 이어서 '성찰과 반성', '미래지향적 한일관계'가 핵심 키워드로 등장한다. 한국 정부로서는 A급 전범 14명이 합사된 장소에 일본 총리가 공식 참배를 한다는 사실을 과거 침략 전쟁을 미화하려는 시도로 해석할 수밖에 없다. 한국 정부

야스쿠니 신사 안내도 • • 이 안내도는 야스쿠니 신사의 구조를 보여준다. 전몰자 위령을 표방하지만, A급 전범이 합사된 이후 정치적 논란이 이어지고 있다. 공간 배치는 역사 해석의 방향성을 반영한다. 참고로 1번이 본전, 2번이 배전 28번이 유슈칸으로 야스쿠니 신사의 '전쟁 박물관' 역할을 하고 있다.

는 대체로 외교적 수사를 통해 실망과 유감을 완곡하게 전달하며, 미래지향적 한일관계를 위해 '일본 정부의 성찰과 반성'을 촉구하는 선에서 입장을 밝히는 경우가 있다.

우리나라 외교부 대변인의 논평은 정권에 따라 강도의 차이는 있지만, 내용은 별반 다르지 않다. 일본 총리가 야스쿠니 신사를 참배하면, 한국 외교부는 유감을 표명하는 논평을 내고 일본 대사를 초치(召致)해 항의하는 형식적 대응을 이어간다. 이러한 외교적 수사는 정권에 따라 강도의 차이는 있지만, 전반적으로 반복되는 의례에 가까운 대응이라는 비판도 제기된다. 근본적인 역사 인식 차이를 해결하지 않는 한, 실질적인 외교적 진전은 기대하기 어렵다는 지적도 나온다.

조선인도 합사되었다: 억울한 이름들

그럼, 야스쿠니 신사가 어떤 모습을 하고 있는지 한 번 구경 해 보자. 이 그림은 야스쿠니 신사 홈페이지에 실린 경내 안내도이다. 약간의 차이는 있지만, 일반적으로 일본 신사는 도리이(鳥居), 배전(拝殿), 신전(神殿)으로 구역을 나눈다. 그 외에 유슈칸(遊就館)(유물 전시실), 야스쿠니 회관(休憩所), 사무소, 합사된 명부 보관소 등이 있다. 그럼, 야스쿠니 경내외를 차례차례 살펴보자.

먼저 신사 입구에 보이는 도리이(鳥居)부터 살펴보자. 도리이는 신사의 경내외를 구분하는 시설물이다. 야스쿠니 신사의 제1도리이 사진에

야스쿠니 신사의 제1도리이 • • 야스쿠니 신사의 제1도리이는 참배 공간의 시작점이다. 평범한 신사 입구처럼 보이지만, 이 문을 지나면 일본 근현대 전쟁사를 둘러싼 복합적인 기억과 논쟁의 장소로 진입하게 된다.

일본 군복 차림의 퍼레이드 • • 군복을 입은 인물들이 행진하는 이 장면은 일본 제국주의 시대의 대중 동원과 군국주의 선전 방식을 보여준다. 제복은 국가 권력의 상징이자 충성의 형식으로 사용되었다. 일본 우익들은 무엇을 위해 이런 퍼포먼스를 하는 것일까?

서 볼 수 있듯, 제1도리이가 가장 크다. 11번은 두 번째 도리이이고, 6번이 배전으로 들어가는 마지막 도리이로 가장 작다. 야스쿠니 근처 역에서 내려 신사의 배전까지의 거리는 상당히 멀다. 그 가운데에는 오무라 마스지로大村益次郎 동상이 있고, 매년 종전기념일에 일본 보수 우익들이 자신들의 주장을 펼치는 장소로 이용된다. 일본 군복 차림 퍼레이드 사진에서 볼 수 있듯, 종전기념일에는 과거 일본군 군복 차림에 칼과 총을 착용하고 행진하는 장면도 연출한다.

다음은 배전이다. 일반적으로 일본인들은 배전 안에 들어가 참배하지 않고, 배전 앞에 서서 참배한다. 보통 참배 장소가 바로 배전이나. 일반인이 배전 내부로 들어가 참배하는 경우는 드물고, 특별 참배를 원할 경우 별도의 카운터에서 접수를 해야 한다. 경우에 따라 특별 참배 요금이 부과되기도 한다. 방송 뉴스에서 일본 총리나 관료들이 배전을 통해 참배하러 들어가거나 나오는 장면이 보도되기도 한다.

세 번째는 신전神殿이다. 야스쿠니 신사에 대해 우리가 흔히 오해하는 점이 있다. 야스쿠니 신사에는 무덤이 없다. 그렇다면 위패라도 있을까? 그것도 없다. 신사에는 단지 천황을 위해 죽은 사람들의 이름을 적은 명부만 있을 뿐이다. 여기에 이름이 올라가야 '합사合祀'되었다고 표현한다. 우리가 알고 있는 태평양전쟁의 A급 전범들도 이 명부에 이름이 올라 있다. 현재 약 246만 6,000명의 이름이 명부에 등재되어 있다(야스쿠니 신사 공식 홈페이지 기준).

그럼, 어떤 사람들이 합사되어 있는가? 천황(일본)을 위해 전쟁 수행 중 사망한 이들이다. 야스쿠니 신사는 1869년 초혼사招魂社로 시작

야스쿠니 신사 배전 • • 본전 앞에 위치한 배전은 참배자가 전몰자 영령에 예를 표하는 중심 제의 공간이다. A급 전범 합사 이후, 이곳은 일본 내 정치적 논란뿐 아니라 한일 간 역사 인식 갈등의 상징적 장소로 인식되고 있다.

되었고, 이후 천황을 위해 전사한 자들이 합사의 대상이 되었다. 보신전쟁(戊辰戦争), 메이지유신(明治維新), 청일전쟁, 러일전쟁, 중일전쟁, 태평양전쟁 등이 이에 해당한다. 전사자라고 해도, 항복하거나 도망쳤거나, 전투와 관련 없이 자살했거나, 천황에게 반역한 경우에는 합사 대상이 아니다.

그렇다면 합사 여부는 누가 결정하는가? 야스쿠니 신사 측이 결정한다. 유가족이 동의하지 않아도 합사가 이루어진다. 일본유족회는 합사를 대체로 환영하는 입장이지만, 일본 내 기독교 단체 등은 반대한다. 그럼 한국인 합사자는 없을까? 있다. 약 2만 1,000명 이상이 합사되어 있다. 한국인 유족의 입장은 어떨까? 당연히 반대다. 심지어 전쟁터에서 살아 돌아온 사람이 본인의 의사와 무관하게 합사된 경우가 있었다. 강제로 끌려가 전사한 것도 억울한데, 죽어서까지 천황의 병사가 되어야 한다는 현실은 도저히 받아들이기 힘든 일이다. 그래서 한국 유족들이 야스쿠니 신사를 상대로 소송을 제기했지만 번번이 패소했다.

일본을 연구하는 학자로서 할 말도 많고, 유족들에게 미안한 점도 많다. 일본 총리가 야스쿠니 신사를 참배할 때 우리 외교부에서 성명서를 발표하고 일본 대사를 초치하는 것도 필요하다. 하지만 조금 더 깊이 생각해 보자. 그것보다 우리 국민이 더 억울하고 한스러운 것이 무엇인가. 아버지가 전쟁터에 끌려가 목숨을 잃었는데, 그가 일본 천황을 위해 전사했다고, 병풍처럼 이용되었다는 말을 들으면 분노하지 않겠는가. 그 억울함을 풀기 위해 소송을 해도 패소하는 현실에서 우리 정부는 무엇을 하고 있는가?

‘극일克日’을 외치는 정치인들도 마찬가지다. A급 전범 14명만 이야기할 것이 아니라, 억울해하는 우리 유족들을 위해 ‘조선인 야스쿠니 합사 철폐’에 대해서도 여야를 넘어 적극적으로 주장해야 하지 않겠는가. 야스쿠니 신사 참배를 국내 정치용이라고 비판하는 것에 그치지 말고, 식민지 유산 청산이라는 관점에서 조선인 합사 문제부터 분명하고 강력한 목소리를 내야 한다.

야스쿠니가 남긴 것

일본 내각 대신과 자민당 국회의원들은 올해도 야스쿠니 신사를 참배했다. 내년에도 별일 없으면 할 것이다. 그러면 우리 외교부는 이전과 비슷한 성명을 내고 일본 대사를 초치할 것이다. 이제는 반복된 연중행사가 되어 버렸다. 그렇다면 다시 처음으로 돌아가서, 야스쿠니 신사는 한국과 일본에 어떤 의미로 남을 것인가 한번 생각해 보자.

일본으로서는 선뜻 포기하기는 힘들 것이다. 일본이 재무장하고 전쟁할 수 있는 국가가 되었다고 가정해 보자. 전쟁이 나면 젊은 청년들을 어떤 명목으로 전쟁터로 불러내야 할까. 일본은 징병제 국가가 아니라 지원병 제도를 유지하고 있지만, 젊은 청년을 유인할 요소가 필요할 것이다. 일본의 전 총리가 언급한 것처럼, 야스쿠니가 없으면 어떻게 전쟁터로 나가라고 할 수 있겠는가.

태평양 전쟁 시기 <동기의 벚꽃(同期の桜)>이라는 군가가 있다. 이 군가는 5절로 되어 있는데, 그중 5절의 가사를 살펴보자.

貴様と俺とは同期の桜
離れ離れに散ろうとも
花の都の靖国神社
春の梢に咲いて会おう

너와 나는 동기의 벚꽃

흩어지고 흩어진다 해도
꽃의 고향 야스쿠니 신사
봄의 가지에 피어 만나자

이 노래 가사의 마지막 부분을 음미해 보자. '야스쿠니 신사 봄의 가지에 피어 만나자'는 대목이다. 전쟁터에 나간 일본 청년들은 죽어서 영혼이 없어지는 것이 아니라, 야스쿠니 신사에서 다시 만날 것을 기약하고 있다. 왜 이런 생각을 하게 되었을까? 전쟁터로 청년들을 보내야 하는 정치인의 입장에서 보면, "너희는 전쟁터에 나가 천황을 위해 싸워라. 죽더라도 조국을 지키는 신이 되어 야스쿠니 신사에서 다시 만날 것이다."라는 메시지를 주고 싶었을 것이다. 유족들로서는 나라가 나서서 제사를 지내주니 싫어할 이유가 없다.

일본 위정자들에게 야스쿠니 신사는 혹시 모를 전쟁을 위해서라도, 국가를 위해서라도, 아니 현재의 자신들을 위해서라도 꼭 필요한 장소다. 한국과 중국의 비판은 늘 있어온 것이라 모른 체하면 된다. 그렇게 함으로써 얻는 것이 더 많은데, 야스쿠니 신사 참배를 안 할 이유가 없는 셈이다.

그렇다면 우리에게 남는 것은 무엇일까? 일본 정치인들은 앞으로도 야스쿠니 신사 참배를 계속할 가능성이 높다. 그때마다 우리 외교부는 성명을 발표하고 일본 대사를 초치(召致)해 항의할 것이다. 언제까지 계속될지는 모르겠지만, 당분간 이런 패턴은 이어질 것이다. 그렇다면 우리도 우리 국민을 위해 뭔가 해야 하지 않을까. 바로 '한국인 야스쿠니 합사 철폐'다.

유족들은 2001년과 2007년에 "식민지 시대에 강제 연행되어 희생당한 피해자들의 원혼은 당사자의 종교나 유족의 의사와 무관하게 침략 전쟁의 신으로 합사된 채 반세기가 넘게 능욕을 당하고 있다"고 주장하며, 일본 정부와 야스쿠니 신사에 책임을 묻는 소송을 제기하였다. 2001년 소송은 지방법원(2006. 5.), 고등법원(2009. 10.), 대법원(2011. 11.)에서 모두 기각되었고, 2007년 소송도 지방법원(2011. 7.)과 고등법원(2013. 10.)에서 기각되었다. 2013년 10월 22일 유족 27명이 제기한 소송은 현재 진행 중이다.

일본 정치인이 야스쿠니 신사를 참배하면, A급 전범, 전쟁 미화, 역사 수정주의, 반일 등의 용어들이 등장한다. 그러나 우리는 조금 더 냉정할 필요가 있다. 야스쿠니 신사 옆 유슈칸遊就館에 가 보면 한국인 출신 전몰자의 사진이 걸려있다. 잘 생각해 보자. 죽어서도 귀국하지 못하고 일본 천황을 위해 죽은 병사로, 사람들이 그의 사진을 바라보고 있지 않겠는가. 우리는 억울하게 희생당한 이분들을 조국으로 모셔와야 할 의무가 있다.

그 시작은 정부 차원의 진상조사, 합사자 명부의 투명한 공개, 일본 측에 대한 외교적 요구 등 구체적인 조치가 뒤따라야 한다. 이것이야말로 식민지 피해자에 대한 진정한 위령이며, 과거사 청산의 출발점이 될 것이다.

일본을 움직이는 힘
정치와 경제

Part 3.

일본 정치는 자민당의 장기 집권과 파벌, 세습 정치인이라는 단어로 대표된다. 1955년 창당 이후 자민당은 단 두 차례를 제외하고 정권을 유지해왔고, 일부에서는 일본을 '일당 독재 국가'라고 부르기도 한다. 일본은 중의원과 참의원으로 구성된 의원내각제를 운영하며, 중의원 다수당의 대표가 총리가 되는 구조다. 이는 국민이 직접 대통령을 선출하는 한국과 본질적으로 다르다. 자민당 내부의 파벌 구조와 정치인 가문의 세습은 일본 정치의 고질적 문제로 지적된다. 특히 '지반(地盤)', '간판(看板)', '가방(かばん)'이라 불리는 3반(三バン) 체제는 세습 정치인을 강화해왔다.

한편, 정치에 대한 국민의 관심도에서도 한일 간 차이가 크다. 높은 정치 참여를 보이는 한국과 달리, 일본은 안정된 사회 구조 속에서 정치적 무관심이 뿌리 깊다. 이 글에서는 일본 정치의 파벌과 세습 문제를 살펴보고, 한국과 일본의 정치 체제를 비교하며 양국 정치의 과제를 모색하고자 한다.

파벌과 세습, 일본 정치를 움직이는 힘

일본 총리는 왜 항상 자민당 총재일까?

그렇다. 일본의 총리는 늘 자민당 총재가 맡아왔다. 아베 신조(安倍晋三) 전 총리가 사임했을 때, 관방장관이던 스가 요시히데(菅義偉)가 후임 총리로 취임했고, 스가 전 총리가 코로나19 대응 실패로 사임하자 기시다 후미오(岸田文雄)가 그 자리를 이어받았다. 총리만 교체되었을 뿐, 모두 자민당 소속 정치인이었다. 자민당은 1955년 창당 이후 1993년 8월부터 1996년 1월까지(2년 5개월), 2009년 9월부터 2012년 12월까지(3년 3개월)를 제외하고 줄곧 집권해 왔다. 약 60년 이상, 한 정당이 권력을 독점해 온 셈이다. 일부에서는 이를 두고 일본 자민당을 '일당 독재 정당'이라고 부르기도 한다.

일본은 의원내각제 체제를 채택하고 있다. 국회 역시 우리와

자민당 창당대회 • • 1955년, 자유당과 일본민주당이 통합하여 자민당이 창당되었다. 이 창당대회는 '55년 체제'의 시작을 알리며, 이후 일본 정치에서 자민당의 장기 집권이 본격화되는 전환점이 되었다.

는 다르다. 한국이 단원제 국회를 운영하는 반면, 일본은 중의원衆議院과 참의원參議院으로 구성된 양원제를 택하고 있다. 미국과 영국처럼 상원과 하원이 존재하는 셈이다. 중의원이 하원의 역할을, 참의원이 상원의 기능을 수행한다. 그렇다면 일본 총리는 어떻게 선출되는가. 국민이 직접선거로 대통령을 선출하는 한국과 달리, 일본은 중의원에서 다수당의 대표가 총리가 된다.

이 때문에 일본에서 총리가 되기 위해서는 먼저 자민당 총재가 되어야 한다. 자민당 총재 선거는 다소 복잡한 구조를 가지고 있다. 중의원과 참의원의 국회의원은 각각 1표를 행사하고, 당원 투표는 국회의원 수와 동일한 표수가 주어진다. 국회의원 투표와 당원 투표를 합산해 과반수를 획득한 후보가 총재가 된다. 만약 1차 투표에서 과반 득표자가 없으면 1 · 2위 후보가 결선투표에 돌입하게 되는데, 이 경우 주도권은 현직 국회의원에게 넘어간다. 실제 사례를 살펴보자. 2012년 자민당 총재 선거 결과는 표 1과 같다.

표 1 2012년 자민당 총재 1차 투표 결과

후보자	국회의원 투표		당원 투표		합계		결과
	득표수	득표율	득표수	득표율	득표수	득표율	
이시바 시게루	34	17.30%	165 (환산)	55.00%	199	40.00%	1위(결선 진출)
아베 신조	54	27.40%	87 (환산)	29.00%	141	28.40%	2위(결선 진출)
이시하라 노부테루	58	29.40%	38 (환산)	12.70%	96	19.30%	3위
마치무라 노부타카	27	13.70%	7 (환산)	2.30%	34	6.80%	4위
하야시 요시마사	24	12.20%	3 (환산)	1.00%	27	5.40%	5위
무효표	1	-	-	-	1	-	
합계	198	-	300 (환산)	-	498	-	

당시 자민당 총재 후보는 이시바 시게루, 아베 신조, 이시하라 노부테루 등이었다. 정치적 생명이 끝났다고 평가받던 아베 신조는 궤양성 대장염 치료와 요양 후 건강을 회복하고 재기했다. 1차 투표에서는 이시바 시게루가 40.0%, 아베 신조가 28.4%를 기록했으나 과반 득표자가 없어 결선투표로 이어졌다.

표 2 2012년 자민당 총재 2차 결선 투표 결과

후보자	국회의원 투표		결과
	득표수	득표율	
아베 신조	108	54.80%	1위(당선)
이시바 시게루	89	45.20%	2위
무효표	1	-	
합계	198	-	

2차 결선투표에서 아베 신조가 54.8%를 얻어 역전했다. 결선투표는 국회의원 표만 집계되기에 당원 투표에서 55%를 얻었던 이시바 시게루는 불리할 수밖에 없었다. 이는 자민당 총재 선거에서 국회의원 파벌의 영향력이 얼마나 절대적인지를 단적으로 보여주는 사례다. 자민당 내에서 왜 파벌 관리가 중요시되는지 알 수 있는 대목이기도 하다. 이러한 구조는 2021년 자민당 총재 선거에서도 여실히 드러났다. 스가 요시히데(菅義偉) 총리가 단명하고 물러난 상황에서 자민당 내의 관심은 자연히 아베 신조 전 총리에게 쏠렸다.

파벌 정치, 일본 총리 선출의 숨은 키

아베 전 총리의 막후 실력자임을 여실히 드러낸 사건이 2021년 자민당 총재 선거였다. 이미 아베 전 총리는 궤양성 대장염으로 총리직을 그만두었지만, 그가 정치를 그만둔 것도 아니고 스가 총리 재임 시에도 막후의 실력자임을 누구나 다 알고 있었다. 스가 전 총리가 코로나 대응 실패로 인해 사임한 뒤, 2021년 자민당 총재 선거에 임해서 모든 정치인과 여론의 시선이 아베 전 총리에게로 향했다. 왜 그런지 2021년 일본 자민당 총재 선거 과정을 다시 살펴보자.

2021년 일본 자민당 총재 선거의 선거인단을 보면, 중의원, 참의원 국회의원 1인 1표인 382표와 도도부현(都道府県)을 포함한 당원 투표 382표를 합해 총 764표이다. 국회의원과 당원 투표의 비율을 1:1로 정한 규칙은 이전과 같다. 1차 투표에서 과반 득표자가 없을 경우, 결선 투표로 넘어가며, 이때 자민당 소속 국회의원 표와 전국 47개 도도부현 대표단의 표를 합산해 총재를 선출한다. 국회의원에게 훨씬 더 많은 권한이 있는 것은 사실이다. 만약 결선 투표로 간다면 국회의원 표는 절대적이라고 볼 수 있다.

표 3　자민당 총재 1차 투표 결과(2021)

	고노 다로	기시다 후미오	다카이치 사다에	노다 세이코
국회의원	86	146	114	34
당원투표	169	110	74	29
합계	255(33.5%)	256(33.6%)	188(24.7%)	63(8.3%)

유효 762표(국회의원 380, 당원 382표)

당시 자민당 총재에 입후보한 인물은 고노 다로, 기시다 후미오, 다카이치 사나에, 노다 세이코 총 4명이었다. 2021년 9월 ANN의 여론조사에 따르면 고노(48%), 기시다(18%), 다카이치(10%), 노다(7%) 순으로 일본 국민에게는 고노 다로가 기시다보다 두 배 이상의 지지율을 보였다. 일본은 의원내각제 국가이기 때문에 국민 여론조사 결과가 바로 총리 당선으로 연결되지는 않는다.

실제 자민당 총재 선거에서는 당원을 대상으로 한 투표에서도 고노 다로가 169표(44.2%), 기시다 후미오가 110표(28.8%)로 약 15%포인트 앞섰다. 하지만 국회의원 투표에서는 고노가 86표(22.6%), 기시다가 146표(38.4%)를 획득해 약 16%포인트 차이가 났다. 결과적으로 고노 다로는 종합 2위로 결선 투표에 올랐고, 심지어 3위인 다카이치보다도 국회의원 지지표는 적었다.

고노 다로의 전략은 1차 투표에서 과반수를 얻어 결선 없이 총재에 당선되는 것이었다. 반면, 국민 여론조사와 당원 지지율에서 밀린 기시다 후미오는 어떻게든 결선 투표까지 가는 것을 목표로 선거운동을 했다. 이 상황을 전략적으로 조정한 막후 실력자가 바로 아베 전 총리였다.

아베 전 총리는 개혁적인 고노 다로보다 온건한 기시다 후미오가 총리가 되기를 바랐다. 그는 '여자 아베'라고 불리는 다카이치 사나에를 전략적으로 이용했다. 다자구도를 형성해 고노 다로에게 표가 몰리지 않게 유도한 것이다. 아베 전 총리는 2021년 8월 초, NNN과 요미우리 신문의 여론조사에서 지지율 1%에 불과했던 다카이치를 지지한다는 내용을 흘리기 시작했다. 그 이후 9월 중순에 실시한 니혼테레비와 마이니치 여론조사에서 다카이치 지지율은 각각 16%, 15%로 급상승했다. 이 결과로 고노 다로와 기시다 후미오의 양자 대결이 아닌 3자 대결 구도가 형성되어 표가 분산되는 효과를 가져왔다.

고노 다로 • • 고노 다로는 일본 현대 정치에서 '변화'를 상징하는 인물 중 하나다. SNS 소통, 디지털 정책, 젊은 이미지로 주목받았지만, 자민당 보수 본류와의 균형 속에서 행보에 많은 관심이 쏠린다. 그의 아버지가 고노 담화로 유명한 고노 요헤이(河 洋平)이다.

기시다 후미오 • • 평범하고 조심스러운 스타일로 알려진 기시다 총리는 외교 무대에서는 강경함을 보이며 중국·북한 대응에 적극적이다. 그의 리더십은 전후 일본 정치의 연속성과 변화 양면을 보여준다. 2015년 한일 위안부 합의 당시 일본 측 장관이었다.

아베 전 총리는 1차 투표에서 과반 득표자가 나오지 않으면, 결선 투표에서는 국회의원과 도도부현 대표 47명이 투표하기 때문에 기시다에게 승산이 있다고 판단했다. 고노 다로 역시 이를 잘 알고 있었기 때문에 1차 투표에서 과반 득표를 목표로 했지만, 결국 실패했다.

그렇다면 고노 다로는 결선 투표에서 승산이 전혀 없었을까? 열심히 선거운동을 하면 승산이 있을 것 같지만, 일본 정치에서는 그렇지 않다. 일본 정치의 구조적 특징인 파벌이 존재하기 때문이다.

자민당 파벌, 일본 정치의 양날의 검

고노 다로와 기시다 후미오의 결선 투표 결과를 살펴보자. 국회의원 표에서 기시다 후미오가 246표를 얻어 고노 다로보다 115표 이상을 획득했다. 그러나 도도부현(都道府県) 대표 투표에서는 상황이 달랐다. 고노 다로는 47표 중 39표를 얻어 약 83%를 차지했다. 국회의원은 기시다 후미오에게 몰표를 던지고, 당원 대표들은 고노 다로에게 몰표를 던지는 극단적인 현상이 벌어진 것이다.

표 4　자민당 총재 2차 투표 결과(2021)

	고노 다로	기시다 후미오
국회의원	131	246
도도부현	39	8
합계	170	257

*유효 427표(국회의원 380, 당원 47표)

일본 국민과 자민당 당원들은 개혁적 성향의 고노 다로가 일본 총리가 되어 정치와 경제 등 각 분야를 개혁하기를 기대했다. 그러나 자민당 국회의원들은 국민과 당원의 기대와는 다른 선택을 했다. 어떻게 이런 결과가 나왔을까? 바로 일본의 '파벌 정치' 시스템 때문이다.

고노 다로는 자민당 총재 선거 출마 전에 소속 파벌의 수장인 아소 다로 부총리를 만났다. 아소 다로는 2020년 고노에게 "아직 때가 아니다"라며 출마를 만류했지만, 이번에는 "나가든 말든 스스로 결정하라"며 지지도 만류도 하지 않았다. 파벌 수장의 지지를 받지 못한 고노 다로의 입장은 곤란했을 것이다.

표 5　일본 자민당 파벌(2021)

아베파	아소파	다케시타파	니카이파
96	53	52	47
기시다파	이시바파	이시하라파	무파벌
46	17	10	64

2021년 자민당 총재 선거 당시 주요 파벌은 총 7개였다. 정식 명칭은 세이와정책연구회(清和政策研究会), 지공회(志公会), 헤이세이연구회(平成研究会) 등으로 불리지만, 통상 수장 이름을 따서 아베파, 아소파, 기시다파 등으로 부른다.

아베파와 아소파를 합하면 149명으로 약 40%에 달한다. 두 파벌의 지지를 얻지 못하는 정치인은 자민당 총재, 나아가 일본 총리가 되기 어렵다. 자연스럽게 총재를 노리는 정치인들은 파벌 수장의 눈치를 보며 지지를 얻기 위해 각종 인사를 해야 한다. 고노 다로가 아소 다로에게 냉담한 반응을 받았지만, 이를 공개적으로 문제 삼지 못한 이유다.

자민당 최대 파벌인 아베파는 약 25%의 의원을 보유하고 있었다. 아베 신조 전 총리는 최장수 총리로서 이 파벌의 영향력을 확고히 했다. 2021년 총재 선거에서 고노 다로는 국민 여론과 당원 투표에서는 압도적 지지를 받았지만, 국회의원 투표에서는 다카이치 사나에(高市早苗)보다도 낮은 지지를 얻었다. 이는 아베 신조가 다카이치를 공식 지지했기 때문이다. 아베파 소속 의원들은 수장의 방침에 따라 다카이치를 지지했다.

그렇다면 자민당 파벌이 왜 여전히 존재하는 것일까? 파벌 수장과 소속 의원 간의 상호 이익 관계 때문이다. 파벌 수장은 소속 의원들의 선거 지원과 정치 활동을 도와주고, 당선된 의원들은 파벌 수장이 총재 후보로 나설 때 전폭적으로 지원해야 한다. 이러한 시스템은 일본 정치에서 후견주의(後見主義)로 불리기도 한다. 중세적 주종관계에 가까운 이 구조는 정치가 국민이 아니라 파벌의 이해관계에 의해 좌우될 위험을 안고 있다. 2021년 총재 선거에서 고노 다로가 국민 여론과 당원 투표에서는 우세했음에도 총재가 되지 못한 이유가 바로 여기에 있다.

그렇다면 일본 국민은 자민당 파벌 정치에 대해 어떻게 생각할까? 자민당의 장기 집권에 대해 비판적 시각이 없는 것은 아니다. 시민단체를 중심으로 파벌 정치 폐지를 요구하는 목소리도 꾸준히 존재한다. 그러나 파벌 정치가 전적으로 부정적이지만은 않다.

첫째, 다양한 정책 플랫폼 제공이다. 자민당은 극우 성향에서부터 온건 보수, 심지어 사회민주적 색채까지 스펙트럼이 넓다. 파벌

간 경쟁은 다양한 정책 아이디어를 생산하고, 유권자에게 더 많은 선택지를 제공하는 효과를 낸다. 자민당은 야당의 정책도 수용해 유권자에게 백화점 같은 선택지를 제공하는 정당이기도 하다.

둘째, 파벌 간 균형과 견제 기능이다. 자민당 내 파벌을 미니 정당처럼 생각해 자민당 총재 교체를 사실상의 정권 교체로 받아들이는 일본 국민도 많다. 파벌 간 경쟁은 주류 독점과 독재를 방지하는 기능을 한다. 자민당 내에서 야당 역할을 하는 셈이다.

하지만 파벌 정치의 문제점도 명백하다. 국민 여론을 정확히 반영하지 못하는 점이다. 고노 다로 사례처럼 국민과 당원의 지지가 높아도 총재가 되지 못하는 구조 때문이다. 또 총리가 의욕적으로 정책을 추진하려 해도 각 파벌의 동의를 얻지 못하면 아무것도 할 수 없는 경우가 생긴다.

드라마 속 현실, 일본 정치의 민낯

천하의 기무라 타쿠야(木村拓哉)조차 어울리지 않는 헤어스타일이 있다는 사실을 알게 해 준 일본 드라마가 있다. 바로 일본 드라마 <체인지>다. 주인공 아사쿠라 케이타(기무라 타쿠야 분)는 나가노 시골 초등학교에 재직 중인 교사로 별 관찰을 취미로 삼는 로맨티스트다. 하지만 일본 중의원인 아버지와 후계자 수업을 받던 형이 비행기 사고로 사망하자 지역구를 물려받아 보궐선거에 입후보하게 된다. 중의원에 당선되고 일본 총리까지 되는 과정을 현실 정치에 가깝게 그려냈

드라마 체인지 포스터 • • 일본

드라마 〈CHANGE〉는 평범한 초등학교 교사가 정치에 입문해 총리가 되는 이야기를 통해, 이상적 리더십과 현실 정치의 충돌을 그린 작품이다. 기무라 타쿠야가 주연을 맡아 큰 인기를 끌었다.

다는 평가를 받은 정치 드라마다. 2008년 작품으로 평균 시청률 22.1%를 기록하며 인기를 끌었다. <체인지>가 보여준 이야기는 단지 드라마적 상상에 그치지 않는다. 오늘날 일본 정치 현실에서도 세습 정치인은 결코 낯설지 않은 풍경임을 보여준다.

드라마를 보면서 역시 일본이구나 하는 부분이 있다. 그것은 바로 '세습 정치인'에 대한 거부 반응이 없다는 사실이다. '누구누구의 아들입니다'라고 하면 선거는 '따놓은 당상'이라고 생각하고, 지역민들은 또 그 아들을 찍어준다. 세습 정치인에 대한 거부감이 없는 것이 놀랍고 특이하다. 한국은 그렇지 않다. 세습이라는 용어에 대해서 부정적이다. 재벌 세습, 교회 세습, 북한의 3대 세습, 고소득층 학력 세습, 연예인 직업 세습, 고용 세습 등 부정적인 용어의 대명사이다. 흙수저, 금수저 논란도 같은 맥락이 아닌가 한다. 한국의 소위 MZ 세대는 사회의 공정성에 민감하며, 공정하지 않다고 느끼면 분노를 드러낸다.

하지만 일본의 정계를 보면 세습 정치인들이 우글우글할 정도로 많다. 2000년대 이후 모리 요시로(森喜朗) 전 총리부터 이시바 시게루(石破茂) 전

자민당 간사장까지 11명의 총리 중 7명이 세습 정치인이다. 예외는 간 나오토(菅直人), 노다 요시히코(野田佳彦), 스가 요시히데(菅義偉) 3명이다. 2021년 지지통신(時事通信)에 따르면, 같은 해 중의원 선거에서 자민당 당선자 261명 중 87명, 즉 33.3%가 세습 정치인이었다. 전체 당선자 465명 중 세습 정치인은 108명으로, 23.2%에 해당한다.

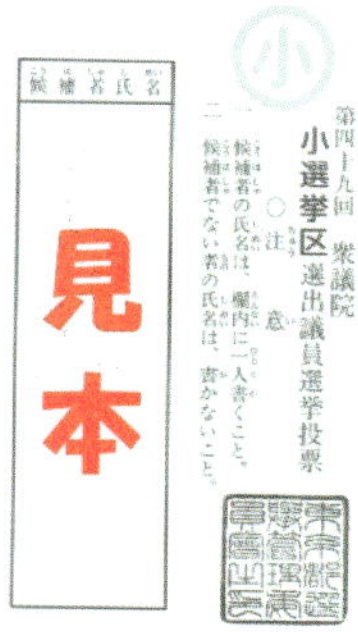

중의원 투표용지

그렇다면 왜 세습 정치인들이 선거에서 강할까? 니혼게이자이신문(日本経済新聞)에 따르면, 중의원 소선거구제가 도입된 1996년 이후 세습 정치인의 당선 확률은 80%, 비세습 후보는 30%에 그쳤다. 당 지도부 입장에서는 당선 확률이 높은 세습 정치인을 공천하는 것이 당의 이익에 부합하므로 세습 후보를 선호할 수밖에 없다.

일본 정치계에서는 정치에 필요한 세 가지 조건을 '3반(三バン)'이라 부른다. 바로 지반(地盤), 간판(看板), 가방(かばん)이다. 지반은 지역구 후원회 조직을 뜻한다. 선거에서 조직표와 자금을 끌어오는 핵심이다. <체인지>를 보면 선거 때 얼마나 많은 후원회 조직이 움직이는지를 알 수 있다.

간판은 후보자의 지명도다. 일본은 투표할 때 후보자 이름을 직접 연필로 써야 한다. 따라서 지역 명문가의 자손은 압도적으로 유리하다. 고노 다로(河野太郎) 집안 역시 에도시대부터 가나가와현(神奈川県) 지역의 유지로, 그의 할아버지와 아버지가 중의원을 지냈다.

가방은 정치자금을 뜻한다. 일본 정치자금법에 따르면 정치자금

일본 주요 정치인의 정치세습

관리단체를 통한 기부와 상속은 비과세다. 덕분에 정치자금을 다음 세대에 무제한으로 물려줄 수 있다.

이처럼 세습 정치인은 '아빠 찬스'로 3반을 물려받는다. 비세습 정치인보다 젊은 나이에 정계에 입문하고 다선 경력을 쌓을 수 있어 주요 당직과 내각의 주요 직책에도 빨리 진출할 수 있다. 고이즈미 준이치로(小泉純一郎)는 30세에 초선의원을 거쳐 총리까지 지냈고, 오자와 이치로(小沢一郎)는 27세에 국회의원에 당선돼 최연소 자민당 간사장 기록을 세웠다.

아베 신조 전 총리는 49세에 간사장이 되고 50대 초반에 총리에 올랐다. 반면, 비세습 정치인은 주로 관료나 기업인, 지방자치단체장을 거쳐 정계에 입문하므로 나이가 많은 경우가 많다.

물론 세습 정치인에 대한 비판도 존재한다. 정치 신인들의 진입을 막고, 정치 세습을 고착화시킨다는 비판이다. 2009년 민주당은 총선 공약으로 국회의원 세습 금지를 내걸었고, 자민당도 이에 동조해 같은 공약을 발표했다. 이때 세습 정치 금지 공약을 내건 인물이 스가 요시히데 전 총리였다. 그러나 스가 총리 재임 시절에도 아소 다로 부총리 겸 재무상, 고노 다로 행정개혁상, 고이즈미 신지로 환경상 등 세습 정치인들이 내각에 다수 포진해 있었다.

일본 국민은 세습 정치인들을 '도련님'이라 부르기도 한다. 세습 정치인들은 대개 명문 유치원에서 출발해 에스컬레이터식으로 명문대에 진학하고, 이후 대기업에 입사해 잠시 근무한 뒤 국회의원 비서로 정계에 입문한다. 이후 명문가 간 정략결혼으로 정계 입지를 굳히는 경우도 많다. 그럼에도 불구하고 일본에서 세습 정치가 끊이지 않는 이유는 정치에 대한 국민적 무관심, 정치가 가업처럼 이어지는 문화, 지방 명문가를 존중하는 사회적 분위기 때문이다. 일본에서는 정치 세습을 장인정신처럼 이해하고, 이를 자연스러운 현상으로 받아들이는 경향이 여전히 강하다.

한국의 대통령제? 일본의 의원내각제?

한국의 대통령제와 일본의 의원내각제의 가장 큰 차이점은 무엇일까? 왜 한국은 대통령제 국가이고, 일본은 의원내각제 국가일까? 대답은 간단하다. 국민의 대표를 국민이 직접 선출하기를 원하는지에 달려 있다. 한국은 국민이 직접 대표를 선출하기를 원하지만 일본은 전통에 따라 국회의원 중심으로 국무총리를 선출하는 시스템을 선택하였다. 어느 나라의 정치 시스템이 더 나은지 정답은 없지만 국민 참여 여부에 따라 정치 관심도는 확연히 갈린다. 국민이 직접 대표를 뽑는 한국은 정치에 대한 관심이 높고 일본은 정치적 무관심이 팽배해 있다.

한국은 1960년 제3차 개헌을 통해 의원내각제를 도입한 바 있으며, 1962년 제5차 개헌에서는 4년 중임제 대통령제를 실시했다. 이후 3선 개헌(1969년), 유신헌법 제정(1972년), 대통령 7년 단임제(1980년) 등이 도입되었다. 현재의 대통령제는 1987년 민주화 운동의 성과로 이루어진 제9차 개헌을 통해 확립된 것으로, 대통령 5년 단임제를 채택하고 있다. 이처럼 한국의 정치 체제는 시대적 상황에 따라 대통령제를 중심으로 변화해 온 과정을 보여준다.

반면 일본은 메이지유신明治維新(1868) 이후 줄곧 의원내각제를 유지해 왔다. 메이지 시대 초대 총리는 우리가 잘 아는 이토 히로부미다. 일본의 양원제는 영국의 의회 제도를 모방해 만든 제도로, 메이지 시기에는 귀족원貴族院과 서민원庶民院으로 불렸다. 이후 일본이 패전한 뒤 귀족원은 참의원으로, 서민원은 중의원으로 개편되었다. 일본은 역사적으로 전통을 중시하는 보수 사회이다. 한번 만들어진 제도는 웬만해서는 바꾸지 않는다. 일본 제국 헌법은 1889년 2월 11일 공포되었고, 전후 일본 헌법은 1946년 11월 3일 공포되었다. 한국은 광복 이후 9차례 헌법을 개정했지만, 일본은 지금까지 단 한 번도 개헌하지 않았다.

마지막으로 앞의 내용을 정리해 보자. 일본의 경우 정치적 세습과 파벌 정치의 영향이 지대하다는 점이 드러났다. 일본은 장기 집권을 하는 자민당의 내부 파벌 정치가 주요한 정치적 동력으로 작용하고 있으며, 이는 정치적 다양성과 정책의 지속 가능한 발전을 저해할 수 있는 요소로 작용한다. 이러한 파벌 정치는 자민당 내에서 다양한 정치적 스펙트럼을 제공하지만 동시에 민의를 정확히 반영하지 못하는 문제점을 안고 있다. 따라서 일본은 더욱 투명하고 공정한 정치 체제를 구축하기 위한 노력이 필요하다.

한국은 대통령제를 채택하고 있어 국민이 직접 대통령을 선출하는 시스템을 가지고 있다는 측면에서 일본과 다르다. 한국의 일부 정치인이 의원내각제를 주장하지만, 내 손으로 직접 총리를 뽑지 못한다는 국민적 정서로 인해 현실화되기 어렵다. 의원내각제보다는 대통령 단임제를 중임제나 연임제로 바꾸려는 시도가 최근에는 논의되고 있다. '대통령 임기가 5년이 아니라 4년씩 두 번 할 수 있도록 하는 방향이 시대에 맞다'라는 주장이 많다.

결론적으로 일본과 한국은 각자의 정치 체제와 문화적 특성을 고려해 정치 참여를 확대하고, 제도의 투명성과 공정성을 강화하는 방향으로 나아가야 한다. 일본은 파벌 정치의 순기능을 살리되, 민의를 보다 더 직접적으로 반영할 수 있는 제도적 개혁이 필요하며, 한국은 대통령제의 장점을 유지하면서 권력 분산과 정치적 책임성 강화를 위한 제도적 보완이 요구된다. 국민이 정치에 신뢰를 가질 수 있는 구조를 만드는 것, 이것이야말로 두 나라 정치의 지속 가능성과 민주주의 성숙을 위한 필수 조건이다.

아베 신조(安倍晋三), 일본 현대 정치사의 중심에 선 이름이다. 그는 전후 최장수 총리이자 보수의 아이콘이었다. '보통국가'를 꿈꾸며 헌법 개정에 집착했고, 일본을 정치·군사 강국으로 이끌고자 했다. 그러나 2022년 7월, 일본 한복판에서 벌어진 충격적인 피격이라는 충격적인 사건으로 그의 정치 인생은 비극적인 결말을 맞이했다. 아베의 죽음은 일본 정치의 중대한 전환점이 되었고, 그가 남긴 유산은 여전히 동아시아 정세에 적지 않은 파장을 일으키고 있다. 이 글에서는 아베 신조가 꿈꿨던 일본의 미래와 그가 한일관계에 남긴 과제를 살펴본다.

아베 신조가 꿈꾼 일본: 헌법 개정과 보통국가론

아베 신조, 충격의 피격과 사망

2022년 7월 8일, 아베 신조(安倍晋三)가 사망했다. 총기 소지가 불법이고 치안이 안정된 나라, 일본에서 정계의 최고 권력자이자 보수의 아이콘이었던 아베 신조가 총에 맞아 생을 마감한 것이다. 경호원이 배치되어 있었음에도 불구하고, 피의자 야마가미 데쓰야(山上徹也)는 선거 유세 중이던 아베 신조의 뒤편에서 첫 발을 쏘았다. 첫발은 빗나갔지만, 이어진 두 번째 총탄이 아베의 목과 가슴을 관통했다. 피습 직후 아베는 닥터헬기를 통해 나라현립 의과대학 부속병원으로 이송됐으나, 과다 출혈로 같은 날 오후 5시 3분경 사망했다.

아베 신조의 피격 소식이 전해진 후, 일본 정부는 총리 관저에 위기관리센터를 설치했고, 기시다 후미오(岸田文雄) 총리는 일정을 중단하고 도쿄로 복귀했다. 기시다 내각 각료들은 모든 일정을 중단하였고, 기시다 총리는 고위 정치인들의 경호를 최상위 등급으로 유지하라고 지시했다. 대부분의 정치 지도자들은 남아 있는 정치 일정을 취소했다. NHK를 비롯한 일본의 5대 상업 TV는 모든 프로그램을 취소하거나 연기하고, 아베 신조 피격 사건을 다룬 특집 생방송을 내보냈다.

아베 신조(安倍晋三, 1954-2022)
• • 일본 전후 최장수 총리이자 대표적인 보수의 아이콘으로, '아베노믹스'라 불리는 경제 정책과 개헌 추진, 강경 외교 노선으로 주목받았다. 야스쿠니 신사 참배 등 역사 문제로 한일 관계에 깊은 갈등을 남겼으며, 2022년 유세 중 총격으로 사망했다.

아베 신조가 총격을 당한 날, 전임 총리이자 아베 내각에서 최장수 관방장관을 지낸 스가 요시히데(菅義偉)와 기시다 내각의 관방장관인 마쓰노 히로카즈(松野博一)가 병원을 방문했다. 전임 총리 고이즈미 준이치로(小泉純一郎), 모리 요시로(森喜朗)를 비롯해 많은 정치인과 경제인들도 병원을 찾아 조문했다. 아베의 장례식은 7월 12일, 일본 정토종 의식에 따라 도쿄 미나토구에 위치한 조조지(增上寺)에서 거행되었다. 이날 장례식에는 아베의 가족과 자민당 소속 일부 정치인만 참석했다. 장례식이 끝난 후, 아베의 관은 수많은 인파가 지켜보는 가운데 국회의사당, 자민당 본부, 총리 관저 등을 돌며 마지막 길을 이어갔다.

아베 신조의 피격 사건에 대해 국외 언론은 즉각 속보를 전했다. AP통신은 "이번 피격 사건은 세상에서 가장 안전하고 총기에 대한 법적인 규제가 매우 강한 국가 중 하나인 일본에서 발생한 충격적인 사건"이라고 전했다. 영국 BBC는 "권총이 금지된 일본에서 총격 사건이 드물고 정치적 폭력 사건 자체가 거의 전례가 없다"라고 보도했다. CNN도 "극도로 엄격한 총기 규제로 인해 총기 사고율이 매우 낮은 일본에서 이번 사건은 충격적"이라고 전했다.

윤석열 당시 대통령은 "일본 헌정 사상 최장수 총리이자 존경받는 정치가를 잃은 유가족과 일본 국민에게 애도와 위로의 뜻을 전한다"며 애도를 표했고, 이어 "아베 총리를 사망케 한 총격 사건은 용납할 수 없는 범죄행위"라고 밝혔다. 문재인 전 대통령도 트위터와 페이스북을 통해 "아베 전 총리의 급작스러운 비보에 매우 안타깝고 비통한 마음"이라며 "아베 전 총리의 명복을 빌며 가족들과 일본 국민께 깊은 애도와 위로의 마음을 전한다"고 밝혔다. 시진핑 중국 국가주석도 애도의 뜻을 표했다. 그 밖에 미국과 유럽의 정치 지도자들뿐 아니라, 국제기구에서도 기립 묵념을 하며 조의를 표했다.

피격 사건 초기에 일본 방송은 "왜 피의자 야마가미는 아베 총리를 살해했는가?", "왜 자위대 장교 출신이 사제 총을 만들어 무모한 짓을 했는가?"라는 질문을 중심으로 살해 동기를 파헤치는 데 열을 올렸다. 시간이 흐르면서 드러난 살해 동기에는 '세계평화통일가정연합(구 통일교)'이라는 종교 단체가 관련되어 있었다. 아베 신조와 통일교의 관계가 정말 존재하는지 살펴보자.

검찰 수사에 따르면, 통일교 신자였던 야마가미의 어머니가 1억 엔에 달하는 막대한 헌금을 하면서 가정이 파산했고, 이로 인해 삶이 붕괴됐다고 설명했다. 그는 교단을 원망하며 "교단과 깊은 관계가 있는 아베 전 총리를 쐈다"고 진술했다. 당초 통일교 지도자를 살해할 계획이었지만, 접근이 어려워지자 아베 전 총리를 표적으로 삼았던 것으로 알려졌다.

수사 결과에 따르면 야마가미는 아베 전 총리를 통일교와 밀접한 관계가 있는 인물로 인식했다. 살해 준비 과정에서 처음에는 통일교 교주 문선명의 가족을 모두 살해하고 싶었지만, 현실적 한계로 인해 대신 아베 전 총리를 목표로 삼았다. 통일교의 2대 총재 한학자(韓鶴子)와 그 딸을 살해하려 했던 시도 흔적도 남아 있었다.

그렇다면 실제로 아베 집안과 통일교는 어느 정도 관계가 있었을까? 단순한 연결이 아니라, 깊은 유착 관계가 존재했다. 대표적인 인물은 아베 전 총리의 외할아버지 기시 노부스케(岸信介)다. 그는 통일교 교주 문선명과 깊은 관계를 맺었다. 기시 전 총리는 1970년 4월 일본 통일교회를 직접 방문했으며, 이후 자민당의 반공 입법과 스파이 방지법 제정 과정에서 통일교를 적극적으로 활용했다. 1984년 문선명이 미국에서 탈세 혐의로 수감되었을 때 기시 전 총리는 미국 대통령에게 탄원서를 보내 그를 석방해 줄 것을 요청했다.

기시 전 총리는 반공 운동과 대북 정책에 통일교의 재정적 지원과 선거 운동원을 적극적으로 활용했다. 이러한 연결 고리는 기시의 사위이자 아베의 아버지인 아베 신타로(阿部晋太郎)로 이어졌다. 1974년 문선명이 도쿄 데이코쿠 호텔에서 개최한 만찬에 아베 신타로 전 외무대신이 참석했고, 아베 신조 본인도 2006년 통일교의 비정부기구 천주평화연합에 축전을 보냈다. 2021년에는 한국에서 개최된 통일교 행사에서 영상 기조연설을 하기도 했다.

일본 정계와 통일교와의 관계는 조금씩 드러났다. 일본 주간지 〈주간현대〉는 1999년 2월 "현직 일본 국회의원 128명의 승공연합, 통일교회 관계도 목록"을 폭로했으며, 2006년 6월에는 "아베 신조와 통일교는 외조부 대부터 이어지는 관계"라는 비판 기사를 실었다. 통일교 기관지 〈사상신문〉은 1986년 7월 20일 기사에서 "중의원·참의원을 뽑는 선거에서 130명의 승공 추진 의원이 당선됐다"고 주장하기도 했다.

아베 전 총리 피격 이후 일본 여론은 자민당과 통일교와의 유착 관계를 의심하기 시작했다. 이로 인해 기시다 정권의 지지율이 급락하자, 자민당은 소속 국회의원들을 대상으로 통일교와의 관계 여부를 조사했다. 그 결과 전체 소속 의원(381명) 중 절반에 가까운 179명이 통일교와 접점이 있는 것으로 드러났다. 기시다 후미오 총리는 각료 19명 중 14명을 교체하는 대대적인 개각을 단행하고, 통일교와 접점이 드러난 7명의 각료를 경질했다. 모테기 토시미쓰(茂木敏充) 간사장은 조사 결과를 발표하면서 "결과를 무겁게 받아들이며 솔직히 반성한다"며 "앞으로 통일교와 일절 관계를 맺지 않겠다"고 밝혔다.

로열패밀리 황태자, 아베 신조

한국인에게 아베 신조는 낯선 인물은 아니지만, 그에 대해 자세히 아는 사람은 많지 않다. 아베 가문이 일본 내 로열패밀리라는 사실과 아베 신조가 출세하는 데 친가인 아베 가문과 외가인 기시 가문의 지원을 받았다는 점을 아는 이도 드물다. 아베가 정치인으로 성장하게 된 배경인 아베 가문과 기시 가문을 살펴보자.

아베 신조의 외고조부는 1894년 동학 농민 운동 당시 파병되어 경복궁을 점령하고, 조선의 고종을 겁박해 청일전쟁 발발의 단초를 제공한 육군 소장 오시마 요시마사(大島義昌)이다. 한국사를 전공하는 연구자조차 오시마가 아베 신조의 외고조부라는 사실을 잘 알지 못한다. 아베의 친조부 아베 간(安部寬)은 야마구치현(山口県) 오쓰군(大津郡) 출신으로, 도쿄제국대학 법학부 정치학과를 졸업한 수재이자 중의원 2선 의원이었다. 그는 제2차 세계대전 기간 반전운동과 도조 히데키 내각 사퇴 등을 주장하며 평화주의자로 활동했다. 고향에서는 '오쓰의 성인(大津聖人)', '이마쇼인(今松陰)(이 시대의 요시다 쇼인)'이라 불릴 정도로 높은 평가를 받았다. 아베 간의 아들 아베 신타로가 기시 노부스케와 혼담이 오갈 때, 기시가 "오쓰의 성인의 아들인데 무슨 걱정이 있겠는가"라고 말했다는 일화도 전해진다.

아베 신조의 아버지 아베 신타로도 도쿄제국대학 법학부 정치학과를 졸업했다. 전쟁 말기에는 가미카제 특공 임무를 위한 훈련을 받았으나, 일본의 항복으로 실전에 투입되지는 않았다. 신타로는 아버지 간의 영향을 받아 평화주의자이자 친한파로 알려져 있다. 그는 지역구인 시모노세키에서 재일동포와 한국계 일본인들의 지지를 받기도 했다.

아베 신타로는 1982년 나카소네 야스히로(中曽根康弘) 총리하에서 외무대신을 지냈고, 이후 정치적으로 승승장구하다 1990년 8월 건강 악화로 입원했다. 1개월 후 췌장암 판정을 받고 이듬해 5월 15일, 67세를 일

기시 노부스케 • • 기시 노부스케는 '전쟁 책임자에서 동맹 재건의 총리'로 변신한 인물로, 일본 현대 정치의 연속성과 단절을 동시에 보여준다. 그의 손자는 훗날 총리가 된 아베 신조로, 보수 정치의 계보가 이어졌다.

기로 타계했다. 공교롭게도 아베 신조도 2022년 총격으로 사망할 당시 67세였다.

아베 신조는 다양한 수식어를 갖고 있다. 전후 세대(1954년생) 첫 총리, 전후 최연소 총리(당시 52세), 역대 최장기간 집권(3,188일, 8년 7개월) 기록 보유자다. 2006년 제90대 총리에 오른 후 2012년 제96대 총리에 재집권하며 중임(重任) 총리의 기록도 세웠다. 당시 52세에 총리가 되는 것은 일본 정치 풍토에서는 이례적이었다. 보통 총리는 60대 이상, 내각 각료 경험이 다수 있는 인물에게 주어지는 자리였다. 아베가 이례적으로 총리에 오른 배경에는 '로열패밀리'로 불릴 정도로 막강한 정치적 기반이 자리하고 있었다.

앞서 언급한 대로, 아베 신조는 야마구치현의 명망 있는 정치인 집안 출신이다. 외가인 기시 가문 역시 아베의 정치적 기반 형성에 큰 역할을 했다. 외할아버지 기시 노부스케(岸信介)는 '쇼와의 요괴(昭和の妖怪)'라 불릴 정도로 노련한 정치인이었다. 그는 만주국 지배 당시 산업부 차관, 도조 내각의 상공 대신을 역임하며 A급 전범으로 도쿄 재판에 회부되어 3년간 투옥되었다. 그러나 한국전쟁 발발 후 미국의 정책 변화로 풀려나, 1957년 총리직에 올랐다.

기시 노부스케의 친동생인 사토 에이사쿠(佐藤栄作)는 61~63대 총리를 역임했으며, 비핵 3원칙(핵무기 '만들지 않고, 갖지 않고, 들이지 않는다')을 내세운 공로로 1974년 노벨 평화상을 수상했다. 또 다른 형 사토 이치로(佐藤市郎)는 해군 중장 출신으로, 해군 병학교와 해군 대학교를 수석 졸업한 인물이었다. 그러나 두 동생과 달리 정치에는 발을 들이지 않았다.

사토 에이사쿠 • • 사토 에이사쿠는 1960~70년대 일본 경제 성장기 동안 총리를 지낸 인물로, 오키나와 반환 협상과 '비핵 3원칙'을 천명한 것으로 잘 알려져 있다. 일본 총리로서는 유일하게 노벨평화상을 수상했다.

이처럼 아베 신조는 친가와 외가 모두가 정치 명문가인 배경에서 성장했다. 외가에는 두 명의 전직 총리와 해군 중장 출신 인물이 있는 가문이다. 이러한 환경 속에서 아베는 정치인으로 성장했고, 비교적 순탄하게 출세 가도를 달릴 수 있었다.

그렇다면 아베 신조의 정치적 신념은 친가와 외가 중 어느 쪽에 더 영향을 받았을까? 앞서 언급했듯, 아버지 아베 신타로는 중도 보수 평화주의자였다. 그러나 외가인 기시 노부스케와 사토 에이사쿠는 보수 본류로 평가된다. 기시 노부스케는 헌법 개정을 통한 자주국방을 주장했고, 사토는 일본 경제 성장을 이끈 인기 총리였으며 재임 기간도 역대 2위(2,798일, 7년 8개월)에 달했다.

아베 신조는 "내가 가장 존경하는 인물은 요시다 쇼인(吉田松陰) 선생이다"라고 밝혔다. 그는 요시다 쇼인의 묘소에 참배하기도 했다. 요시다 쇼인과 아베 신조, 아베 신타로, 기시 노부스케, 사토 에이사쿠 모두

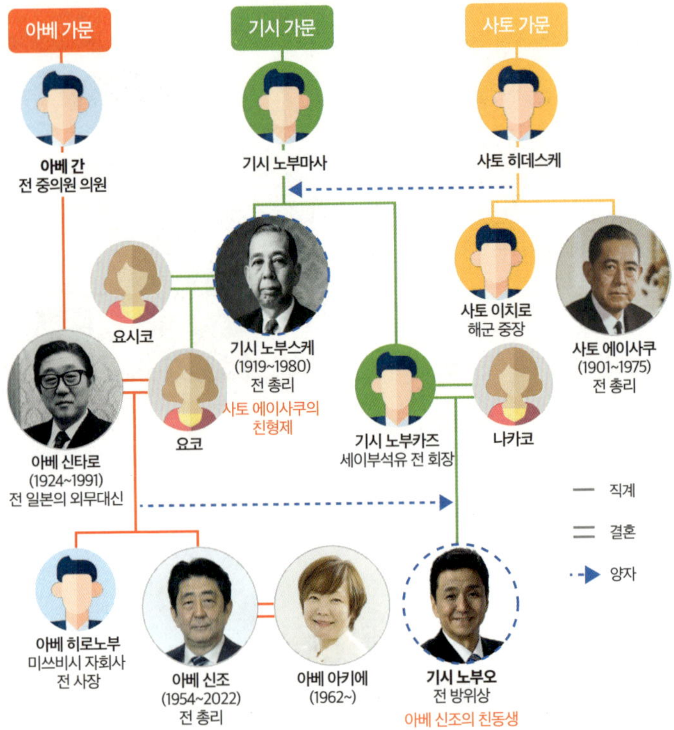

아베 신조 가계도

요시다 쇼인(吉田松陰) • • 요시다 쇼인은 조슈번 출신의 유학자이자 사상가로, 메이지 유신의 사상적 기반을 놓은 인물이다. 그의 사숙인 쇼카손주쿠는 후일 일본 근대화를 이끈 수많은 인재들의 출발점이 되었다. 아베 신조가 존경한다고 공언한 인물이기도 하다.

야마구치현 출신이라는 점도 흥미롭다.

요시다 쇼인의 사상을 요약하면 크게 두 가지다. 첫째는 존왕양이(尊王攘夷) 사상이다. 요시다는 '일군만민론(一君萬民論)'을 주창하며 "천하는 천황이 다스리고, 그 아래 만민은 평등하다"고 주장했다. 이는 막부(幕府) 체제를 부정하는 급진적 사상이었다. 그의 제자들은 조슈번(야마구치현) 출신으로 메이지유신의 주역이 되었고, 메이지 헌법 하 천황 절대권의 기반이 되었다. 요시다의 대표 제자로는 다카스기 신사쿠(高杉晋作), 구사카 겐즈이(久坂玄瑞), 이노우에 가오루(井上馨), 기도 다카요시(木戸孝允), 야마가타 아리토모(山縣有朋), 이토 히로부미 등이 있다.

둘째는 정한론(征韓論)과 대동아공영권(大東亞共榮圈) 사상이다. 요시다는 저서 『유수록(幽囚録)』에서 다음과 같이 주장했다.

> "무력 준비를 서둘러 군함과 포대를 갖추고… 캄차카와 오호츠크를 빼앗으며, 유구에 말해 제후로 만들고, 조선을 책하여 옛날처럼 조공을 하게 하며, 북으로 만주를 점령하고, 남으로 대만과 필리핀 루손 일대 섬들을 노획해 옛 영화를 되찾아야 한다."

요시다 쇼인의 사상은 서구 세력에 대항해 조선 정벌과 중국 침략, 동남아시아를 일본의 영향권에 둬야 한다는 논리를 펼쳤다. 이는 일본 우익 사상의 원류로 평가받는다. 이후 일본 보수우익의 한반도 정책 기조는 '한반도 관리'론으로 이어졌다. 메이지유신기의 정한론, 한국전쟁기, 북한의 핵실험과 미사일 발사, 미·중 갈등기에도 한반도는 일본의 이익선이므로 일본이 관리해야 한다는 논리다. 고

이즈미 전 총리가 김정일 위원장과 북일 수교를 추진한 것도 같은 맥락이다.

트럼프 전 대통령의 보좌관 볼턴의 회고록에 따르면, 문재인 정부의 한반도 종전선언과 평화 협정 추진에 대해 일본 정부는 미국 정부에 방해 공작 로비를 벌였다. 이는 일본 정부가 한반도를 일본의 이익선으로 보고 관리하려는 전략적 사고가 작동했음을 보여준다.

일본의 개헌 움직임과 한반도에 주는 시사점

아베 신타로는 "대학은 도쿄대학밖에 없다고 생각하라"라며 아베 신조를 늘 다그쳤다고 한다. 아베 간, 아베 신타로, 기시 노부스케, 사토 에이사쿠 등 가까운 친척들이 모두 도쿄대 출신이었지만, 아베 신조는 학업에 특별한 재능이 없었고, 아버지에 대해서도 늘 불만을 품고 있었다고 전해진다. 이와 같은 아베 신조를 진심으로 돌봐준 인물이 외할아버지 기시 노부스케였다. 기시는 아베가 공부에 뜻이 없다는 사실을 알고 세이케이(成蹊) 계열의 초등학교에 입학시켰다. 일본 사립학교는 에스컬레이터 식으로 초등학교에만 입학하면 대학까지 입시 없이 진학할 수 있는 시스템을 갖추고 있다. 아베는 이후 세이케이대학(成蹊大學) 법학부 정치학과를 졸업했다.

아베 신타로는 중의원 국회의원으로서 야마구치 지역구를 관리하고, 자민당뿐만 아니라 중앙 정부 각료로서의 역할도 수행하느라

바빴다. 자연히 아들 아베 신조에게 애정을 쏟을 시간이 턱없이 부족했다. 또한, 공부에 재능이 없는 아베 신조에게 강압적으로 대하기도 했다. 이러한 아베 신조를 기시 노부스케는 진심으로 돌보았고, 어린 아베를 업고 있는 기시의 사진을 보면 그의 손자 사랑이 각별했음을 알 수 있다.

아베 신조는 친가보다 외가의 영향을 훨씬 많이 받았다. 특히 외할아버지 기시 노부스케의 절대적 영향 아래 성장했다. 기시가 도쿄재판에서 A급 전범으로 기소되었던 사실, 평화헌법 개정을 평생의 소원으로 삼았던 점, 보수 본류 정치인으로서의 행보 등은 아베 신조에게 깊은 영향을 끼쳤다. "기시 노부스케가 이루지 못한 꿈을 외손자 아베 신조가 이루겠다"라는 합리적인 추론이 가능하다.

아베 신조는 요시다 쇼인을 가장 존경하고, 외할아버지 기시 노부스케의 영향을 받았다고 여러 차례 밝혔다. 그렇다면 아베가 8년 7개월간 재임하면서 어떤 나라를 만들고자 했는지 살펴보자.

보통국가론(普通国家論)은 전후 일본이 헌법 9조에 얽매여 '비정상 국가'라는 국제적 인식을 극복하고, 정상국가로 거듭나야 한다는 주장이다. 군대를 보유하고 자주국방을 실현하는 국가로 나아가야 한다는 의미다. 아베 신조는 이 기조를 계승해 일본을 정치 · 군사 강국으로 만들겠다는 비전을 품었다.

첫째는 일본 헌법 개정이다. 기시 노부스케 역시 헌법 개정을 시도했지만 실패했다. 아베 신조는 현행 헌법 전문을 '패전국의 애처로운 사과문', '볼썽사납다'고 평가했다고 산케이신문이 2016년 7월 25일 보도했다. 그는 자민당 간사장 시절과 2006년 자민당 총재 선거 출마 시에도 헌법 개정을 공약했으며, 총리 취임 이후 국회 연설에서 "현행 헌법은 일본이 연합국에 점령당한 기간 중 제정되었고, 60년이 지났으므로, 21세기에 걸맞은 미래상을 담아야 한다"고 주장했다.

그렇다면 아베 신조는 헌법을 어떻게 고치고자 했을까? 그는 헌법 제9조의 기본 원칙은 유지하되, 자위대의 존재를 명기하고, 고등교육을 포함한 교육 무상화 조항을 삽입하는 방안을 제시했다. 일본 헌법 9조는 다음과 같다.

> 일본국 헌법 제9조【전쟁 포기, 전력 및 교전권 부인】
>
> ① 일본 국민은 정의와 질서를 기초로 하는 국제 평화를 성실히 바라고 추구하며, 국제 분쟁을 해결하는 수단으로써 국권 발동에 의한 전쟁과 무력에 의한 위협 또는 무력행사를 영구히 포기한다.
>
> ② 전항의 목적을 달성하기 위하여 육·해·공군, 그 밖의 전력을 보유하지 않는다. 국가 교전권은 인정하지 않는다.

9조 1항은 전쟁의 영구 포기를, 2항은 군대 보유와 교전권을 부인하고 있다. 이에 일본 보수 우익 세력은 "국민의 생명과 안전을 보장하기 위해 군대가 없는 나라는 없다"며, 일본이 '특수국가'라 주장하고 군대 보유를 요구하고 있다. 9조 2항에 따라 일본은 공식 군대를 보유하지 않으며, '자위대'라는 명칭으로 실질적인 군사 조직을 운영하고 있다. 특히 북핵 위기 이후 군사력 증강이 가속화되고 있는 상황이다.

아베 신조는 현행 헌법 전문에 대해 "법률 전문가 없이 연합군 최고사령부(GHQ)에 의해 2주 만에 졸속 작성되었고, 정식 제정 절차를 거치지 않았다"고 비판했다. 이는 아베 개인의 견해라기보다, 일본 보수 우익 세력의 인식을 반영한다.

자민당은 2005년 11월 22일 창당 50주년 기념식에서 헌법 개정 초안을 발표했다. 주요 내용은 제9조 1항은 유지하되, 2항은 삭제하고 '자위군' 보유를 명시하는 것이다. 2017년 중의원 선거를 앞두고도 헌법에 자위대 명기를 공약으로 내걸었다. 아베 신조는 개인적으로 2020년을 새 헌법 시행 목표로 삼았지만, 실현되지 못했다.

개헌 이선에 아베 신소는 '헌법 해석 변경'을 통해 사실상의 개헌 효과를 추구했다. 2014년 7월 1일, 아베 내각은 각의 결정을 통해 집단적 자위권 행사를 허용하는 헌법 해석 변경을 단행했다. "일본과 밀접한 관계에 있는 타국에 대한 무력 공격이 발생해 일본의 존립이 위협받고, 국민의 권리가 근저로부터 뒤흔들릴 경우, 필요한 최소한도의 실력 행사는 자위 조치로 헌법상 허용된다"는 내용이었다.

1954년 자위대 창설 이래 일본 정부는 자위대 해외파병 불가, 전수방위(專守防衛), 집단적 자위권 행사 불가를 기본 입장으로 삼아 왔다. 아베 신조는 헌법 해석 변경으로 이 입장을 뒤집은 셈이다. 아베 전 총리와 자민당 정권은 헌법 개정을 꾸준히 선거 공약으로 내세워 왔다. 비록 2020년 개헌 구상은 실현되지 못했지만, 자민당의 개헌 추진은 앞으로도 지속될 것이다.

한일관계, 감정이 아닌 전략으로

일본의 개헌 움직임에 우리는 어떻게 대응해야 할까? 무엇보다 일본을 정확하게 인식해야 한다. 일본의 헌법 개정은 일본 정치와 사회의 방향성을 결정하는 중대한 변화다. 경제력을 바탕으로 성장한 일본이 경제 대국을 넘어 정치 대국, 군사 대국으로 나아가려는 움직임이다. 이러한 변화는 우리에게도 중요한 시사점을 던져준다.

우선, 한반도를 둘러싼 안보 상황에 집중해야 한다. 북핵 문제, 미 · 중 패권 경쟁, 북 · 러 친밀 외교 등에 대한 대비가 필요한 시점이다. 우리는 한미동맹에만 치우치지 말고, 다자 외교를 강화해야 하며, 무엇보다 자주 국방력 확보에 최선을 다해야 한다.

그렇다면 한일관계에는 어떻게 접근해야 할까? 감정적 대응보다는 전략적 접근이 필요하다. 한일관계는 과거사 문제를 제외하면 본질적으로 큰 갈등 요소가 많지 않다. 따라서 경제 · 외교 분야에서는 적극적인 협력이 요구된다.

그렇다면 과거사 문제는 어떻게 할 것인가? 참 어려운 문제다. 노무현 대통령이 2003년 6월 일본 국회에서 연설한 내용을 대신 소개하고자 한다.

> 나는 오늘 의원 여러분과 각계의 지도자들께 '용기 있는 지도력'을 정중히 호소하고자 합니다. 과거는 과거대로 직시해야 합니다. 솔직한 자기반성을 토대로 상대방을 이해하고 평가하도록 국민들을 설득해 나가야 합니다. 진실을 말하는 것이야말로 진정한 지도자의 용기라

고 생각합니다.

2003. 6. 9. 일본 국빈 방문 연설

마지막으로 하나 더 소개하고자 한다. 노무현 대통령은 일본 국빈 방문 때 일본 천황과 국회에서 연설했을 뿐만 아니라, 일본 국민과의 소통을 위해 TBS가 기획한 '한국 노무현 대통령과의 솔직한 대화'에도 출연했다. 당시 한 일본 아나운서는 팩스로 받은 질문이라며 "일본 총리가 야스쿠니 신사에 참배하는 것을 어떻게 생각하십니까? 개인적인 생각과 대통령으로서의 생각을 들려달라"라고 직설적으로 물었다. 일본을 방문한 한국 대통령이 일본인 방청객 앞에서 말하기 불편한 주제였다. 이에 대한 노무현 대통령의 발언을 인용해 본다.

> 제가 와서 북핵 문제에 관해 긴밀히 협의해야 하고, 거기에 서로 의기투합하고 신뢰해야 하는데 과거 얘기를 자꾸 들먹거리면 그게 도움이 되지 않을 것 같다. 모든 것을 다 묻어두자는 뜻은 아니지만, 모든 문제를 후벼 파서 감정적 대립 관계로 끌고 가는 것이 우리 후손들을 위해 도움이 되지 않는다. 현명한 방법으로 풀어가자는 것이다. 과거사에 대한 질문을 하셨습니다만, 답변은 제 가슴속에 묻어두겠습니다.

- 일본 TBS '한국 노무현 대통령과의 솔직한 대화' 내용 중

노무현 대통령의 이 발언은 한일관계에 있어 여전히 유효한 메시지를 담고 있다. 과거를 외면하지 않으면서도 미래를 바라보는 용

기, 감정에 휘둘리지 않고 전략적으로 접근하는 지혜가 지금 우리에게 필요한 덕목이다.

한일관계는 감정을 넘어 이성과 전략으로 풀어야 한다. 다자 외교를 강화하고, 자주 국방력을 키우며, 경제·안보 협력을 병행하는 균형 잡힌 외교 전략만이 한반도의 평화와 번영을 위한 길이 될 것이다.

도쿄돔, 푸른 조명 아래.

아이돌 그룹 뉴진스의 하니가 〈푸른 산호초〉를 부르자, 5만 명의 일본 관객이 숨을 죽였다. 누군가는 눈시울을 붉혔고, 누군가는 오래된 청춘의 기억에 잠겼다. 1980년대, 세계를 휘어잡던 일본 경제의 전성기. 당시 일본은 넘치는 자신감으로 세계 2위 경제 대국의 자리에 올랐지만, 플라자합의와 버블 붕괴를 거쳐 '잃어버린 30년'이라는 긴 침묵에 빠져들었다.

왜 일본은 과거의 영광을 극복하지 못했을까. 그리고 지금 성장의 정점에 선 한국은, 같은 길을 걷지 않을 수 있을까. 번영의 순간, 우리는 추락을 피할 준비가 되어 있는가. 일본의 영광과 침체의 궤적을 통해, 우리는 무엇을 준비해야 하는가.

푸른 산호초에 비친 일본의 영광과 침체: '잃어버린 30년'이 남긴 경고

도쿄돔을 뒤흔든 뉴진스 하니의 <푸른 산호초>

あ~ 私の恋は南の風に乗って走るわ
青い風切って走れあの島へ

아! 내 사랑은 남쪽 바람을 타고 달리네요.
푸른 바람을 가르고 달려요, 그 섬으로

그룹 뉴진스의 하니가 도쿄돔에 모인 일본인 약 5만 명을 사로잡았다. 뉴진스라는 아이돌 그룹이 데뷔 후 1년 10개월 만에 도쿄돔에서 이틀 동안 공연(2024년 6월 26~27일)한 것도 화제를 모았지만, 최고의 하이라이트는 단연코 뉴진스 하니의 솔로 무대였다. 하니가 예기치 않게 1980년에 발표된 마쓰다 세이코(松田聖子)의 <푸른 산호초(青い珊瑚礁)>를 부르자 관객들은 뜨거운 환호로 화답했다. 일본의 유명 현대 미술가 무라카미 다카시(村上隆)도 벌떡 일어나 춤을 출 정도였다. 하니는 단발머리와 초롱초롱한 눈, 푸른색 치마와 하얀 블라우스 차림, 그리고 앙증맞은 안무로 일본인의 마음을 사로잡았다. 관객들의 함성은 천장을 뚫을 기세였고, 일부 일본 팬들은 감격에 겨워 눈물까지 흘렸다고 한다.

하니의 솔로 무대는 실시간 검색어 순위를 장악했고 SNS를 뜨겁게 달궜다. 둘째 날 공연에서는 하니의 솔로 무대에 대한 기대감이 더욱 커져, <푸른 산호초> 전주가 흐르자 첫날보다 더 큰 함성이 터져 나왔다. 일본 매체의 반응도 폭발적이었다. 〈아사히신문〉은 "80년대 아이돌 에너지가 되살아난 느낌"이라고 평했고, SNS 댓글에는 "너무 눈부셔서 눈물이 났다", "40년 전의 일본이 소환됐다" 같은 찬사가 이어졌다. 일본뿐만 아니라 한국에서도 '하니 신드롬'이라는 말이 등장할 정도였다. "온종일 하니의 '푸른 산호초' 영상을 보고 있다"라는 댓글도 확인할 수 있다. 이후 일본 방송국에서 별도로 하니의 무대를 방송하기도 했다. 일본 매체들은 "기성세대에게는 향수, MZ세대에게는 신선함"이라며 "뉴진스가 50 · 60대 중년 남성을 새롭게 공략하게 되었다"고 분석했다.

여기서 하나 의문이 든다. 일본에서 '영원한 아이돌'로 평가받는 마쓰다 세이코의 노래를 수많은 일본 여가수들이 커버해 왔다. 그런데 왜 유독 하니의 무대가 이렇게 화제가 되었을까? 어설프게 분석해 보자. 마쓰다 세이코의 트레이드 마크는 청순함을 상징하는 단

발머리다. 뉴진스 하니가 단발 가발을 쓰고 등장한 이유다. 하니는 푸른색 치마와 하얀 블라우스를 입고, 귀여운 춤을 추며 일본어로 '푸른 산호초'를 불렀다. 열광하지 않을 수 없었을 것이다. 게다가 아무런 사전 예고 없이 암전된 상태에서 하니가 "あ　私の恋は南の風に乗って走るわ(아! 내 사랑은 남쪽 바람을 타고 달리네요)"라고 부르자 50 · 60대 관객들은 "40년도 더 된 노래를 어떻게 한국 아이돌이 일본어로 이렇게 자연스럽게 부를 수 있지?"라며 놀랐을 터이다. "지금은 이래도, 그 시절 우리는 잘 나갔지"라는 향수에 젖었을 것이다. 무라카미 다카시가 자리에서 벌떡 일어선 것도 이 때문일 것이다. 기막힌 선곡, 복고풍 의상, 깜찍한 안무가 '하니 신드롬'의 원천이었다.

푸른 산호초가 50 · 60대에게 추억의 향수를 불러일으켰다면, 원곡 가수 마쓰다 세이코는 어떤 인물이기에 하니가 부른 노래에 그 시절을 떠올리게 했을까? 마쓰다 세이코는 1962년생으로 환갑이 넘은 지금도 현역으로 활동하고 있다. 하니가 부른 '푸른 산호초'는 그녀가 18세에 데뷔하며 부른 곡이다. 앳된 얼굴로 살랑살랑 춤추며 노래하는 모습은 당대 최고의 아이돌이었다. 이후 1988년까지 24곡을 연속으로 오리콘 차트 1위에 올렸으니, 일본에서 마쓰다 세이코를 모른다면 간첩이라는 말까지 나올 정도였다.

마쓰다 세이코는 '영원한 아이돌'로 불리지만, 또 다른 별칭은 '버블 시대의 상징'이다. 〈아사히신문〉과 SNS 댓글에는 '80년대 아이돌', '40년 전 일본', '50 · 60대의 향수'라는 표현이 자주 등장한다. 마쓰다 세이코의 노래를 들으면 1980년대 경제 호황기 일본의 기억이 떠오른다는 의미다. 현재 일본은 '잃어버린 10년', '20년', '30년'을 넘어 쇠락을 걱정하는 상황이지만, 1980년대에는 누구도 일본이 이렇게 될 줄 몰랐다.

1980년대 일본 경제가 얼마나 호황이었는지 사례를 몇 가지 들어 보자. 1989년 세계 시가총액 상위 10개 기업 중 7개가 일본 기업이었다. 당시 NTT는 세계 시가총액 1위 기업이었다. 미국 기업은 IBM과 엑손 두 곳뿐이었다. 1990년 기준 반도체 시가총액 1~3위는 일본 기업 NEC, 도시바, 히타치가 차지했다. 그 시기 한국 기업은 순위에 들지 못했다.

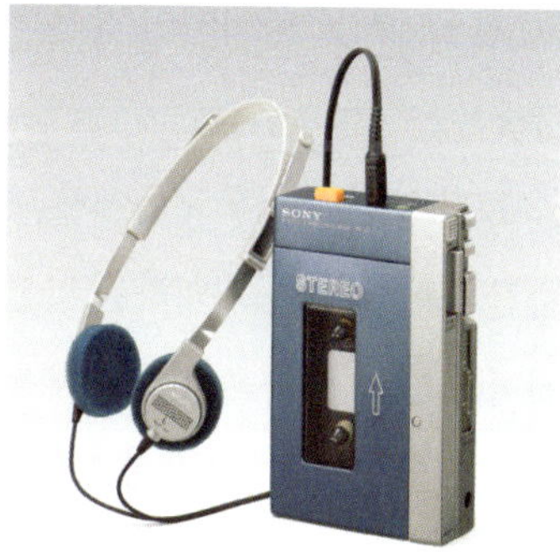

소니의 워크맨 • • 워크맨은 일본 기업 소니가 만든 혁신적 제품으로, 전 세계에 '휴대용 음악 감상'이라는 새로운 생활방식을 제시했다. 이는 일본 기술의 글로벌 경쟁력을 상징하는 대표적 사례였다.

일본 기업들은 넘쳐나는 자금으로 미국 부동산도 대거 매입했다. 미쓰비시 부동산은 뉴욕 록펠러센터를 사들였고, 명화 경매 시장에도 뛰어들어 고흐의 7번째 「해바라기」 그림을 야스다 해상화재 보험이 3,629만 달러에 낙찰받아 세계를 놀라게 했다. 이 그림은 지금 도쿄 보험사 미술관에 소장되어 있다.

개인적으로 1980년대 일본 경제를 상징하는 물건은 소니의 워크맨이다. 1979년 출시된 워크맨은 손바닥 크기의 카세트 플레이어로, 개인 청취 시대를 열었다. 당시 미국 흑인들이 어깨에 카세트 스테레오를 메고 다니던 문화와 대비되어, 워크맨은 개인화된 음악 청취의 혁명이었다. 워크맨은 일본 전자 산업의 세계 진출 신호탄이 되었고, 한국에서도 마이마이 같은 제품이 나오며 부러움의 대상이 되었다.

뉴진스 하니가 도쿄돔에서 "あ 私の恋は(아~ 나의 사랑은)"을 부르던 순간, 1980년대를 기억하는 일본 50·60대들은 그 시절을 떠올렸을 것이다. 당시 일본은 미국 경제를 넘어 세계 1위 경제 대국이 되는 꿈을 꾸었고, 실제로 그렇게 될 것처럼 보였다. 그러나 결국 그 모든 것이 '버블(거품)'이었음을 깨닫게 되었다. 2010년에는 경제 규모 2위 자리를 중국에 내주었고, 2023년에는 3위에서 4위로 추락했다. 2024년이나 2025년에는 인도에 추월당할 가능성마저 거론되고 있다.

푸른 산호초에 스민 일본의 추억과 '잃어버린 30년'의 진실

뉴진스 하니의 노래가 일본 50·60세대에게 지난날의 추억을 선물했다. 하니가 부른 마쓰다 세이코의 노래를 들으며 50·60세대는 세계 경제를 주름잡던 시절을 그리워했을 것이다. 그렇다면 그 당시 일본 경제가 어느 정도의 수준이었는지 간략히 살펴보자.

일본은 1964년 도쿄올림픽을 개최했고, 개막 10일 전인 1964년 10월 1일에는 도쿄와 오사카를 연결하는 신칸센을 개통했다. 도쿄올림픽과 신칸센 개통은 전후 20년 만에 일본의 저력을 전 세계에 알리는 계기가 되었다. 이를 발판으로 일본은 고도경제성장을 이루었고, 1968년에는 세계 2위 경제 대국으로 우뚝 섰다.

그림 2는 1961년부터 1985년까지 일본의 경제성장률 추이를 보

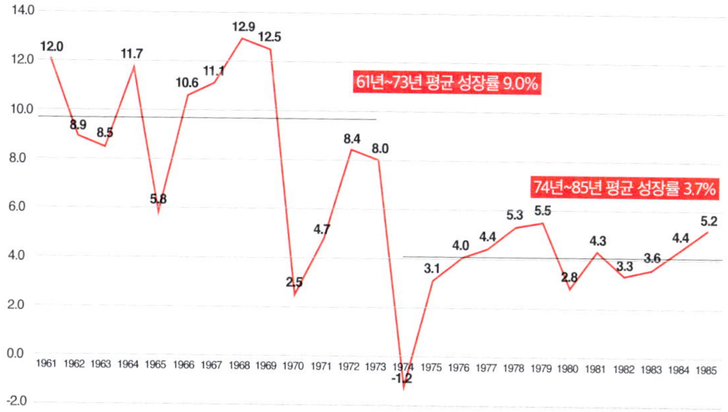

그림 2 • • 일본 경제성장률(1961-1985)

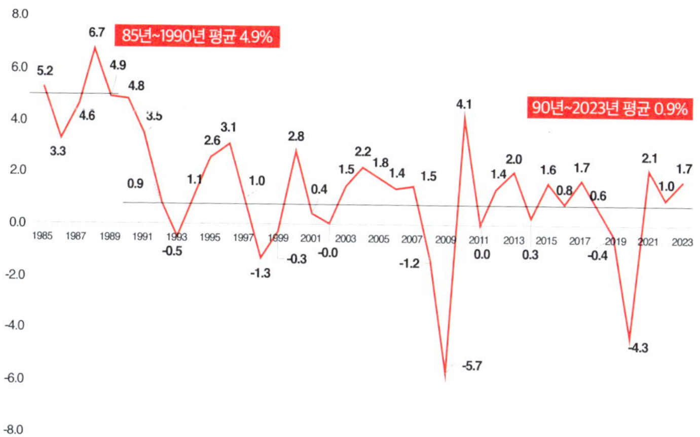

그림 3 • • 일본 경제성장률(1985~2023)

여준다. 이 그래프에서 유일하게 마이너스 성장을 기록한 해는 1974년으로, 제2차 오일쇼크가 발생했던 시기다. 이 시기를 기준으로 경제성장률을 살펴보면, 전반기(1961~1973년) 평균 성장률은 약 9.0%에 달했다. 1970년 제1차 오일쇼크 당시 성장률은 약 2.5%로 주춤했지만, 그외 기간 동안 대부분 10% 이상의 고성장을 기록했다.

일본은 경제 호황기에도 이름을 붙이기를 좋아하는데, 1965년 11월부터 1970년 7월까지 57개월에 걸친 호황기를 ‘이자나기(いざなぎ) 경기’라고 부른다. 이 시기의 연평균 성장률은 11.5%로, 일본이 경제 대국이자 선진국 반열에 오른 시기였다. 후반기(1974~1985년) 평균 성장률은 약 3.7%였으며, 1974년을 제외하면 약 4.2%로 비교적 안정적인 성장세를 이어갔다.

그렇다면 일본의 ‘잃어버린 30년’은 언제부터 시작되었을까. 위의 그림 3는 1985년부터 2023년까지 일본의 경제성장률 변화를 보여준다. 저자는 이 시기를 전반부와 후반부로 나누었는데, 두 시기의 성장세 차이는 뚜렷하다.

일본 정부는 1986년 12월부터 1991년 2월까지 51개월간 이어진 호황기를 ‘버블 경기’라고 명명했다. 앞서 살펴본 ‘이자나기 경기’가 일본을 선진국으로 끌어올린 성장기라면, ‘버블 경기’는 ‘잃어버린 30년’의 서막이 되었다. 1985년부터 1990년까지 일본의 평균 성장률은 약 4.9%로, 선진국으로서는 상당히 높은 수준이었다. 그러나 1991년부터 2023년까지의 평균 성장률은 약 0.8%에 불과하다.

일반적으로 중진국이 선진국 단계에 진입하면 고도성장은 어려워지고, 경제는 성숙 국면에 들어선다. 선진국들은 대체로 연 2% 내

외의 안정적으로 성장했다. 미국, 영국, 프랑스, 독일 등이 그런 사례다. 그러나 일본은 선진국 진입 이후 2%는커녕 1%에도 못 미치는 저성장을 지속하고 있다. 바로 이 현상이 '잃어버린 30년'이라는 이름으로 불린다.

여기서 한 가지 의문이 제기된다. 잘 나가던 일본 경제가 왜 성장세를 잃고 저성장에 빠졌는가. 선진국 대부분이 성숙 경제로 전환했음에도, 왜 일본만 유독 '잃어버린 30년'을 겪고 있는 것일까. 이 문제는 국제사회의 냉혹함과 국가 생존 전략이라는 본질적 문제와도 밀접한 관련이 있다.

트럼프의 호텔에서 터진 거품: 플라자합의와 일본의 몰락

트럼프 대통령이 영화에 카메오로 등장한 사실을 알고 있는가. 영화 <나 홀로 집에 2>에서 트럼프는 뉴욕 플라자호텔 로비에서 길을 헤매는 케빈에게 길을 안내하는 신사로 등장했다. 당시 플라자호텔은 트럼프 소유였으며, 자신의 카메오 출연을 촬영 조건으로 내세웠다는 일화도 전해진다. 2021년 미국 의회 난입 사건 이후 트럼프의 퇴출을 요구하는 목소리가 나오면서 해당 장면을 삭제하자는 주장도 있었다.

왜 플라자호텔과 트럼프를 이야기하는가. 일본 경제사에서 플라자호텔은 중요한 전환점과 연결된다. 1985년 플라자합의(Plaza Accord)가 이곳에서 체결되었기 때문이다. 플라자합의 이후 일본 경제는 버블이 형성되었고, 버블 붕괴 이후 '잃어버린 30년'을 맞이한다.

플라자합의란 무엇인가. 1985년 9월 22일, 미국, 일본, 서독, 영국, 프랑스 5개국 재무장관이 뉴욕 플라자호텔에 모여 달러 강세를 억제하고, 참여국 통화 가치를 상승시키기로 합의한 것이다. 핵심은 미국 달러화 가치를 떨어뜨리고, 상대국 통화 가치를 올리는 인위적 환율 조정이었다.

그렇다면 왜 미국은 인위적 환율 조정을 시도했을까. 미국 경제가 위기에 빠져 있었기 때문이다. 1960년대 린든 B. 존슨(Johnson Lyndon B.) 대통령 시기, '위대한 사회(Great Society)' 프로그램과 베트남 전쟁 개입으로 막대한 재정 지출이 발생했고, 이에 따라 달러는 남발되었다. 1971년, 닉슨(Nixon Richard) 대통령은 금본위제 폐지를 선언(닉슨 쇼크)했고, 달러 가치 하락과 함께 원자재 · 원유 가격 급등을 초래했다. 이어 1970년대 두 차례 오일쇼크가 미국 경제를 강타했다.

1979년 취임한 폴 볼커(Volcker Paul) 미연방준비제도(Federal Reserve System) 의장은 극심한 스태그플레이션을 잡기 위해 기준금리를 20% 이상으로 급격히 인상했다. 그림 4 미국 기준금리 추이를 참고하면, 당시 미국 경제가 얼마나 심각한 상황이었는지 알 수 있다. 볼커의 통화 긴축 정책으로 인플레이션은 잡았지만, 강달러는 일본과 독일 같은 무역 흑자국과의 갈등을 불러왔다.

특히 일본은 엔저로 막대한 무역 흑자를 기록했다. 소니의 워크맨(Walkman)과 도요타(Toyota) 자동차가 미국 시장을 석권했다. 무역 적자 확대와 제조업 붕괴를 우려한 미국은 1985년 플라자합의를 추진했다. 그림 5, 엔 · 달러 환율 추이를 보면 플라자합의 이후 엔화

Source: Tradingeconomics.com | Federal Reserve

그림 4 미국 중앙은행 기준금리

Source: Tradingeconomics.com

그림 5 • •엔·달러 환율 추이

가치는 급등했다. 250엔대였던 환율이 1989년에는 120엔대로 하락했다.

미국은 플라자합의로 일본을 압박해 제조업 경쟁력을 회복하고 무역 수지를 개선하려 했다. 하지만 일본 시장은 폐쇄적이었고, 일본 국민은 미국 제품에 큰 관심을 보이지 않았다.

문제는 일본 내부에 있었다. 플라자합의 이후 엔고로 수출이 타격을 입자, 일본 정부는 경기 부양을 위해 금리를 대폭 인하했다. 그림 6 일본 기준금리(1986~1996) 추이를 보면 1985년 5%였던 기준금리는 1987년 2.5%까지 내려갔다. 그러나 저금리 자금은 기술 투자로 향하지 않고, 부동산과 주식 시장으로 흘러들어 버블을 키웠다.

부동산 가격은 치솟았고, 도쿄의 일부 지역은 2년 만에 3배 급등했다. '도쿄를 팔면 미국을 살 수 있다'는 농담이 나올 정도였다. 주식 시장도 마찬가지였다. 일본전신전화공사(Nippon Telegraph and Telephone Corporation, NTT) 주가는 상장 2주 만에 2배로 급등했고, 1989년 말 닛케이지수는 38,957포인트로 사상 최고치를 기록했다. 그림 7을 참고하면 당시 상황을 알 수 있다.

그러나 1990년부터 일본은행은 금리를 인상하고, 부동산 대출 규제를 강화하면서 버블은 붕괴했다. 주가와 부동산 가격은 폭락했다. 닛케이 지수는 9개월 만에 반 토막이 났고, 이후에도 장기 하락세를 이어갔다.

부동산 가격 급락은 서민의 주거비 부담을 가중시켰고, 사회적 불만을 야기했다. 일본 정부는 부동산 대출 총량 규제를 시행했고, 신규 대출이 막히면서 부동산 시장은 급랭했다. 경기 침체가 심화

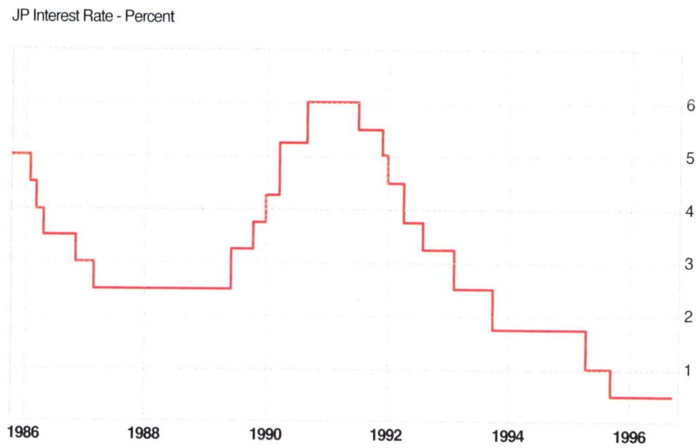

Source: Tradingeconomics.com I Bank of Japan

그림 6 • • 일본 기준 금리(1986~1996)

Source: Tradingeconomics.com

그림 7 • • 일본의 주가 그래프(1984~2024)

되자 일본은행은 다시 금리를 인하했지만, 이미 신뢰를 잃은 정책은 효과를 발휘하지 못했다.

1997년 아시아 외환 위기와 함께 일본 경제는 다시 충격을 받았다. 대형 증권사와 은행들이 잇따라 파산했고, 일본 경제는 장기 침체에 빠져들었다.

일본 경제, 왜 '잃어버린 30년'을 벗어나지 못했나

1980년대와 1990년대 일본 경제 위기의 흐름은 어느 정도 이해할 수 있다. 하지만 일본은 왜 그 위기를 극복하지 못하고 '잃어버린 30년'을 보내게 되었을까. 여기에는 세계 경제의 외부 변수도 있었지만, 일본 내부의 구조적인 문제와 좌절감 역시 무시할 수 없다. 1985년 플라자합의 이후 어떤 경제인은 이를 '제2의 패전'이라고 부르며, 일본이 미국에 대해 'NO'라고 말할 수 있어야 한다고 주장하기도 했다. 그렇다면 일본은 버블 붕괴 이후 왜 극복하지 못하고 '잃어버린 30년'에 빠지게 되었는지 살펴보자.

일본 경제는 1990년 이후 총 네 차례 마이너스 성장률을 기록했고, 0%대 성장률까지 포함하면 여섯 차례나 경제 침체를 경험했다. 이러한 '잃어버린 30년'을 초래한 주요 경제 사건들을 구체적으로 살펴보도록 하자.

1) 1993년 부동산·주식시장 버블 붕괴: -0.5% 성장

2) 1998년 아시아 금융위기(한국의 경우 IMF 외환위기): -1.3% 성장

3) 2002년 세계 IT 버블 붕괴: 0% 성장

4) 2008~2009년 글로벌 금융위기(리먼브라더스 사태): -1.2% ~ -5.7% 성장

5) 2011년 후쿠시마 원전 사태: 0% 성장

6) 2019~2020년 코로나19: -0.4% ~ -4.3% 성장

1985년 플라자합의 이후 일본 정부의 정책은 시장의 신뢰를 잃기 시작했고, 이에 따라 일본 경제성장률도 급격히 하락했다. 1985년부터 1990년까지는 연평균 약 4.9%의 안정적인 성장을 유시했시만, 1991년에는 3.5%, 1992년 0.9%, 1993년에는 -0.5%로 결국 마이너스 성장을 기록했다. 앞서 언급했듯, 주식시장은 이를 선반영해 1990년 최고점 대비 약 48.9% 급락했다.

일본이 엔고 현상과 부동산 버블로 고전하고 있을 때, 한국은 단군 이래 최대의 3저 호황(저금리·저유가·저달러)을 누렸다. 특히 1986년부터 1988년까지 연평균 12.1%의 고성장을 기록했다. 이 기간 동안 한국은 사상 처음으로 무역수지 흑자를 달성했고, 실업률도 4.0%에서 2.5%로 감소하며 전례 없는 호황을 누렸다. 1986년부터 1995년까지 10년간 평균 성장률도 약 9.58%에 이르렀다.

두 번째 일본 경제 위기는 1998년 아시아 금융위기였다. 한국은 IMF 외환위기로 국가 부도 직전까지 몰렸고, 일부에서는 일본이 한국을 지원하지 않았다고 비판하기도 했다. 그러나 당시 일본 역시 심각한 금융 불안에 시달리고 있어 한국을 도울 여력이 없었다. 한

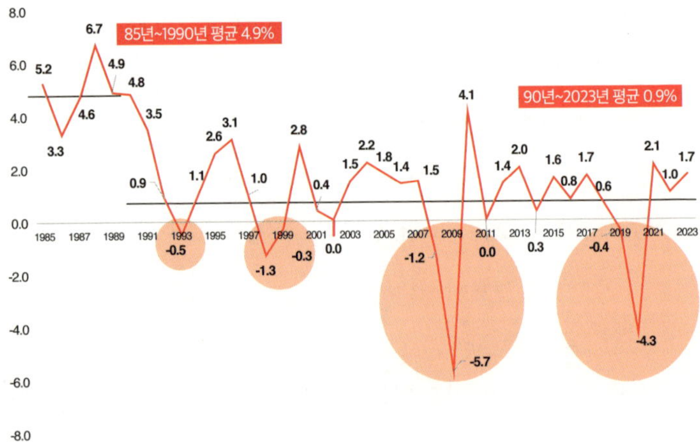

그림 8 • • 일본 경제성장률(1985~2023)

국은 1998년 -5.1%의 마이너스 성장을 기록했지만, 이듬해 11.5%의 V자 반등에 성공했다. 반면 일본은 1999년에도 -0.3% 성장에 그치며 2년 연속 마이너스 성장을 기록했다. 일본이 2년 연속으로 마이너스 성장을 기록할 것이라고는 당시 누구도 예상하지 못했다.

세 번째 위기는 2008년 미국의 리먼브러더스 사태로 촉발된 글로벌 금융위기였다. 이 시기 일본은 -1.2%, -5.7%라는 두 차례의 마이너스 성장을 기록했다. 2002년 IT 버블 붕괴 이후 조금씩 회복세를 보였지만, 글로벌 금융위기로 또다시 타격을 입었다. 한국 역시 충격을 피할 수는 없었지만, 2008년과 2009년 각각 3.0%와 0.8%의 성장률을 기록하며 마이너스 성장은 피했다. 2010년에는 6.8%의 성장률로 V자 반등에 성공했다. 일본도 2010년 4.1%의 성장률로 반등했으나, 2011년 동일본 대지진과 후쿠시마 원전 사고로 다시 경제 위기를 맞이했다.

네 번째 위기는 코로나19 팬데믹이었다. 일본은 2019년 -0.4%, 2020년 -4.3%의 마이너스 성장을 기록했다. 한국도 2020년 -0.7%의 성장률로 마이너스를 기록했지만, 상대적으로 빠르게 회복세에 접어들었다.

한국의 도전, 일본의 반성: 지금 우리가 배워야 할 것들

"돈만으로는 행복할 수 없지만, 돈이 없으면 행복할 수 없다"

젊은 날을 돌아보면 이런 말들을 별로 좋아하지 않았다. 특히 대학원 박사과정 시절, 내 친구들이 좋은 직장을 다니며 높은 연봉과 좋은 차를 몰고 다닐 때, '돈이 세상 전부가 아니다'라고 스스로 최면을 걸며 살아왔던 것 같다.

하지만 요즘 누군가 '돈이 세상 전부가 아니라는 생각에 변함이 없냐'고 물으면 자신이 없어서 그냥 웃어버릴 것이다. 살아보니 돈이 매우 중요하다는 생각이 든다. 사람이 어떻게 살아가고, 누구와 대화하고, 어떤 가치관을 가지고 사는 것도 중요하지만, 먹고사는 문제 역시 그만큼 중요하다는 걸 깨달았다.

일본도 마찬가지다. 일본 경제가 '잃어버린 30년' 동안 성장하지 않고 침체하면서 일본 사회 전체가 무기력에 빠져버렸다. 일본 정부, 기업, 개인 모두가 '무엇을 해도 안 된다'는 패배감과 무기력에 사로잡혀 있는 분위기다.

일본 기업의 경우를 보자. '잃어버린 30년' 동안 일본 기업은 여러 부정적인 면이 드러났다. 대표적인 예는 결정을 해야 할 때 결정을 내리지 못하는 경영의 경직성이다. 전통 제조업이 강세이던 시기에는 일본 특유의 장인정신을 바탕으로 세계 최고의 상품을 만들어냈지만, 인터넷 혁명과 IT 시대에는 속도가 기업 운명을 좌우하게 되었다.

애플, 아마존, 테슬라 같은 미국 기업과 삼성, SK, 현대 같은 한국 기업은 혁신과 대규모 투자를 결단한다. 그러나 일본 기업의 경영자들은 토론만 하다 투자 시기를 놓치는 경우가 허다하다. 완벽한 제품을 만들려는 장인정신이 오히려 독이 된 것이다. 일본이 반도체 최강국에서 한국과 대만에 밀린 것도 같은 맥락이다.

아버지가 다니던 회사에 아들이 입사했다고 가정해 보자. 그런데 아들이 받는 월급이 아버지가 처음 입사했을 때의 월급과 별반 차이가 없다면 어떻겠는가. 일본이 바로 그런 나라다. 경제가 성장하지 않으니 물가도, 월급도 오르지 않는 나라가 되어버렸다.

예를 들어 보자. 일본의 인기 과자 '우마이봉'은 1979년 하나에 10엔에 출시되었다. 그런데 2022년이 되어서야 겨우 12엔으로 20% 인상됐다. 43년 동안 가격이 거의 오르지 않은 셈이다.

기업이 적자를 보면서 상품을 팔지는 않는다. 43년 동안 10엔에 팔아도 됐다는 것은 그만큼 물가가 오르지 않았다는 뜻이다. 장기간의 저성장과 저물가는 일본 경제에 디플레이션을 불러왔고, 소비자들은 오늘 사는 물건이 가장 비싸다는 사실을 알고 있다.

부동산 역시 마찬가지다. 사고 싶어도 가격이 오르지 않으니 주저하고, 결국 비싼 월세를 내며 산다. 부동산을 사면 시세가 떨어질 것을 알기 때문이다. 마트에서도 사람들이 물건을 많이 사지 않는다. 내일이면 더 싸질 수 있기 때문이다.

그럼, '잃어버린 30년' 동안 일본 정치는 무엇을 했을까. 일본인에게 2000년대 이후 총리 이름을 대보라면 쉽게 떠올리기 어렵다. 고이즈미 총리 이후 거의 매년 총리가 바뀌었다. 일본 경제가 활력을 잃고 중국에 세계 경제 2위 자리를 내주자, 자민당 일당 체제마저 무너지고 민주당으로 정권 교체가 일어났다.

정권을 잡은 민주당이 국정 운영을 잘했다고 볼 수도 없다. 대표적 사례가 2010년 중국 어선과 일본 순시선의 센카쿠열도(댜오위다오) 충돌 사건이다. 일본은 선장을 구속하고 어선을 나포했지만, 중국은 강력히 반발하며 희토류 수출 금지와 중국인 관광객 금지로 일본을 압박했다. 결국 일본은 중국 선장과 어선을 조건 없이 풀어주는 굴욕을 겪었다.

같은 해, 중국은 일본의 GDP를 추월하며 세계 경제 2위로 올라섰다. 일본 사회는 충격과 패배감에 빠졌다. 민주당 정권은 소비세 인상 논란과 당내 분열로 지지율이 바닥을 쳤고, 일본 국민은 다시 보수 세력으로 눈을 돌렸다. 그렇게 등장한 인물이 바로 아베 신조 총리였다.

아베 총리는 헌법 개정, 자위대 정식 군대화, 야스쿠니 신사 참배, 역사 수정주의 등 보수 우경화 정책을 밀어붙였다. 동시에 디플레이션 탈출을 위해 '아베노믹스'정책을 추진했다. 일본은행의 양적완화를 통해 엔화를 대량 발행하고, 인플레이션을 유발해 기업 이익과 국민 소득을 올리겠다는 전략이었다.

그러나 이미 저출산 · 고령화가 심각한 일본에서 생산가능인구는 줄어들고, 65세 이상 인구는 급증했다. 일손이 부족한 현상도 심화되었다. 기업 구조조정은 늦어져 '좀비기업'만 늘어났고, 이자조차 감당하지 못하는 기업들이 늘었다.

장기 저성장과 저물가는 일본 사회 전반의 활력을 떨어뜨렸다. 세계 2위 경제 대국이었던 일본은 이제 3위 자리를 독일에 내주었고, 4위 자리도 곧 인도에 내줄 상황이다.

한국과 비교해 보자. 2024년 기준으로 한국의 1인당 GDP는 일본을 넘어섰고, 대기업 초봉 역시 한국이 높다. 반도체, 조선, 자동차, 배터리, K-콘텐츠 등 여러 산업에서도 한국이 경쟁력을 갖췄다. 세계 무대에서 한국이 선전하는 동안 일본은 자성의 목소리를 높이고 있다.

그렇다면 일본이 과거의 영광을 되찾을 수 있을까? 단언하기는 어렵지만, 당분간은 쉽지 않다. 그리고 일본의 '잃어버린 30년'은 한국에 중요한 경고를 준다. 저성장, 고령화, 가계부채, 부동산 양극화, 정치 리더십 부재 등 일본이 겪었던 문제들이 한국에서도 서서히 나타나고 있다. 문제는 징후가 아니라 대응이다. 일본은 변화에 둔감했고, 구조적 개혁을 망설였다. 한국은 과연 다를 수 있을까.

지금 한국은 세계가 주목하는 산업과 문화를 보유하고 있지만, 이 번영이 지속되리라는 보장은 없다. 변화를 두려워하지 않고, 위기에 앞서 대응해야만 미래가 있다. 오늘의 성공이 내일을 담보하지 않는다는 사실 일본이 남긴 가장 큰 교훈이다.

엔화 약세, 이른바 '슈퍼 엔저'가 세계 경제를 뒤흔들고 있다. 환율 변동의 수혜를 입은 일본 수출 기업과 투자자들은 환호했지만, 그 이면에는 일본 국민이 고스란히 떠안아야 할 비용이 존재한다. 오랜 디플레이션의 늪에서 벗어나지 못한 일본 경제는 이제 인플레이션이라는 새로운 위기에 직면하고 있다. 그리고 이러한 일본의 경험은 결코 우리와 무관하지 않다.

2010년대 이후 한국 경제 성장률도 하락세를 이어가며 선진국형 저성장 함정에 빠질 수 있다는 우려가 커지고 있다. 과거 일본이 '잃어버린 30년'으로 불리는 장기 침체에 빠졌던 전조와 닮아 있기 때문이다. 지금 우리는 선택의 기로에 서 있다. 일본의 실패를 되풀이할 것인가, 아니면 새로운 경제 패러다임인 인공지능(AI) 시대를 기회로 삼아 또 한 번의 기적을 만들어낼 것인가.

이 장에서는 슈퍼 엔저와 엔 캐리 트레이드가 만들어낸 일본 경제의 명암을 살펴보고, 이를 통해 한국이 배워야 할 교훈과 나아갈 길을 모색하고자 한다.

엔 캐리 트레이드, 마침내 터진 아베노믹스의 청구서

워렌 버핏도 웃게 만든 엔저 효과

슈퍼 엔저 현상 덕분에 도쿄, 오사카, 교토, 심지어 시코쿠(四国) 외딴 지역에서도 한국인을 쉽게 볼 수 있다. 주변을 둘러보면 엔화가 쌀 때 일본을 다녀오자는 사람들이 많다. 한때 엔화가 100엔당 900원 이하로 내려간 적도 있었으니 말이다. 나도 수업 시간에 학생들에게 아르바이트를 열심히 해서 방학 동안 일본을 다녀오라고 권유하기도 한다. 나 같은 일본 연구자는 100엔당 1,000원 이상으로 계산하는 데 익숙하다. 2010년 일본 도쿄 모 대학에서 연구원으로 지낼 때는 100엔당 1,500원이던 시절이었으니, 지금과 비교하면 격세지감을 느낀다.

일본정부관광국(JNTO) 발표에 따르면 2023년 일본을 방문한 외국인 약 2,500만 명 중 700만 명이 한국인이었다. 비중으로 따지면 약 28%에 달한다. 왜 그럴까? 일단 한국과 가깝다는 지리적 이점이 있다. 부산을 기준으로 도쿄까지 2시간, 오사카 1시간 30분, 후쿠오카는 1시간 남짓이면 도착한다. 베트남 등 동남아 국가가 4시간 이상 걸리는 것과 비교하면 일본은 훨씬 가깝다. 두 번째는 숙박, 음식, 치안이 좋다. 일본 숙박 시설은 비록 좁지만 필요한 것은 대부분 갖추고 있다. 음식도 마찬가지다. 주변에 일본 음식이 입에 맞지 않는다는 사람은 거의 없다. 나 역시 아들과 중국에 갔을 때를 떠올려 보면, 일본 음식이 훨씬 입에 맞았다.

무엇보다 일본 여행이 인기 있는 가장 큰 이유는 슈퍼 엔저로 물가가 저렴했기 때문이다. 도쿄 신주쿠의 한 백화점에서는 게스트 카드로 5% 할인을 받고 면세 10%를 더하면, 한국 백화점에서 명품을 살 때보다 20~30% 더 저렴하게 구매할 수 있다. 우스갯소리로, 비행기값이 빠질 정도라고 한다. 밥값도 저렴하다. 한국에서는 점심 한 끼에 1만 원 이하로 먹기 어려운 상황이지만, 일본에서는 아직 1,000엔이라는 심리적 마지노선이 존재해 비교적 저렴한 식사를 할 수 있다. 다시 말해, 일본은 슈퍼 엔저로 물가가 저렴하고 음식이 입에 잘 맞으며, 치안이 좋고, 볼거리와 먹거리가 풍부하다. 온천 같은 휴양지나 젊은 세대들이 인스타그램에 올리기 좋은 사진 명소와 디저트도 많다. 그러니 일본을 찾지 않을 이유가 없다.

한국인뿐만 아니라 미국인들도 일본을 방문하면 물가가 싼 나라라며 싱글벙글한다. 예를 들어 미국에서는 스테이크 한 끼에 팁까지 합치면 1인당 20만 원 가까이 드는 반면, 일본에서는 5만 원 정도면

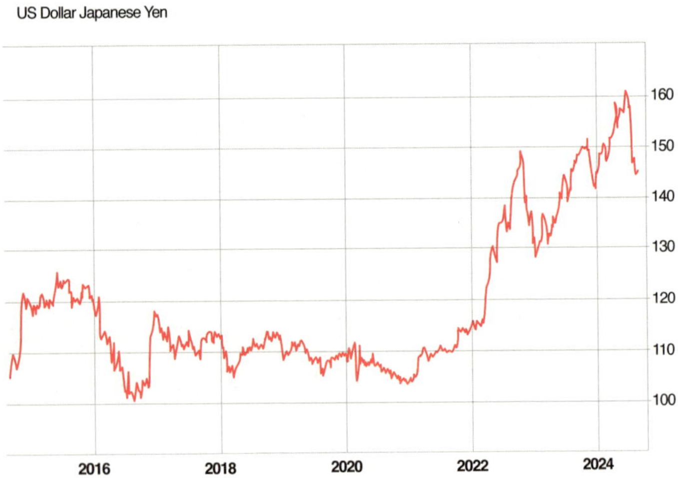

그림 1 • • 엔/달러 환율 그래프

와규 스테이크를 맘껏 즐길 수 있다. 이렇게 일본 주요 관광지에는 한국인, 미국인, 유럽인들이 넘쳐난다. 그 중심에는 바로 슈퍼 엔저 현상이 있다.

슈퍼 엔저 현상은 일본을 방문하는 여행객만 즐겁게 한 것이 아니다. 일본 수출 대기업의 업황이 개선되면서 일본 종합상사에 투자한 이들도 대박을 터뜨렸다. 대표적인 인물이 '투자의 달인' 워런 버핏(Warren Buffett)이다. 버핏의 버크셔 해서웨이(Berkshire Hathaway)는 2020년 8월 말 미쓰비시상사(三菱商事), 미쓰이물산(三井物産), 이토추상사(伊藤忠商事), 스미토모상사(住友商事), 마루베니(丸紅) 등 일본 5대 종합상사의 지분을 각각 5% 가량 취득했다고 공시한 바 있다. 연합뉴스 보도에 따르면, 버크셔

해서웨이는 이 투자로 세 자릿수 수익률을 기록했다(2024.02.27.).

버핏이 막대한 수익을 거둘 수 있었던 배경에도 엔저가 있다. 버크셔 해서웨이가 일본 종합상사에 투자한 2020년 8월, 엔/달러 환율은 약 105엔이었다. 이후 2024년에는 161엔까지 치솟았다. 같은 상품을 팔아도 엔저 덕분에 약 50% 이상의 환차익이 발생했다. 쉽게 말해, 가만히 앉아서 50% 이상의 돈을 벌게 된 것이다. 버핏이 투자한 5대 종합상사뿐만 아니라, 일본 수출 기업들은 엔저 효과 덕분에 역대 최대 영업이익을 기록했다. 기업의 막대한 영업이익은 주가 상승으로 이어졌고, 결국 일본 닛케이225(Nikkei 225) 지수는 버블 경제 붕괴 이전의 최고치(1989년 12월 29일, 38,915엔)를 넘어 2024년 7월 11일에는 41,831엔으로 사상 최고가를 기록했다.

주변에 아는 선생님들이 "강 선생님, 엔화 사서 일본 기업에 투자하셨죠? 수익 많이 나셨겠네요"라며 농담을 건넨다. 나는 그럴 때마다 웃으며 "예, 수익이 많이 났습니다"라고 답하지만, 속으로는 "나도 돈 좀 벌어봤으면 좋겠다"라고 생각한다.

엔저 덕분에 한국인뿐만 아니라 세계 각국 여행객이 일본을 찾고, 버핏 같은 글로벌 투자가들은 일본 기업에 투자해 막대한 이익을 올렸다. 일본 기업들은 수출로 벌어들인 돈을 배당과 자사주 매입에 쏟아붓고 주가는 고공행진하고 있다. 그런데 이런 상황을 비관적으로 보는 시각도 있다. 일본 명문 히토쓰바시대(一橋大学) 경제학과 노구치 유키오(野口悠紀雄) 교수는 저서 『일본이 선진국에서 탈락하는 날』(랩콘스튜디오, 2022)에서 일본이 '마약 같은 엔저 효과'에 지나치게 의존해 결국 가난한 나라가 되고 있다고 경고했다. 대체 이게 무슨 이야기일까.

슈퍼 엔저의 그늘, 일본 국민은 괴롭다

슈퍼 엔저로 일본 관광업, 수출 대기업, 워런 버핏과 같은 투자자들은 막대한 이익을 보고 있다고 앞에서 지적했다. 그러나 슈퍼 엔저로 고통을 겪는 사람들도 있다. 예를 들어보자. 슈퍼 엔저로 수입 물가가 상승하면서, 수입 기업들의 영업이익이 감소해 어려움을 겪고 있다. 수출 기업이 가만히 앉아서 약 50%의 환차익이 발생했다면, 반대로 수입 기업은 가만히 앉아서 50%의 환차손을 입는 셈이다. 그렇다면 수입 기업은 손해만 보고 있을까? 이것은 조금 생각해 볼 문제다. 기업은 손해를 보면서 장사를 하지 않는다. 엔저로 수입 물가가 오르면, 관련 수입 기업은 상품 가격에 인상분을 고스란히 반영한다. 예를 들어, 환율이 오르면 수입 과일, 와인, 소고기 등도 모두 가격이 오른다. 결국 수입 기업은 손해를 보지 않고, 소비자인 일본 국민이 인상된 가격을 부담하는 구조다.

여러분은 일본 과자 중 '우마이봉(うまい棒)'을 알고 있는가? 이 과자는 1979년에 개당 10엔으로 출시된 이래 한 번도 가격 인상 없이 판매되어 '국민 과자'로 불렸다. 하지만 2022년 4월, 2엔(20%) 인상된 12엔에 판매하기 시작했다는 소식은 일본 사회에 큰 반향을 일으켰다. 우마이봉의 주요 재료인 밀(小麦)을 수입한다고 가정해보자. 국제 밀 가격은 그대로지만, 슈퍼 엔저로 환차손이 발생하면 그만큼 가격에 반영해야 한다. 인상된 2엔이 바로 그것이다. 제조사 입장에서는 원재료 수입 물가 상승을 감당할 수 없어 인상할 수밖에 없는 상황이었다. "43년 동안 한 번도 가격을 올리지 않았다니 대단하다"는 응

우마이봉 • • 우마이봉은 1979년부터 판매된 일본 대표 간식으로, 저렴한 가격과 다양한 맛으로 오랫동안 사랑받아왔다. 세대를 아우르는 과자로, 일본 대중 소비문화의 상징 중 하나다. 하지만 2022년 20% 상승한 12엔에 판매 소식은 일본 사회에 큰 반향을 일으켰다.

원도 있었지만, 한편으로는 '버블 경제 붕괴 이후 30년 넘게 지속된 저물가 시대가 끝났다'는 평가도 있었다. 이는 일본 경제가 저물가에서 벗어나 인플레이션을 걱정해야 하는 나라가 되어가고 있다는 방증이다.

어떤 이는 "우마이봉 가격이 문제냐, 비싸면 안 사 먹으면 된다"고 말할 수 있다. 그러나 문제가 되는 것은 일상생활에 필수적인 전기, 가스 등이다. 특히 2011년 동일본 대지진東日本大震災 이후 탈원전 정책으로 전력 생산의 70% 이상을 화력발전에 의존하고 있는 일본은 LNG와 석탄 수입 가격 상승 부담을 직접적으로 안고 있다. 슈퍼 엔저로 수입 물가가 상승하면서 전기요금 인상으로 이어지고, 이는 고스란히 일본 국민의 부담이 된다.

또한, 일본인은 슈퍼 엔저로 인해 해외여행 가기도 쉽지 않다. 일본에는 슈퍼 엔저로 외국인 관광객이 넘쳐나지만, 정작 일본 국민은 해외여행이 부담스러워졌다. 나리타 공항에서 출국하는 한 일본인 여성은 "요즘 엔저 때문에 해외여행이 부담된다. 가능하면 식료품을 일본에서 많이 사서 여행 경비를 아끼려고 한다"라고 인터뷰에서 밝혔다. 이는 충분히 이해할 수 있다. 예를 들어, 내가 2010년 도쿄의 모 대학 연구소에 재직할 당시 엔/달러 환율은 80엔대였다. 지금(2024년)은 약 150엔 수준이니, 단순 계산으로도 약 87% 상승한 셈이다. 여행 경비 역시 14년 전과 비교하면 거의 두 배 가까이 늘어났다고 볼 수 있다. 반대로 말하면, 2010년대 환율을 경험한 입장에서 일본 여행이 '반값'이 된 셈이다.

일본정부관광국(JNTO)은 2023년 방일 관광객이 약 2,300만 명, 해외 출국 일본인은 약 960만 명이라고 발표했다. 이는 해외 출국 일본인 비율이 약 41%에 불과하다는 의미다. 월급은 오르지 않고, 슈퍼 엔저로 수입 물가는 오르고, 해외여행조차 마음대로 못 가는 상황이다. 일본 국민은 지금 참으로 힘든 시기를 견디고 있다.

아베노믹스와 슈퍼 엔저의 그림자

슈퍼 엔저로 일본 물가 상승률이 얼마나 올랐는지 한번 살펴보자. <그림 3>을 보면 2021년 이전까지 물가 상승률은 -1%에서 1% 사이를 오르내렸다. 물가가 오르지 않는 디플레이션 상황이 이어지다 보니, 임금 역시 오르지 않는 이상한 나라가 되어 버렸다. 하지만

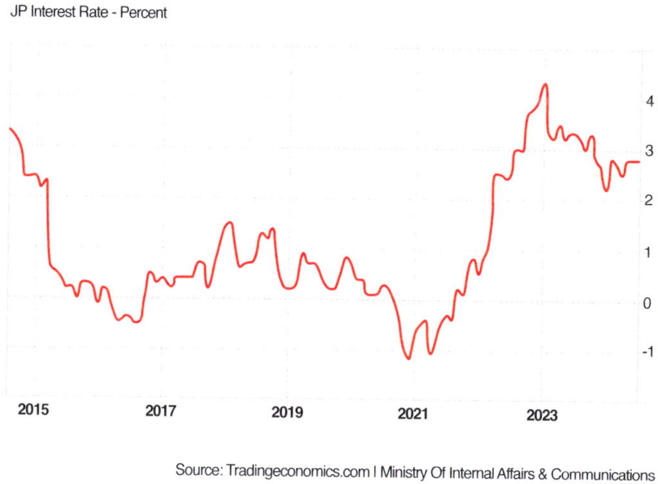

그림 3 • • 일본 소비자 물가 상승률 그래프

2022년 이후에는 물가가 2% 이상 상승하는 경우가 발생했고, 2023년에는 물가 상승률이 4%를 넘기도 했다. 일본 지인과 통화하다 보면 "내 월급은 몇십 년째 그대로인데, 요즘 물가가 조금씩 올라 걱정이다"라는 하소연을 자주 듣는다. 주유소 휘발유 가격이 오르고, 수입 소고기 가격과 수입 과일 가격도 상승하고 있어 일본 국민이 체감하는 경제적 부담은 더욱 커지고 있다.

슈퍼 엔저의 영향으로 일본 물가가 오르는 현상에 대해 일본 내부에서는 신랄한 비판이 이어지고 있다. 『일본이 선진국에서 탈락하는 날』의 저자 노구치 유키오(野口悠紀雄) 교수는 이 책에서 일본 정부의 엔저 정책을 강도 높게 비판한다. 슈퍼 엔저로 관광업, 수출 대기업, 투자자들은 막대한 이익을 얻고 있지만, 정작 일본 경제는 빅맥지수(Big Mac

Index)에서 중국보다 낮은 '싸구려 나라'가 되었다고 한탄한다. 특히 2012년 아베노믹스(Abenomics) 이후의 엔화 약세가 결정적 전환점이었다고 지적한다. 미국인이 일본에 와서 와규 스테이크를 먹고 감탄하고, 한국인들이 일본 백화점 오픈런을 하는 이유 역시 모두 엔저 때문이라는 것이다. 이를 그는 '아베노믹스의 청구서'라고 표현한다.

일본 경제를 비판하는 이는 노구치 교수뿐만이 아니다. 『일본침몰』(2022, 주간다이아몬드), 『싸구려 일본(安いニッポン)』(2021, 일본경제신문사), 요시미 순야(吉見俊哉) 도쿄대 교수의 『헤이세이시대(平成時代)』(2019, 이와나미쇼텐) 등도 비슷한 관점을 보인다. 한국 연구자 중에서도 이명찬의 『일본인들이 증언하는 한일역전』(2023, 서울셀렉션), 정영효 기자의 『일본이 흔들린다』(2023, 한국경제신문사), 데이비드 앳킨슨(David Atkinson) 골드만삭스 애널리스트가 쓴 『위험한 일본 경제의 미래』(2020, 더난출판사) 등 여러 연구가 일본 경제의 미래를 비관적으로 전망하고 있다. 이들 저서의 공통된 지적은 슈퍼 엔저가 일본 경제를 갉아먹는 '마약 같은 요소'가 되어 버렸다는 것이다. 생각해보라. 기업 입장에서는 슈퍼 엔저가 반갑다. 기술 혁신 없이 가만히 있어도 약 50%의 환차익이 발생한다면, 굳이 기술 개발에 나설 유인이 사라지기 때문이다.

슈퍼 엔저 이외에 이들 연구에서 공통으로 지적하는 요인은 일본의 막대한 채무다. 2023년 기준 일본의 GDP 대비 정부 부채 비율은 약 220%에 달하며, 부채 총액은 9조 3,000억 달러에 이른다. 한화로 환산하면 1경 2,000조 원이 넘는 금액이다. 국채 이자 비용을 단 1.0%만 계산해도 연간 약 120조 원에 이른다. 코로나19 이후 미국과 유럽 등은 인플레이션을 잡기 위해 금리를 인상했지만, 일본만이 초저금리를 고수하는 이유 중 하나가 바로 이 막대한 이자 비용 부담 때문이다. 일본 중앙은행(日本銀行)이 금리를 올리면 국채 이자 비용이 급증하기 때문에 정책 운신의 폭이 극히 제한된 것이다.

대학원 시절에 들었던 어느 교수님의 말씀이 문득 떠오른다. 그분은 1960~1970년대 일본 영사관에서 근무한 경력이 있는 일본 연구 1세대 교수님이었다. 교수님께서는 1960년대 일본의 '삼종의 신기(三種の神器)(흑백 TV, 세탁기, 냉장고)', '마이카 붐(My Car Boom)' 등을 본인의 경험을 바탕으로 생생하게 이야기해 주셨다. 기억에 남는 대목을 하나 소개한다.

"강 선생, 내가 일본에 있을 때 마이카 붐이 일었지만, 나는 운전면허를 딸 생각조차 못 했네."

"왜요?"

"그때 나는 한국과 일본을 천당과 지옥이라고 생각했네. 일본은 집마다 가전제품이 넘쳐났고, 도로에는 자동차가 달렸지. 하지만 그 시절 한국은 전기도, 수돗물도 제대로 들어오지 않았고, 아직도 초가집이 남아 있었네. 한국이 마이카 붐이 일어날 줄은 꿈에도 생각 못 했다네."

1960년대 당시 한국과 일본의 경제 격차는 말로 다 설명할 수 없을 정도였다. 일본은 1964년 도쿄 하계 올림픽을 개최했고, 이를 앞둔 10월 1일 도카이도 신칸센(東海道新幹線)이 도쿄에서 오사카까지 개통되었다. 참고로 우리나라의 KTX는 2004년에야 개통되었다. 신칸센이 처음

달리던 그해 10월 10일, 도쿄올림픽이 성대하게 개최되었다. 1945년 8월 15일 패전 이후 20년 만에 신칸센과 올림픽을 통해 일본은 세계에 저력을 과시했다. 1964년 일본의 1인당 GDP는 843.6달러였고, 같은 시기 미국은 3,574달러, 한국은 124달러에 불과했다. 당시 한국과 일본의 1인당 GDP 격차는 약 580%에 달했다.

엔 캐리 트레이드, 세계를 흔든 엔화 거래

슈퍼 엔저와 관련해 여러분도 다음 내용을 한번 생각해 보길 바란다. 내가 가진 일본 엔화 가치가 계속 떨어진다면, 여러분은 어떻게 하겠는가? "나는 해외여행도 안 가고 그냥 일본에서 살 테니, 금고 속에 넣어 두겠다"라고 생각하는 사람도 있을 수 있다.

예를 들어 보자. 일본인의 대부분은 일본 기업에서 퇴직하면 대출 없는 자가주택 1채, 퇴직금 약 2억 원, 연금 월 약 250~300만 원 정도를 받는다. 여러분이라면 노후 자금을 어떻게 투자하겠는가? 퇴직금이 2억 원 정도 된다면, "은행에 예금만 맡겨도 어느 정도 이자에다 연금도 있으니 생활이 충분히 가능하겠네"라고 생각할지도 모른다. 그러나 일본에서 2억 원을 예금해도 이자는 거의 없다. 일본중앙은행(日本銀行)은 장기간 마이너스 금리를 유지해 왔고, 최근에야 금리를 0.25%로 올렸다(2024.7.31.).

일본인으로서는 이자도 없고, 달러 대비 엔화 가치까지 하락하고 있다면 가만히 앉아 손해를 보는 셈이다. 그렇다면 어떻게 해야 할까? 답은 간단하다. 가지고 있는 엔화를 팔고 달러를 사야 손해를 피할 수 있다. 이렇게 엔화를 팔고 달러를 사서 환차익을 노리는 사람들을 일본에서는 '와타나베 부인'이라 부른다.

일본 엔화는 "언제, 왜 하락했을까?" 이 질문에 답하면, 일본 정부가 디플레이션 탈피를 위해 고의로 유도한 결과라고 할 수 있다. 일본은 버블 경제 붕괴 이후 장기간 물가가 오르지 않는 디플레이션을 겪었다. 어느 정도 물가가 올라야 임금 상승과 기업 투자가 촉진되는 선순환 경제가 이루어지는데, '오늘 산 물건이 제일 비싸다'는 심리 속에서는 소비가 위축될 수밖에 없다. 이를 타개하기 위해 나선 인물이 바로 아베 신조(安倍晋三)였다.

아베 신조는 일본 경제 극복을 위해 '세 개의 화살(三本の矢)'을 제시했는데, 그중 하나가 바로 기준금리 인하 및 양적완화(QE) 정책을 포함한 대담한 통화정책이었다. 우리는 이를 '아베노믹스'라 부른다. 아베 정부는 경제학 교과서에도 없는 '양적완화'를 도입했다. 일본은행은 윤전기를 밤새도록 돌려 엔화를 찍어내겠다는 의지를 보였다.

그 결과, 일본은행은 마이너스 금리 정책을 실시했고, <그림 4>에서 보듯이 2015년 이후 양적완화가 시행되었지만 2020년까지 엔/달러 환율은 횡보했다. 그러나 2021년 이후 급격히 상승하여 2024년에는 161엔까지 치솟았다.

왜 2021년부터 엔/달러 환율이 급등했을까? 코로나19 팬데믹 시기에는 전 세계가 저금리 기조를 유지해 큰 문제가 없었지만, 엔데믹 이후 미국은 급격한 인플레이션 억제를 위해 2022년 0.5%였던 기준금리를 2024년 5.5%까지 끌어올렸다. 미국뿐 아니라 유럽과 아

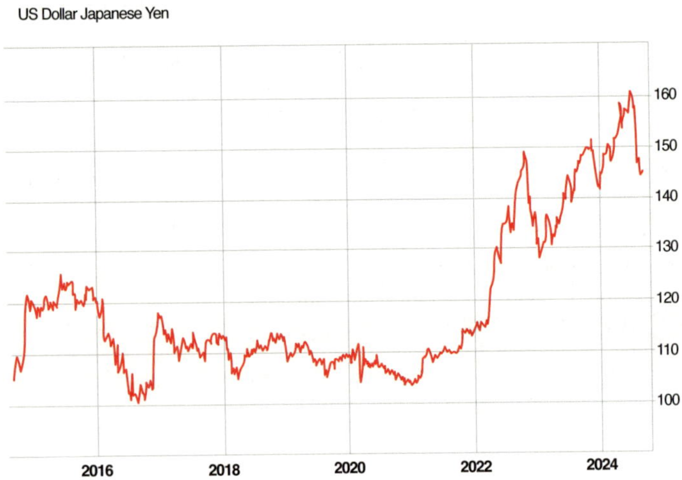

그림 4 • • 엔/달러 환율 그래프

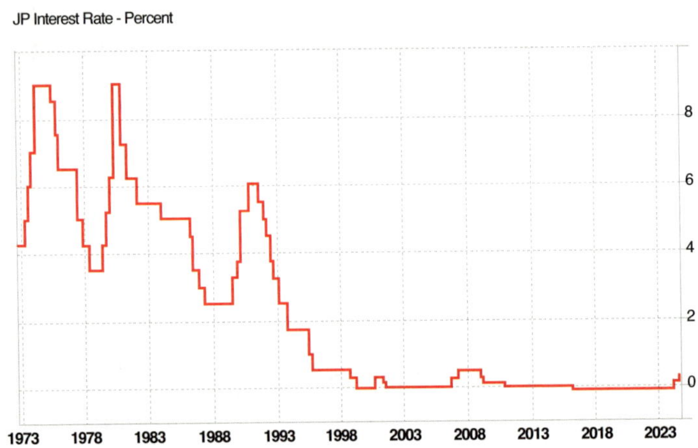

Source: Tradingeconomics.com I Bank of Japan

그림 5 • • 일본 기준금리 그래프

시아 각국도 자국 금융시장 보호를 위해 금리를 올렸지만, 일본은 유일하게 금리를 올리지 않고 마이너스 금리를 유지했다.

일본의 GDP 대비 정부 부채는 2023년 기준 약 220%, 약 9조 3천억 달러에 달한다. 한화로 1경 2천조 원이 넘는다. 국채 이자 비용을 1%만 잡아도 연 120조 원이 소요된다. 이런 막대한 부채 때문에 일본은 금리를 올리지 못했다. 이로 인해 엔화 약세(엔저) 현상이 심화되었고, 엔 캐리 트레이드가 본격화되었다.

엔 캐리 트레이드란 일본의 초저금리 덕분에 엔화를 빌려 고금리 자산(채권, 주식 등)에 투자하는 전략을 말한다. <그림 5>에서 보듯이 일본은 2015년부터 2024년까지 마이너스 금리를 유지했다. 쉽게 말해, 은행에서 엔화를 빌려도 거의 이자가 없는 셈이다. 일본 주재 외국계 금융사는 엔화를 싸게 빌려 미국 국채나 주식에 투자해 5% 이상의 차익을 거뒀다. 그 결과, 엔화는 급격히 약세를 보였다.

엔화 급락을 막는 방법은 미국과 일본 간 금리 차이를 줄이는 것이다. 미국이 금리를 내리거나, 일본이 금리를 올려야 한다. 일본 정부는 2023년 마이너스 금리를 해소하고 기준금리를 0.1%, 2024년 0.25%로 기준금리를 인상했다. 이는 슈퍼 엔저의 부작용, 국민 불만, 자민당 지지율 하락 등을 반영한 것이다. 고노 다로(河野太郎) 디지털상은 "엔화가 너무 싸다"며 금리 인상을 요구했고, 입헌민주당 대표 에다노 유키오(枝野幸男)와 레이와 신센구미 대표 야마모토 타로(山本太郎) 등 야당 정치인들도 엔저를 비판했다. 게다가 도널드 트럼프 미국 대통령도 블룸버그 인터뷰에서 "엔화 약세를 용납할 수 없다"고 발언했다. 일본 재무성(財務省) 재무관 간다 마사토(神田真人)는 "투기성 환율 변동이 발생하면 시장에 개입하겠다"고 경고했다.

이런 상황에서 일본은행 금융정책결정회의는 단기 정책금리를 0.25%로 인상했다. 이후 기자회견에서 우에다 가즈오(植田和男) 총재는 "필요하면 추가 인상도 고려하겠다"라며 강경 입장을 보였다. 일본은행은 양적완화 규모를 월 6조 엔에서 3조 엔으로 축소할 계획도 발표했다. 이 발표는 세계 금융시장의 '발작'을 초래했다. 2024년 7월 최고 161엔대였던 엔/달러 환율은 발표 직후 141엔대로 급락했다. 3거래일 만에 엔화가 3.9% 급등하며, 엔 캐리 트레이드 청산이 촉발됐다. 미국 시장부터 급락세가 시작됐고, 일본 닛케이지수는 -12.4% 하락하며 4,451포인트 빠졌다. 한국 코스피지수도 -8.77% 급락해 '블랙 먼데이'를 기록했다.

엔 캐리 트레이드 자금이 얼마나 되는지는 정확히 알 수 없다. 도이체방크는 1990년대 이후 누적된 규모를 약 20조 달러(2경 7,520조 원)로 추정했고, JP모건 등은 50~60%가량 청산됐다고 본다. 그러나 청산된 규모는 명확히 파악되지 않았다. 금융시장의 혼란에 대해 우치다 신이치(内田真一) 일본은행 부총재는 8월 7일 "추가 기준금리 인상은 없을 것"이라며 "현 수준에서 금융 완화를 지속할 필요가 있다"고 밝혔다. 시장은 일본은행이 '항복 선언'을 했다고 받아들였고, 엔화는 다시 약세로 돌아섰다. 그러나 우에다 총재는 8월 23일 일본 의회에 출석해 "경제와 물가가 예측대로라면 완화 정책을 조정할 것"이라며 추가 금리 인상 가능성을 열어두었다. 그는 "최근 금융시장 급락은 미국 경기 둔화에 대한 과도한 우려 때문"이라며 일본은행의 책임론을 부인했다. 2024년 7월 31일 일본은행의 전격적인 금리 인상은 글로벌 금융시장에 충격을 줬고, 이후 우에다 총재와 우치다 부총재의 엇갈린 발언으로 엔화의 향방은 여전히 불확실한 상황이다.

한국의 시사점과 교훈: 일본의 실패에서 배운다

일본의 슈퍼 엔저 현상은 우리와 무관한 것일까? 그렇지 않다. 앞의 글을 읽으면 자세히는 모르겠지만, 슈퍼 엔저로 수출 기업은 가만히 앉아서 돈을 벌었다. 반면 수입 기업은 수입 물가 상승으로 어려움을 겪지만, 그 피해를 상품 단가 인상으로 보선할 수 있다는 사실도 알 수 있다. 결국, 모든 피해는 일본 국민이 지게 된다는 것을 확인할 수 있다. 이러한 현상의 근본 원인은 일본 경제가 선진국형 저성장의 늪에 빠졌다는 데에 있다. 경제가 성장하지 않으니 물가도 오르지 않고, 물가가 오르지 않으니 월급도 오르지 않는, 이른바 '잃어버린 30년'이다.

한국 경제도 일본을 닮아가는 경향이 보인다. <그림 6>을 보면 2010년 이후 한국의 경제성장률(GDP)은 꾸준히 하락세를 보이고 있다. 이 기간 평균 성장률은 2.98%로, 일본처럼 선진국형 저성장의 함정에 빠지고 있는 것이 아닌가 하는 우려가 있다. 한국은행은 2025년 1분기 -0.2% 경제성장률을 기록했다고 발표했다(2025년 4월 24일). 2024년 3분기와 4분기에는 0.1%로 사실상 제자리걸음을 한 뒤, 이번에 역성장을 한 것이다. 비상계엄 사태로 인한 정치적 불확실성과 미국의 관세 정책에 따른 경제 심리 위축도 원인으로 지적되지

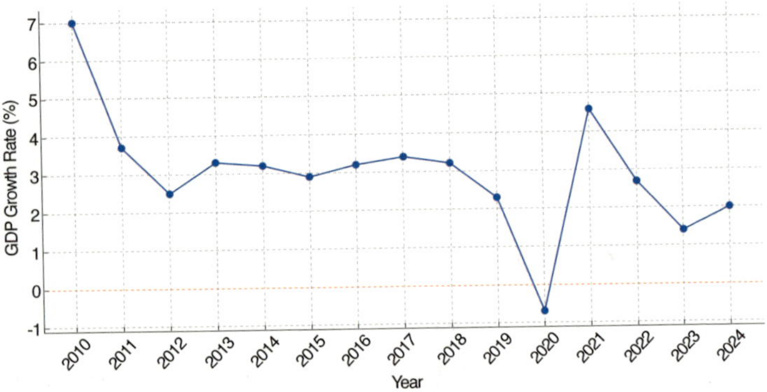

그림 6 • • 한국 연도별 경제성장률(2010~2024)

만, 최근 한국의 GDP 성장률 둔화가 과거 일본이 '잃어버린 30년'에 접어들기 전 보였던 징후와 유사하다는 지적도 나온다.

경제가 저성장의 늪에 한 번 빠지면 헤어나오기가 쉽지 않다. 이른바 '뼈를 깎는 구조개혁'이 필요하다. 인공지능(AI) 시대에 맞는 기술 혁신, 경쟁력 있는 교육 개혁, 노동 생산성 향상이라는 구조개혁이 절실하다. 그러나 말처럼 쉽지 않다. 일본에는 은행 이자조차 제대로 갚지 못하는 이른바 '좀비기업'이 있다. IMF, OECD, 일본은행(BOJ) 등도 여러 차례 경고했지만, 일본 정부는 복잡한 이해관계로 인해 정리하지 못하고 있다.

좀비기업을 정리하면 은행의 재무 건전성에 문제가 발생한다. 은행도 채권자로서 책임이 있기 때문이다. 그뿐만 아니라, 좀비기업을 정리하면 지역 실업률이 급등하고, 그로 인한 정치적 부담 때문에 정치인들이 적극적으로 나서 저지한다. 정치인은 선거 때 표 떨어지는 일은 절대 하지 않는다. 오히려 일본 정부는 제로금리나 마이너스 금리로 좀비기업을 연명시키고 있다. 이를 극복하고자 일본 정부가 선택한 것이 바로 슈퍼 엔저와 양적완화 정책이다.

한국 역시 일본과 닮아가는 측면이 있다. 이미 '저성장의 늪' 초입에 들어섰고, 고령화 속도는 세계에서 가장 빠르며, 생산가능인구는 줄어드는 구조적 위기 속에 있다. 지금처럼 경제 구조의 전면적인 혁신 없이 단기적 부양 정책에 의존하는 것은, 장기적으로 큰 비용을 초래할 수 있다. 우리가 재미없고 지루하지만, 일본 경제를 이해해야 하는 이유다.

어떻게 보면 지금이 우리에게 주어진 또 다른 기회일지도 모른다. 일본이 버블 경제 붕괴로 허덕일 때, 우리는 일본을 따라가지 않았다. 부동산 투자와 내수 위주의 경제에서 벗어나 수출 중심의 산업화 전략을 채택하며 전 세계에 제품을 팔기 시작했다. 우리는 이른바 '세계화의 기적'을 이루어낸 민족이다. 이제 AI라는 새로운 경제 패러다임의 시대가 열렸다. 한강의 기적과 세계화의 기적을 이룬 민족이니, '인공지능(AI) 시대의 기적'도 이루지 못할 이유가 없다. 과거 일본의 실패를 되풀이하지 않고, 지속 가능한 성장과 국민 삶의 질을 함께 높이는 전략이 절실한 시점이다.

Part 4.

변화하는 일본 재일동포 이야기로 본 현재

일제강점기, 더 나은 삶을 찾아 대한해협을 건넜던 사람들. 광복 이후, 고향으로 돌아오지 못하고 낯선 땅에 뿌리내린 이들. 그들이 바로 재일동포다.

언어가 다르고, 피부색이 다르고, 국적이 달라도 우리는 그들을 '우리의 일부'로 받아들일 수 있을까? 재일동포의 삶은 단순히 과거의 이야기가 아니다. 고국을 떠나 낯선 땅에서 버텨야 했던 그들의 여정은 지금 우리가 살아가는 한국 사회, 그리고 세계 곳곳에서 벌어지는 이주와 차별의 문제와 깊이 맞닿아 있다.

'재일동포'라는 이름 아래에는 기억해야 할 아픔과 오늘을 살아가는 치열한 삶이 함께 존재한다. 이 장에서는 고시엔에서 울려 퍼진 한국어 교가, 할머니의 유언을 따라 태극마크를 달고 올림픽에 오른 선수들, 버려진 내장에서 탄생한 호르몬야키, 그리고 귀국하지 못한 사람들의 사연을 통해 재일동포의 과거와 현재를 따라가 본다. 그들의 이야기는 결국 우리 자신을 비추는 또 하나의 거울이다.

재일동포 이야기, 우리의 과거와 현재

'동해 건너 울려 퍼진 교가', 고시엔의 감동과 논란

동해바다 건너서 야마도 땅은
거룩한 우리 조상 옛적 꿈자리
아침 저녁 몸과 덕 닦는 우리의
정다운 보금자리 한국의 학원

때로는 상상하지 못한 일이 현실에서 일어난다. 2024년 여름, 고시엔(甲子園) 일본 고교야구 전국대회에서 한국계 교토국제고가 사상 첫 우승의 쾌거를 이루던 순간, 한국어 교가가 NHK 방송을 통해 전국에 울려 퍼졌다. 진한 감동, 말 그대로였다. 운동장이 좁아 이곳저곳을 전전했던 교토국제고 학생들이 3,400개가 넘는 팀을 제치고 우승 트로피를 들어 올렸다. 개장 100주년을 맞은 꿈의 무대 고시엔 구장에서 한국어 교가가 생방송으로 전국에 울려 퍼진 감동적인 순간이었다. 이날 상대 팀 응원단은 멀리 도쿄에서 항공편으로 대규모 응원을 왔고, 교토국제고는 한국에서도 응원단이 올 정도로 대단한 열기를 보였다.

교토국제고 야구부의 고시엔 대회 우승은 한국 언론에서도 큰 주목을 받았다. 고시엔 대회가 일본 고교야구의 최정상 대회라는 사실은 널리 알려져 있는데, 한국계 학교가 우승했다는 사실은 놀라울 수밖에 없었다. 결승까지 4번의 경기마다 한국어 교가가 울려 퍼졌고, 교가 가사 중 '동해바다 건너서'라는 대목이 NHK를 통해 전국에 생중계되자 한국인들은 자부심과 애국심을 느꼈고, 깊은 감동을 받았다.

하지만 우승 직후, 교토국제고의 한국어 교가를 문제 삼는 혐한 여론이 일었다. 일본 참의원 국회의원 하마다 사토시(濱田 聡)는 교가 속 '동해바다 건너서'라는 표현을 문제 삼아 '일본해'라고 해야 하는데 그렇지 못했다며, 이를 NHK가 전국에 생방송한 점을 비판했다. 이어 교토국제고를 "일본 야구 연맹에서 제명해야 한다", "고시엔은 국제대회가 아니다", "조선학교를 배제해야 한다"는 등 노골적인 차별성 발언이 이어졌다. 이에 교토부 지사가 자제를 촉구하는 사태까지 벌어졌다. 학교 측은 우승의 기쁨도 제대로 누리지 못하고 차별과 혐오에 맞서야 했다. 이때 한국 정부가 별다른 조치를 취하지 않은 점은 아쉬움을 남겼다.

할머니의 유언, 태극마크, 그리고 은메달

한 명의 재일동포(在日同胞) 운동선수를 소개한다. 2024년 파리 올림픽에서 은메달을 획득한 허미미 선수다. 아버지는 재일동포이고, 어머니는 일본인으로, 한국과 일본 국적법에 따라 복수국적자였다. 대한민국 국적법(제12조 1항)에 따르면 만 22세가 되기 전까지 하나의 국적을 선택해야 한다. 허미미 선수는 일본 와세다대학 재학 중에도 학업과 유도에서 뛰어난 실력을 인정받아 와세다 총장이 직접 언급할 정도의 유망주였다. 일본 귀화를 바라는 목소리도 많았지만, 허미미 선수는 할머니의 유언인 "미미가 한국에서 선수 생활을 했으면 좋겠다"를 따랐다. 결국 한국 국적을 선택하고, 재일동포 선수가 다수 활동하고 있는 경북체육회 유도팀에 입단했다.

입단 후, 경북체육회 김정훈 감독은 허미미 선수의 선수 등록을 위해 본적지인 군위군청을 방문했는데, 이 과정에서 군위군 관계자로부터 "허미미 선수가 독립운동가 허석 의사의 후손일 수 있다"는 이야기를 듣게 되었다. 이후 김정훈 감독이 경북도청, 국가보훈처, 주일대사관, 지역 면사무소 등을 돌며 가족관계를 추적한 결과, 허미미 선수의 할아버지 허무부가 독립운동가 허석의 증손자임이 밝혀졌다. 허미미 선수는 자연스럽게 허석의 5대손이 되었다.

일본에서 유도 유망주로 주목받던 선수가 할머니의 유언을 따라 일본 국적을 포기하고 한국 국적을 선택한 뒤, 선수 등록 과정에서 독립운동가 후손이라는 사실이 밝혀진 것이다. 허미미 선수는 2024 파리 올림픽에서 개인전 은메달과 혼성 단체전 동메달을 따며 단숨에 스타덤에 올랐다. 귀국 후 수많은 언론 인터뷰와 예능 프로그램에 출연하며 "할머니 소원을 이루기 위해 태극마크를 달았고, 다음엔 꼭 금메달을 따고 싶다"는 말을 빼놓지 않았다. 귀국 직후에는 파리 올림픽에서 획득한 은메달과 동메달을 들고 독립운동가 허석의 묘를 직접 참배하는 장면이 방송을 통해 소개되었다.

허미미 • • 할머니의 유언에 따라 일본 국적을 버리고 한국 유도 국가대표가 된 허미미 선수는 2024년 파리 올림픽에서 개인전 동메달, 단체전 은메달을 땄다. 독립운동가 허석의 5대손임이 밝혀져 사회적 관심을 모았다.

손정의부터 정대세까지, 재일동포를 아시나요?

허미미 선수 이야기를 하다 보니, 재일동포 출신으로 2020 도쿄 올림픽에서 유도 개인전 동메달을 딴 안창림 선수도 떠오른다. 안창림 선수는 아버지 어머니 모두 대한민국 국적자로, 자연스럽게 한국 국적의 재일동포다. 한 예능 프로그램에 출연해 일본 귀화를 권유받았지만, 정중히 사양했다고 밝혔다. 그 이유는 자신의 외할아버지가 일본에 있는 조선대학교의 초대 교장이었기에 일본 국적 귀화는 어렵다고 말했다. 그는 동메달 획득 직후 인터뷰에서도 자신의 정신적 기반은 재일동포 사회에 있다고 밝히며, "나를 보고 재일동

안창림 • • 재일동포 출신의 유도 국가대표선수이다. 2020년 도쿄 올림픽 유도 동메달리스트이다. 일본으로 귀화를 할 수 있었지만, 민족의 정체성을 지키기 위해 한국 국적을 선택하게 되었다.

포 운동선수, 어린이들이 용기를 얻는다면 정말 행복할 것"이라고 말해 재일동포 정체성에 대한 강한 자긍심을 드러냈다.

안창림 선수의 외할아버지가 조선대학교 초대 교장이었다는 사실은 일부 네티즌의 공격을 받기도 했다. 여기서 말하는 조선대학교는 광주에 있는 사립대학교가 아니라, 조총련 계열의 지원을 받은 일본 내 조선대학교를 말한다.

일본에는 두 개의 재일동포 단체가 있다. 한국을 지지하는 민단(在日本大韓民国民団)과 북한을 지지하는 조총련(在日本朝鮮人総聯合会)이다. 조총련은 김일성 주석이 1950년대부터 교육원조비 명목으로 막대한 지원금을 보내왔고, 이를 바탕으로 민족학교를 세웠다. 초등학교부터 대학교까지 조총련의 지원으로 설립되었다고 보면 된다.

문제가 된 것은 조총련이라는 사실이었다. 외할아버지가 조선대학교 초대 교장이었다면 북한 주체사상과 백두혈통에 대해 선전과 교육을 받았을 것이고, 안창림 역시 조선학교 출신이라면 국가보안법 위반이 아니냐는 의문이 제기되었다. 하지만 안창림은 민단 계열 체육회의 지원을 받았고, 일본 귀화를 거부하고 대한민국 국적을 유지한 채 용인대학교에 편입해 대한민국 국가대표가 되어 수많은

성과를 거두었다. 이 사실이 알려지면서 논란은 잦아들었다.

안창림 선수 외에도 조총련 계열 학교 출신으로 비판받은 인물들이 있다. 유도의 추성훈 선수, 축구의 정대세 선수가 대표적이다. 추성훈 선수는 재일동포 출신으로, 부산시청 유도부에 입단해 한국 국가대표를 꿈꿨지만 실패했고, 이후 일본 귀화를 권유받아 일본 국적을 취득했다. 2002년 부산아시안게임에 일본 대표로 출전해 금메달을 땄고, 결승전 상대는 한국 선수였다.

정대세 선수는 더욱 복잡한 경우다. '북한의 루니'라는 별명을 가진 정대세 선수는 2010년 남아프리카공화국 월드컵 당시 북한 대표팀으로 뛰었다. 대한민국 국적자인 그가 북한 대표로 뛸 수 있나는 의문도 제기됐고, 일부 언론 인터뷰로 국가보안법 위반 혐의로 고발되기도 했지만 무혐의로 결론났다. 현재 그는 한국 스튜어디스와 결혼해 아들을 낳고 방송 활동도 이어가고 있다.

고시엔 고교야구에서 우승한 교토국제고, 허미미, 안창림, 추성훈, 정대세 선수의 공통점은 모두 재일동포와 관계가 있다는 점이다. 그렇다면 우리 주변에 재일동포는 어떤 사람들이 있을까? 소프트뱅크 손정의 사장, 롯데그룹 창업자 신격호 회장, 영화감독 최양일, 의사이자 피아니스트 양방언, 스모 선수 김성택, 바둑기사 조치훈, 대한민국 국적자로 도쿄대 교수가 된 강상중 등이 있다. 마지막으로 북한 김정은 국무위원장의 친모 고용희도 재일동포 출신이다.

가끔 나에게도 이런 일이 있었다. 일본에 계신 작은아버지와 가끔 연락을 주고받다가 지금은 연락이 끊겼다고 한다. 사연을 들어보면 작은아버지는 일본에 가면 돈을 벌 수 있다는 이야기만 듣고 건너갔다고 한다. 그곳에서 정착해 가끔 할아버지 성묘도 오고, 편지도 주고받았지만 무슨 이유인지 연락이 끊겼다고 한다. 오래된 편지에 적힌 주소를 들고 구글 지도에서 찾아보기도 했지만, 연락처가 없으면 찾기 힘든 경우가 많다.

애플TV+ 시리즈 <파친코>를 보았는가? 한 맺힌 재일동포의 삶이 그대로 녹아 있다. 우리 주변에는 자의든 타의든 일본으로 건너가 돌아오지 못한 재일동포라는 존재가 있었다. 우리는 이들을 어떻게 생각해야 할까? 이 장에서는 재일동포에 관한 이야기를 해보고자 한다.

호르몬야키, '버린 것'에서 피어난 음식

오사카 쓰루하시 역(鶴橋駅) 굴다리 밑을 지나가면 자욱한 뿌연 연기가 보인다. 어디서 불이 난 것 같지만, 실은 야키니쿠 가게에서 새어 나온 고기 굽는 연기다. 그 연기 속에는 고기 냄새가 숨어 있어, 고된 하루 일을 마치고 귀가하는 직장인들을 생맥주에 고기 한 점으로 유혹한다. 맥주 한 잔에 하루의 피로를 풀고 하얀 쌀밥 위에 고기 한 점 얹어 먹으면, 여기가 바로 극락이 아니겠는가.

호르몬야키(ホルモン焼き)라는 말을 들어본 적이 있는가. 일본 여행을 하다 보면 야키니쿠(焼き肉)는 익숙하지만, 호르몬야키는 생소할지도 모른다. 소와 돼지의 내장을 잘 손질해 숯불에 구워 먹는 음식이다. 야키니쿠 가게에 가면 보통 호르몬 세트도 판매해 이제는 쉽게 접할 수 있다. 그

러나 호르몬야키의 어원을 거슬러 올라가면 재일동포의 슬픈 역사가 숨어 있다는 사실을 알게 된다.

호르몬야키에서 호루(ほうる)는 '버리다'는 뜻이고, 몬(もん)은 일본어 모노(もの)의 변형이다. 호루몬은 '버린 것'이라는 의미다. 일본 사람들은 소와 돼지를 도축하면 살코기만 먹고 내장 부위는 거의 다 버렸다. 재일동포들은 이 내장을 몰래 가져와 먹었다. 일본인의 시선으로 보면 "우리가 먹지 않는 소와 돼지의 내장을 조선인들이 몰래 들고 가서 도란도란 모여 구워 먹더라"는 비하 섞인 용어였던 셈이다.

일본은 오랫동안 육식을 금지해왔고, 소와 돼지고기를 먹기 시작한 것도 메이지유신 이후 서양 문화가 들어오면서였다. 조기에는 샤부샤부나 스테이크 정도로만 소비했기에, 고기를 재워 먹거나 다양하게 조리하는 방법이 없었다. 그래서 소나 돼지를 잡으면 붉은색 고기만 먹고, 하얀색이 많은 내장 부위는 버렸다. 일본 사람들은 전통적으로 붉은 고기를 선호하고, 하얀 부위는 천한 이들이 먹는다는 관념도 있었다.

이런 배경 속에서 한국으로 돌아가지 못하고 일본에 남아 힘든 삶을 이어가던 재일동포들은 버려진 내장을 아까워했다. 지금 당장 먹을 것이 없고, 집에 있는 아들딸이 굶고 있다면 여러분은 어떻게 하겠는가. 버려진 내장을 바라보며 '한국에서는 깨끗이 씻어 숯불에 구워 먹는 맛있는 부위인데 왜 버리지?'라고 생각했을 것이다. 그래도 남의 나라에서 버린 음식을 주워 먹는 것이 부끄러워, 밤에 몰래 가져와 손질해 가족끼리 먹거나 이웃과 나눠 먹었다. 이를 본 일본 사람들은 '버린 음식을 먹는 야만인들'이라며 비하 섞인 말을 던지

기도 했다.

그렇다면 지금 일본인들은 호르몬야키를 먹지 않는가. 그렇지 않다. 야키니쿠와 함께 호르몬야키는 일본에서도 대중적인 음식이 되었다. 1988년 서울올림픽을 계기로 많은 일본인이 한국을 방문했고, 한국의 불고기와 삼겹살 등을 접하게 되었다. 일본에서 경험하지 못했던 고기의 맛을 한국에서 맛본 뒤, 그 기억을 되살리기 위해 오사카의 쓰루하시나 도쿄의 우에노 같은 재일동포 밀집 지역을 찾기 시작했다. 그렇게 야키니쿠도 퍼지고, 과거 비하의 대상이었던 호르몬야키도 일본인의 식탁에 오르게 되었다.

일본의 야키니쿠와 호르몬야키 조리법은 한국과 다르다. 한국에서는 고기를 양념에 재워 깊은 맛을 우려내지만, 일본에서는 즉석에서 양념을 발라 숯불에 굽는다. 이렇게 한국도 일본도 아닌, 재일동포만의 독특한 음식 문화가 탄생했다. 가난하고 고된 시절, 일본인이 버린 고기를 주워 멸시와 조롱 속에서도 꿋꿋이 지켜낸 음식. 그 음식은 어느새 재일동포의 생계를 지탱하는 끈이 되었고, 시간이 흐르면서 마음을 울리는 영혼의 음식, 소울푸드가 되었다.

광복 후, 돌아오지 못한 사람들

조국이 광복을 맞이했을 때, 일본에 거주하고 있던 재일동포는 약 210만 명에 이르렀다. 이들 중 약 150만 명은 귀국선을 타고 고향으로 돌아왔다. 나머지 약 60만 명은 일본에 남게 되었다. 이들이 우리가 말하는 재일동포 1세대이다. 해방된 조국으로, 고향으로 왜 돌아오지 않았던 것일까? 차별받았던 일본을 떠나 집으로 돌아가고 싶지 않았던 것일까? 우리가 알지 못하는 사정이 있었던 것은 아닐까? 다시 다른 질문을 해보자. 왜 그들은 일본에 갔을까?

국가기록원에 따르면 광복 당시 한반도 인구는 약 2,500만 명이었고, 중국에 약 170만 명, 일본에 약 210만 명의 동포가 살았다. 중국의 경우, 한반도 북부 지방의 재해와 기근을 피해 만주로 이주해 농사를 짓고 살던 조선인이 많았다. 국경을 넘어 만주 지역에서 농사를 짓는 것은 위험한 일이었지만, 가족을 위해 많은 조선인이 이주했다. 이른바 간도 지역에 조선인이 많아 대한제국 시기 간도 관리사 이범윤을 파견한 기록도 있을 정도였다.

재일동포는 재중동포와 달리 이주 원인이 명확하다. 일제의 강제병합과 식민지 정책 때문이다. 우리가 알고 있는 강제징용, 강제징병으로 많은 사람이 일본으로 끌려간 것도 사실이지만, 자발적 이주도 있었다.

일제의 토지조사사업과 산미증식계획으로 가장 피해를 본 계층은 조선의 농민이었다. 일제는 근대적 토지 소유 개념을 확립하고 조세의 원천을 확보하기 위해 토지조사사업을 시행했다. 쉽게 말해 부동산 등기를 하라는 것이었다. 조선의 농민들은 절차의 복잡함과 일제에 협조한다는 반감으로 토지 등록을 포기한 경우가 많았다. 일제는 이를 주인 없는 땅이라 하여 동양척식주식회사를 통해 몰수 조처를 했다. 조상 대대로 내려오던 땅을 잃은 농민들은 소작농으로 전락하거나, 도시의 일용직 노동자, 부잣집 머슴으로 생계를 이어가야 했다.

지금 우리 주위에 있는 외국인 노동자를 생각해보자. 그들의 출신지는 베트남, 필리핀, 태국 등 동남아시아와 몽골, 중국 등 다양하다. 왜 그들은 낯선 타국에서 고생하는가? 답은 단순하다. 돈을 벌기 위해서다. 어느 기사 식당에서 한국말을 잘하는 외국인 노동자와 이야기한 적이 있다. "한국 생활이 힘들지 않으냐?", "한국 음식이 입에 맞느냐?"고 물었더니, "힘들지만 괜찮다"고 했다. 이어 "벌이는 괜찮느냐?"고 묻자, 우즈베키스탄 출신 그는 "한국에서 3개월 일하면 고향의 1년치 연봉을 번다"고 했고, 옆에 있던 동티모르인은 "나는 2개월이면 된다"고 웃으며 답했다.

100년 전 우리 조상들도 똑같았다. 한국과 일본의 임금 차이 때문에 고생을 감수하고 돈을 벌기 위해 대한해협을 건넜다. 조상 대대로 내려오던 손바닥만 한 땅이 일제에 의해 몰수되고, 물려받은 재산도 없는 상황에서 장가를 가기 위해 돈을 벌어야 했다. 일본에서는 하루 일당이 조선보다 2배 이상 높다는 소문을 듣고, 언어도 통하지 않고 음식도 낯선 일본으로 건너갔다. 그때 건너간 사람들이 많았던 지역은 경상도, 전라도, 제주도다. 반면 북한 지역 사람들은 주로 압록강과 두만강을 건너 만주로 이주했다.

자발적으로 일본으로 건너간 사람이 있는가 하면, 강제로 끌려간 경우도 있었다. 이를 강제징용과 강제징병이라 부른다. 일본 제국주의는 1931년 만주사변, 1937년 중일전쟁을 통해 중국 침략을 본격화했다. 이로 인해 노동력이 부족해지자 조선에서 노동력을 수급해야 했다. 한반도의 조선인을 강제징용한 법적 근거는 1938년 제정된 국가총동원법이다. 일본의 점령지에서 인적 · 물적 자원을 총동원하기 위한 법이다.

이 법에 따라 조선 청년들은 강제징용되어 광산, 항만, 공사장, 군수공장, 농장 등지로 끌려갔다. 징용된 조선인 대다수는 강제로 끌려갔고, 임금도 제대로 받지 못한 채 중노동에 시달렸다. 강제 노역 지역은 일본뿐 아니라, 한반도, 만주, 러시아 사할린, 태평양 남양군도, 동남아시아까지 확대됐다.

강제징용 피해 현황은 명확하지 않다. 일본 정부가 자료를 공개하지 않기 때문이다. 강제동원된 조선인이 정확히 몇 명인지, 사망자나 부상자 수, 약속된 급여 지급 여부는 알 길이 없다. 하지만 조선인들은 계약과는 다른 열악한 환경에서 강제로 사역당했고, 사고나 폭격으로 많은 이가 목숨을 잃었다. 식사조차 제대로 제공되지 않은 채 폭력에 노출되어 노예와 다름없는 삶을 살아야 했다. 영화 『군함도』, 일본 유네스코 세계문화유산에 등록된 '사도 광산' 문제도 이 시기의 강제징용과 관련이 있다. "창씨개명(創氏改名)은 조선인이 원한 것"이라는 망언으로 알려진 아소 다로 전 총리 집안의 아소 탄광도 여기에 해당한다.

강제징용 조선인 노동자들은 열악한 환경 속에서도 일했지만, 일본 패전 이후 일본 정부는 급여 및 예금을 제대로 지급하지 않았다. 이에 여운택, 신천수, 이춘식, 김규수 등 강제징용 피해자 4명은 신일본제철(현 일본제철)을 상대로 1억 원 손해배상 소송을 제기했고, 2018년 대법원(사건 번호: 2013다61381)에서 승소했다. 하지만 배상금 지급 문제를 두고 일본 정부와 일본 기업이 강력히 반발하면서, 제삼자 변제 방식으로 판결금을 공탁하는 방안이 논란이 되고 있다. 피해자들은 일본 기업에 책임을 묻기 위해 소송을 제기했지만, 결국 제삼자가 대신 돈을 지급하는 방식은 피해자들의 억울함을 제대로 해소하지 못하는 결과를 초래할 수 있다.

광복, 그러나 돌아오지 못한 사람들

다시 질문을 해보자. 1945년 조국이 광복을 맞이했는데 왜 일본에 있는 재일동포는 귀국선을 타고 고향으로 돌아오지 못했을까? 바다 건너 일본으로 갈 때는 돈을 벌러, 아니면 강제로 끌려갔다고 한다면, 지긋지긋한 일본 생활을 끝내고 고향으로 돌아와야 하지 않는가. 왜 돌아오지 못했는지 한번 생각해보자.

첫째, 한반도의 정치 · 사회적 혼란이 귀국을 망설이게 했다. 특히 남북 간의 분단과 전쟁은 결정적인 요인이었다. 지금 고향으로 돌아가면 일본에서 사는 것보다 나아질 것인가를 생각해봤을 때 의문을 가지는 것은 너무나 당연한 일이었다. 조금 더 솔직히 말하면, 한국전쟁이 발발했는데 내가 전쟁터에 나가게 되는 것 아닌가, 이렇게 생각했을 터이다. 그러면 '전쟁이 끝나면 가야지'라고 마음먹지 않았겠는가. 게다가 당시 일본은 패전했지만, 한국전쟁의 특수를 맞아 경제가 되살아났다. 폐허가 된 한반도와 경제 부흥에 성공한 일본, 어느 곳에서 사는 것이 더 나았겠는가. 너무나 당연히 일본을 선택했을 것이다. 하지만 재일동포 1세들은 언젠가는 내 아들과 딸의 손을 잡고 집으로 돌아가는 꿈을 버리지 않았다.

둘째, 일본 정부의 비협조도 지적하지 않을 수 없다. 일본 정부 입장에서는 수많은 사람이 한꺼번에 떠나버리면 노동력 부족뿐 아니라 부동산, 귀금속 등의 해외 반출로 경제적 타격을 받을 수 있었다. 일본 정부는 해방 이후 조선인의 귀국을 공식적으로 막지는 않았지만, 여러 방법으로 어렵게 만들었다. 예를 들면, 귀국 편의 제공, 교통 지원, 법적 · 행정적 지원을 충분히 제공하지 않았다. 특히 귀국 시 가져갈 수 있는 금전을 제한하고, 재산 반출에 대한 행정적 절차를 복잡하게 만들어 조선인이 온전하게 가져가는 데 어려움을 겪게 했다. 본인이 일본에서 차별받으며 어렵게 모은 재산인데, 그것을 가져갈 수 없다고 한다면? 그냥 일본에 남아 돌아갈 때를 기다리는 수밖에 없었다. 모은 재산이 없어도 고향으로 돌아가기 힘들고, 돈이 있어도 가져갈 수 없는 기막힌 상황이었다. 모두 일본 정부의 비협조 때문이었다.

셋째, 일본에서 기반을 조성한 가족 및 사회적 연결망의 해체 우려가 있었다. 재일동포 중에는 일본인과 결혼하거나 사업을 해서 성공한 이들도 있었다. 비록 일부이지만, 이들은 나름의 사회적 · 경제적 네트워크를 구축하고 일본인과 가족을 이룬 사람들이었다. 이런 상황에서 모든 것을 버리고 고향으로 돌아가 지금보다 더 나은 삶을 살 수 있을지 고민했을 것이다. 일본인 아내가 있다면 고향 사람들이 가족으로 받아줄지, 일본인 가족이 언어와 문화, 생활에 적응할 수 있을지 걱정했을 것이다. 앞서 지적했듯이 남북한의 분단과 전쟁은 이들의 마음을 더 무겁게 했다. 결국, 귀국을 포기할 수밖에 없었던 것이다.

넷째, 재일동포 2세 이후 세대의 정체성과 소속감 문제도 있다. 일본에서 태어난 재일동포 2세들은 조국에 대한 직접적인 기억이 없었고, 오히려 일본 문화와 사회에 익숙해져 있었다. 그들에게 가장 큰 장애물은 언어였다. 부모 세대는 한국어를 자유롭게 구사했지만, 2세들은 일본어가 모국어가 되어 한국어라는 언어장벽이 있었다. 또 하나, 일본에서 차별을 받았던 것처럼 한국에 귀국하면 또 다른 편견에 시달릴지 모른다는 두려움도 있었다. 언어 장벽과 한국 사회에 대한 두려움은 귀국을 어렵게 만들었다.

학교는 같은데, 왜 차별할까? - 고교무상화 논쟁

일본은 2010년부터 고교무상화 교육 정책으로 공립 · 사립 학교에 수업료를 지원해 오고 있다. 수업료를 지원하는 것만으로도 서민 경제에 큰 도움이 된다. 하지만 우리가 민족학교라고 부르는 조선학교는 지원 대상에서 제외되었다. 이러한 배경에는 여러 가지가 있지만, 가장 중요한 요인은 북한과 일본 간의 관계 악화였다.

1998년 8월 31일 북한이 태평양 방향으로 대포동 미사일을 발사했다. 일본 상공을 지나 태평양 앞바다에 떨어졌는데, 일본 전국이 공포에 휩싸였다. 아무런 예고도 없이 날아온 미사일이 북한에서 발사된 장거리 미사일이었다고 하면, 등골이 오싹하지 않겠는가. 만약 오판으로 대포동 미사일에 핵탄두가 실려 도쿄로 날아갔다면, 그 결과는 상상조차 하기 어려웠을 것이다. 북한은 인공위성 발사라고 주장했지만, 국제사회는 이를 장거리 미사일 시험으로 결론지었다.

그뿐만 아니라, 북한은 2003년 핵확산금지조약(NPT)에서 탈퇴하고, 2006년부터 수차례 핵실험을 강행했다. 장거리 미사일 개발에 이어 핵실험까지 거듭되면서 일본 국민의 불안감은 커질 수밖에 없었다. 그러나 결정적인 사건은 바로 북한의 일본인 납치 사건이었다. 1970년대부터 북한이 일본인을 납치했다는 의혹이 있었고, 2002년 김정일 국방위원장이 고이즈미 준이치로(小泉純一郎) 일본 총리와의 정상회담에서 처음으로 일본인 납치 사실을 인정하고 공식 사과했다. 당시 납치된 일본인 13명 중 5명이 일본으로 돌아왔고, 나머지는 사망했다고 발표했다. 일본인 피해자 요코다 메구미(横田めぐみ)의 유골을 반환했지만, 일본 정부의 DNA 검사 결과 다른 사람의 것으로 판명되어 일본 여론은 북한을 더욱 불신하게 되었다.

북한에 대한 일본인의 분노와 적대감이 높아지자, 일본 내 재일동포에 대한 적개심도 커졌다. 특히 조총련이 운영하는 민족학교는 북한과의 연계 의혹을 받으며, 국민 세금으로 지원할 필요가 없다는 여론이 형성되었다. 게다가 민족학교는 일본 문부성의 교육 과정을 충실히 따르지 않는다는 지적도 제기되었다. 민족학교는 우리말과 우리글을 중심으로 교육하고 조선의 역사와 문화를 강조하다 보니, 일본 공교육과 차이가 있었다. 이 때문에 일본 정부는 민족학교를 '각종 학교'로 분류하고, 고교무상화 정책 대상에서 제외했다.

일본 고등학교의 수업료는 공립의 경우 연간 12만~15만 엔, 사립의 경우 50만~100만 엔 정도다. 여기에 교복비, 교과서 비용, 학교

활동비 등을 포함하면 학부모의 부담이 상당하다. 일반 일본 학교로 자녀를 보내면 정부 지원을 받을 수 있지만, 민족학교로 보내는 학부모는 지원을 받지 못한 채 오직 민족교육을 위해 경제적 부담을 감수하고 있는 상황이다.

일본 정부의 민족학교에 대한 고교무상화 제외 조치가 이해되지 않는 것은 아니다. 그러나 교육은 보편적 인권 문제이며, 정치적 이유로 차별해서는 안 된다. 중국계 학교나 한국계 학교에는 지원하면서, 민족학교에는 지원하지 않는 것은 다른 차원의 차별이며, 문화적 다양성을 존중하지 않는 처사라고 비판할 수 있다. 민족학교는 재일동포에게 우리말과 우리글을 배울 수 있는 소중한 공간이자, 민족 정체성의 중심지 역할을 해왔다. 국제사회에서도 교육은 보편적 인권 문제로, 정치적 이유로 차별해서는 안 된다고 지적하고 있다. 교육 문제는 보편적 인권의 문제이자, 문화 다양성 존중의 문제로 접근해야 한다.

투표하고 싶은 재일동포, 왜 안 될까?

한국에 거주하는 외국인은 우리나라에서 투표할 수 있을까? 못할까? 궁금한 적이 없는가? 정답은 할 수도 있고, 못할 수도 있다. 영주권(F-5)을 취득하고 3년 이상 한국에 장기 거주하고 있는 외국인은 가능하다. 단, 지방선거에 한해서다. 우리가 일본 이야기를 하니까, 한국에 사는 일본인이 영주권을 취득하고 3년 이상 거주했다면 주민 대표를 뽑는 선거에는 참여할 수 있다는 이야기다. 대통령, 국회의원 선거는 못 하지만, 광역단체장 · 시장 · 군수, 시의원 · 군의원은 뽑을 수 있다. 한국은 2005년 공직선거법을 개정하면서 아시아에서는 비교적 이른 시기에 외국인의 지방참정권을 보장했다.

그렇다면 일본에 사는 재일동포는 일본 선거에 참여할 수 있을까? 못할까? 정답은 '못 한다'이다. 일본 국회의원 선거뿐만 아니라, 주민 대표를 뽑는 지방선거에도 투표할 수 없다. 혹자는 '이거 너무 하다'고 생각할 수도 있다. 저자 역시 그렇게 생각한다. 외국인이니까 국회의원 선거는 못 하더라도, 주민으로서 주민 대표 선거는 할 수 있도록 해야 하지 않겠는가. '한국에 사는 일본인은 지방참정권을 보장해줬으니까, 일본 너희도 상호호혜 원칙에 따라 동등하게 해 줘야 하지 않느냐'라고 말하고 싶다.

문제는 '왜 안 되느냐'이다. 외국인의 지방참정권에 대해 일본 최고재판소는 1995년 2월 28일 관련 판결을 내렸다. 요지는 일본에 재류하는 영주 외국인 등에게 지방자치단체의 장이나 의회 의원 등에 대한 선거권 부여는 헌법상 금지된 것이 아니며, 이는 오로지 입법정책에 달려 있다는 취지다. 즉, "지방참정권 부여는 국회가 법을 만들면 가능하다"는 것이다. 이 판결을 계기로 1998년 이후 민주당, 공명당, 공산당, 사민당 등이 관련 법안을 제출하고 선거에서 공약으로 내걸었지만, 민주당 정권이 조기에 교체되고 2012년 12월 이후 자민당이 장기 집권하면서 논의 자체가 중단되었다.

그렇다면 일본 자민당은 재일동포 지방참정권 부여를 왜 거부하는가? 대포동 미사일 발사, 북한의 핵실험, 일본인 납치 사건 등 북일 관계 악화와 한일 과거사 문제로 인한 한일 관계 악화가 배경이다. 일본인들이 북한과 한국에 대해 갖고 있는 부정적인 감정이 강해지고 있는 상황에서, 국민 여론을 의식해야 하는 국회의원들이 선뜻 관련 법안을 만들기는 어렵다. 특히 집권 자민당은 공산당, 사민당 계열 정당이 제출한 지방참정권 부여 법안을 경계하고 있다. 한국인, 중국인, 베트남인이 많이 거주하는 지역에서 이들에게 우호적인 공산당과 사민당 후보가 당선될 경우, 자민당으로서는 손해를 볼 수 있다는 계산이 깔려 있다.

일본 보수파들의 상투적인 반대 논리는 "참정권을 원하면 귀화해 일본인이 되는 것이 마땅하다"는 것이다. 이는 민족 정체성과 다양성을 인정하지 않는 태도라는 비판을 받는다. 또 다른 반대 논리는 지방자치도 국가 운영의 중요한 일부이기 때문에 외국인에게 참정권을 인정할 수 없다는 것이다. 중앙 정부와 지방자치단체의 역할은 분리할 수 없으며, 지방자치 또한 일본 통치 기구의 필수적인 요소라는 주장이다. 무엇보다도 국제적인 흐름을 보면 외국인에게 지방참정권을 인정하는 국가는 약 20여 개국에 불과하고, EU는 회원국 국민에게만 지방참정권을 부여하고 있다. 미국에서도 외국인에게 일반적으로 지방선거 참정권을 보장하지 않는다. 이런 점을 들어 일본은 굳이 영주권을 가진 외국인에게 지방참정권을 부여할 이유가 없다고 주장하고 있다.

재일동포의 삶에 비친 한국의 오늘

5.2%. 이 숫자가 무엇을 의미하는지 아는 사람은 아마 많지 않을 것이다. 이 숫자는 한국 전체 인구 대비 체류 외국인 비율이다. (법무부 출입국·외국인정책본부 2024) 숫자로 보면 100명 중 약 5명이 외국인이다. 생각해보면 꽤 많은 수치다.

지방의 한 대학교 일본학과에 재직 중인 일본인 원어민 교수님과 관련된 에피소드를 하나 소개하고자 한다. 그 교수님이 일본학과 첫 강의를 맡았을 때, 학과 학생들이 난리 아닌 난리를 쳤다고 한다. 일본학과 학생이지만 일본인을 직접 본 적이 없어, 일본인 교수님이 온다고 하니 어떤 사람인지 구경하겠다고 연구실 앞에 몰려들었다고 한다. 그때가 2000년대 초반의 일이다. 지금은 어떨까? 수업 시간에 외국인 유학생이 한두 명쯤 있는 것은 너무나도 자연스러운 일이다. 교수도, 학생들도 아무렇지 않게 받아들인다.

또 다른 경험을 하나 이야기해 보자. 친한 대학 친구와 함께 바닷가로 드라이브를 간 적이 있다. 한여름이라 시원한 정자를 찾아 쉬고 있었는데, 옆에서 토란대를 까고 계신 어느 할머니가 친구를 보더니 "어느 나라에서 왔소?"라고 물으셨다. 처음에는 잘 이해하지 못했지만, 친구가 이국적인 외모라 외국인으로 착각하신 것임을 눈치채고 나서 크게 웃었다. 내가 장난기가 발동해 "한국말 잘하는 베트남 사람입니다"라고 농담을 하기도 했다. 지금 생각해도, 그 시골 할머니가 외국인을 쉽게 볼 수 있는 세상이 되었기에 그런 질문을 하신 것이 아닌가 싶다.

다시 5.2%로 돌아가 보자. 2024년 기준 한국에 체류하는 외국인은 2,650,783명이다. 이는 대구(233만)보다 많고, 인천(290만)과 비슷하며, 경남(322만) · 부산(333만)보다는 약간 적다. 생각보다 많지 않은가? 외국인 체류자 중에는 중국, 베트남, 태국 출신이 많고, 일본인도 약 7만 명이 체류하고 있다. 이들도 자의든 타의든 한국에 온 사람들이다. 왜 왔을까? 이유는 단순하다. 대부분은 코리안 드림을 안고 돈을 벌기 위해서다. 한국에서 2~3달만 일하면 본국에서의 1년 치 연봉을 벌 수 있으니, 고생을 감수하고 일을 한다. 낯설고, 음식도 다르고, 언어도 다르고, 모든 것이 다른 환경 속에서 살아간다. 드러내고 싶지 않지만, 한국인들의 차별도 이겨내야 한다.

100여 년 전 재일동포의 삶과 현재 한국에 거주하는 외국인 이주민들의 삶, 무엇이 다를까? 생각해본다. 가난 때문에 고향을 떠난 것도 같고, 타지에서 차별받으며 살아야 했던 것도 같고, 돈을 벌어 금의환향(錦衣還鄉)하려는 마음도 같지 않은가.

저자가 하고 싶은 말이 있다. '재일동포의 이야기는 결국, 우리 자신을 비추는 거울이다'라는 사실이다. 우리는 과연 다름을 품고 함께 살아갈 준비가 되어 있는가? 언어가 다르고, 피부색이 다르고, 국적이 다르더라도 우리는 그들을 '우리의 일부'로 받아들일 수 있을까? 재일동포를 이해하고 기억하는 것은 단지 과거를 기리는 일이 아니다. 오늘을 살아가는 우리의 마음이 얼마나 열려 있는지를 돌아보는 일이다. 우리 사회가 더 넓고 깊어지기 위해, 이제는 그들의 이야기를 '그들'만의 것으로 남겨두지 말아야 한다.

찾아보기

ㄹ

ㅁ

ㅂ

ㅅ

ㅇ

ㅎ

사진 출처

33쪽 ccore.co.jp
55쪽 gotokyo.org
72쪽 umai-mon.com
209쪽 ragusanews.com

일본, 이 정도면 아는 척 가능해

2025년 8월 26일 초판 1쇄 발행

지은이	강기철
펴낸이	권진회
부장	김경민
팀장	김성중
편집	이가람
디자인	이희은

펴낸곳	경상국립대학교출판부 | 출판등록 1989년 1월 7일 제16호
주소	경남 진주시 진주대로 501
전화번호	055) 772-0801(편집), 0802(디자인), 0803(도서 주문)
팩스	055) 772-0809
전자우편	gspress@gnu.ac.kr
홈페이지	http://gspress.gnu.ac.kr
페이스북	https://www.facebook.com/gnupub
블로그	https://blog.naver.com/gnupress12
인스타그램	@gnupress
ISBN	9788962574067(03910)

이 책의 본문은 '을유1945' 서체를 사용했습니다.